사랑하는 _____님,
기도로 늘 승리하세요.

무릎으로 승부하라

무릎으로 승부하라

지은이 | 김은호
초판 발행 | 2010년 5월 15일
3쇄 발행 | 2010. 6. 9.

등록번호 | 제3-203호
등록된 곳 | 서울특별시 용산구 서빙고동 95번지
발행처 | 사단법인 두란노서원
영업부 | 2078-3333 080-749-3705
출판부 | 2078-3477

책 값은 뒤표지에 있습니다.
ISBN 978-89-531-1350-3   03230

편집부에서 독자의 의견을 기다립니다.
tpress@duranno.com   http://www.Duranno.com

이 책에 사용된 성경은 개역개정본이며,
다른 번역본을 사용할 경우에는 별도 표기해 두었음을 밝힙니다.

> 두란노서원은 바울 사도가 3차 전도여행 때 에베소에서 성령 받은 제자들을 따로 세워 하나님의 말씀으로 양육하던 장소입니다. 사도행전 19장 8-20절의 정신에 따라 첫째 목회자를 돕는 사역과 평신도를 훈련시키는 사역, 둘째 세계선교(TIM)와 문서선교(단행본·잡지) 사역, 셋째 예수문화 및 경배와 찬양 사역, 그리고 가정·상담 사역 등을 감당하고 있습니다. 1980년 12월 22일에 창립된 두란노서원은 주님 오실 때까지 이 사역들을 계속할 것입니다.

무릎으로 승부하라

| 김은호 지음 |

두란노

프롤로그 / 6

01Week
언제 기도할 것인가?
우리의 싸우는 무기는 하나님의 능력이라

01DAY. 능력의 병기 1 | 약함을 고백하며 항복하라/12
02DAY. 능력의 병기 2 | 말씀을 선포하며 바라보라/31
03DAY. 능력의 병기 3 | 기도의 목적부터 이루라/47
04DAY. 능력의 병기 4 | 친밀함을 회복하라/64
05DAY. 능력의 병기 5 | 한계를 뛰어넘을 복을 구하라/81
06DAY. 능력의 병기 6 | 기도하다 실족하지 마라/103
07DAY. 능력의 병기 7 | 응답받은 후를 경계하라/113

02Week
어떻게 기도할 것인가?
주는 우리와 동행하소서

08DAY. 동행의 원리 1 | 기도로 인생의 터닝 포인트를 맞아라/128
09DAY. 동행의 원리 2 | 눈물로 시작해 웃음으로 골인하라/143
10DAY. 동행의 원리 3 | 오직 기도로 비전을 이루라/155
11DAY. 동행의 원리 4 | 주님의 옷자락을 만져라/167
12DAY. 동행의 원리 5 | 극한 고난일수록 감사로 이겨라/183
13DAY. 동행의 원리 6 | 찬양의 제사로 하나님께 나아가라/197
14DAY. 동행의 원리 7 | 먼저 영혼이 잘되기를 기도하라/210

03Week
무엇을 기도할 것인가
아버지 원대로 하옵소서

15DAY. 믿음의 기도 1 | 기도에 내 고백을 담아라/224
16DAY. 믿음의 기도 2 | 주의 이름을 위해 살라/237
17DAY. 믿음의 기도 3 | 하나님 나라가 임하길 기도하라/250
18DAY. 믿음의 기도 4 | 주의 뜻이 이루어지게 기도하라/263
19DAY. 믿음의 기도 5 | 내 뜻을 내려놓기를 기도하라/278
20DAY. 믿음의 기도 6 | 일용할 양식을 위해 기도하라/290
21DAY. 믿음의 기도 7 | 마지막이 아름답기를 기도하라/304

| 프롤로그 |

무릎의 현장을
회복하길 바라며

　나의 간절한 바람은 행복한 사람, 행복한 목사가 되는 것이다. 그리고 성도들로부터 가장 듣고 싶은 말도 "저는 예수님 때문에 행복합니다"라는 말이다. 나의 행복의 기준은 교회 성장도 아니고 웅장한 교회 건물도 아니다. 나의 행복은 나의 구원자시고, 친구시며, 삶의 이유가 되시는 주님이시다.

　많은 사람이 이구동성으로 한국교회가 위기라고 말한다. 나는 그것이 바로 무릎의 현장, 기도의 현장을 잃은 데서 비롯되었다고 본다. 예수님의 사역도 언제나 기도가 먼저였음을 성경을 통해 확인할 수 있지 않은가. 하지만 조국을 위해 밤새 기도하던 기도의 용사들은 어느덧 찾아보기 힘들게 되었고, 목회자조차 분주하다는 이유로 기도 시간을 잃어가고 있다. 예수께서는 언제나 긴급한 일보다 중요한 일을 먼저 하셨다. 예수께서 기도하시기 위해 군중을 피해 산으로 들어가셨던 것은 우리에게 분명한 가르침을 주고 있다. 언제나 기도가 먼저라는 사실이다.

　좋은 습관을 들이기 위해서는 최소한 21일의 시간이 필요하다고 한다. 그래서 그동안 기도에 대해 설교했던 내용을 21개의 주제로 정리하여 책으로 엮어보았다. 나는 독자들이 21일 동안 이 말씀을 묵상하고 기도하며, 거룩한 습관을 만들어가기를 소망한다. 인생이 힘들고 어려울 때마다 무릎으로 승부하여, 하나님의 일하심을 목도하게 되기를 바란다. 무엇보다 한국 교회에 기도의 현장, 무릎의 현장이 회복되어 부흥의 불길이 이 땅 가운데 다시 한 번 타오르기를 소망한다. 이 책에 소개된 기도의 원리들을 붙들고 기도한 모든 이가 21일 후에는 "예수님 때문에 행복합니다" 하고 외치는 이들로 변하리라 확신한다.

끝으로, 주일 아침마다 모여 기도해주시는 오륜교회 장로님들과 매일 모여 나를 위해 기도해주시는 여러 중보기도자님들께 감사를 전한다. 또한 매일 교회 3층 기도실에서 나를 위해 기도해주는 사랑하는 아내 그리고 건강한 교회, 행복한 교회를 꿈꾸며 우리 교회에 주신 위대한 비전과 목표를 향해 함께 동역하는 오륜교회의 모든 성도님께 감사를 드린다.

2010년 5월

김은호

우리는 모세가 하나님의 지팡이를 들고 기도하러 올라간 것처럼 언제든지 예수님의 보혈의 능력을 의지하여 기도해야 한다. 예수님의 이름으로 마귀를 대적하고, 이미 나를 덮친 아말렉 군사들뿐 아니라 달려오고 있는 군사들까지 예수님의 보혈의 능력으로 내쫓는 것이다. 예수님의 이름 앞에 무너지지 않을 진陣은 없다.

01 Week

언제 기도할 것인가?

—

우리의 싸우는 무기는 하나님의 능력이라

DAY 01

약함을 고백하며 항복하라

무릎으로 승부하는 자에게 절망은 없다

"목사님, 제게도 희망이 있을까요? 빚에 쫓겨 산 지 2년째예요."

"대학 다닐 동안 학자금 대출 받은 게 2천만 원 가까이 되는데, 취업이 안 돼요. 신용불량자가 될까 봐 날마다 살얼음판을 걷는 것 같아요. 목사님 어떡해야 하죠?"

"우리 가족은 더 이상 가족이 아니에요. 남편은 외도를 하고 있고, 아이들은 가출했어요."

매주 금요일, 오륜교회 철야예배가 끝나면 30여 명의 사람들이 강단으로 올라와 자신의 순서를 기다린다. 짧은 상담이지만 그간 아무에게도 말하지 못했던 아픔을 털어내며 함께 기도를 드리기 위해서다. 이 시간에는 비단 오륜교회 성도뿐 아니라, 처절한 자신의 사연이 교회 안에 알려질까 두려워하는 타 교회 교인들까지 절박한 심정으로 찾아온다. 우리 교회 교인이 아니기에 그들은 더욱 발가벗은 심정으로 모든 것을 고백하며 기도를 드린다. 어떤 면에서 나는 그들 때문에라도 새벽 2시까지 이어지는 이 사역을 멈출 수가 없다.

어떤 이는 죽기를 위해 기도해달라고 하고, 어떤 이는 살기를 위해 기도해달라고 한다. 그때마다 나는 성령께서 주시는 말씀을 그들에게 선포한 후 그들을 붙잡고 기도한다. 물론 나는 은밀한 상담을 요청한 그들 대부분의 얼굴과 이름을 기억하지 못한다. 그들을 위해 일부러 잊으려고도 하지만, 성령께서 잊도록 이끄시는 것 같다. 그 시간의 주인공은 내가 아니라 하나님이시기 때문이다.

그들은 내게 기도해달라고 왔지만, 사실은 하나님을 만나기 위해 달려온 사람들이며, 하나님께서 해결해주시지 않으면 나의 우둔한 지혜와 능력으로는 아무것도 해줄 게 없는 사람들이다. 실제로 그 시간에 나를 찾아온 사람들은 하나님의 임재 속에 들어가느냐 그렇지 않으냐에 따라 기도 응답을 받고 못 받고가 결정된다. 나를 만났지만 하나님을 만나지 못하면 그 만남은 아무 의미가 없다.

그런 면에서 금요일 밤 자정을 넘긴 시간에 찾아오는 이들은 결코 절망의 사람들이 아니다. '이런 사연을 갖고도 살아갈 수 있구나'라는 생각이 들 만큼 처절하고 아픈 상처를 지닌 이들이 대부분이지만, 그들은 마치 모세가 아말렉 전투에서 두 손 들고 기도했던 것처럼 하나님 앞에 자신의 약함을 고백하며 항복하는 심정으로 나오기 때문이다. 릭 워렌 목사의 말처럼 항복하는 자에게 하나님께서는 한없는 자유와 평화, 능력을 주시지 않는가.

이것이 우리가 어떤 순간에도 담대할 수 있는 이유다. 우리가 무릎으로 승부할 수만 있다면, 인생의 고난이 크면 클수록 우리는 하나님의 위대하심을 드러낼 수 있다. 기도하는 무릎이 흔들리지 않는 한, 하나님께 항복하는 두 손이 내려오지 않는 한 우리가 받은 큰 상처가 큰 별이 될 수 있는 것이다.

기도의 현장에 있는가

기도가 왜 중요한가? 기도는 신앙생활에 생명력을 부여하는 영적인 현장이기 때문이다. 그 현장에 서면 하나님께 항복하지 않을 수 없고, 하나님의 절대능력, 절대주권 앞에 무릎 꿇지 않을 수 없다. 당신은 이런 영적인 현장을 갖고 있는가?

무엇을 하든 현장이 없는 사람은 오래가지 못한다. 책상에 앉아 탁상공론만 하는 사람을 보자. 그는 열정은 있을지 몰라도 현장의 필요와 요청에 귀 기울이지 못한다. 이명박 대통령이 취임 후 지적했던 것처럼, 산업현장에서 전봇대 하나만 치우면 일의 능률이 엄청나게 올라갈 텐데도 현장을 보지 못하기 때문에 수년이 지나도록 전봇대 하나를 치우지 않는 게 우리의 현실이다.

"그거 치우지 않아도 돼. 문제없어."

산업단지 내의 감독자가 책상에 앉아 이렇게 말한다면, 그는 결국 거대한 트레일러가 전봇대에 부딪쳐 전복당하는 사고를 맞은 뒤에 경질되고 만다. 그의 무딘 현장 감각이 자신은 물론 다른 사람의 삶을 파멸로 이끄는 것이다.

지금의 오륜교회 새 성전을 건축할 때도 현장 감각이 얼마나 중요한지 실감한 일이 있었다. 수많은 자재들이 건설 현장을 오가고 연인원 3만 5천 명이 집중적으로 투입되던 시기였기에 우리는 늘 안전 점검을 하곤 했다. 그러던 중 한번은 태풍이 올라온다는 소식을 듣고 곧바로 비계와 추락방지 공사를 든든하게 해뒀다. 대부분의 사람들은 그 정도 준비 상황을 보며 안심하고 잠을 잤다.

하지만 현장의 변수에 민감했던 건축위원장과 건축본부장은 역시 달랐다. 거센 풍압 상태를 보며 현장으로 급하게 발길을 돌렸고, 아니나 다를까 설치물이 기울어지고 있는 것을 발견하여 신속한 조치를 취했다. 덕분에 자칫 대형사고로 이어질 뻔한 것을 미리 방지할 수 있었다. 현장을 알지 못하고 현장을 가보지 않았다면 결코 막을 수 없던 일이었다.

우리 인생의 싸움은 사람들을 상대로 하는 것이 아니다. 이 어두운 세계의 지배자들과 하늘에 있는 악한 영들을 상대로 하는 것이다엡 6:12. 따라서 이 영적 싸움을 볼 수 있는 영적 현장이 없다면 우리 인생은 깜깜한 밤길에서 좌충우돌 부딪치고 깨지는 삶이 될 수밖에 없다. 기도의 자리에 가야만 우리의 싸움을 승리로 이끌 수 있다.

출애굽 한 이스라엘 백성을 이끌고 가나안을 향해 전진했던 모세는 이 사실을 잘 보여준다. 그는 기도의 현장이 모든 싸움의 승패를 결정 짓는다는 것을 알고 있었다. 그가 광야 행진을 하다가 아말렉으로부터 기습 공격을 받았을 때, 맨 처음 취한 행동을 보자.

> "모세가 여호수아에게 이르되 우리를 위하여 사람들을 택하여 나가서 아말렉과 싸우라 내일 내가 하나님의 지팡이를 손에 잡고 산꼭대기에 서리라"출 17:9.

하나님의 지팡이를 손에 잡고 산꼭대기에 서겠다는 모세의 말은 '하나님의 능력을 의지하여 기도하겠다'라는 뜻이다. 여호수아는 싸움에 나가고 모세는 산꼭대기에 오르겠다는 이 말씀은, 현실에서의 싸움과 영적인 싸움 모두를 병행하는 전략이 중요함을 뜻한다. 기도는 열심히 하면서 현실의 삶에 최선을 다하지 않으면 결코 승리할 수 없다는 중요한 교훈을 주는 것이다. 아무것도 하지 않은 채 나태함에 빠져 지낸다면 책임을 물으시는 하나님의 책망을 피해갈 수 없다.

이후 본문을 계속해서 읽어보면, 기도하는 모세의 팔이 내려가면 싸움에서 밀리고, 그 팔이 올라가면 싸움에서 이기는 장면이 중요하게 묘사되어 있는 것을 볼 수 있다. 현실에서 최선을 다하는 것도 중요하지만, 인생의 궁극적인 승패는 기도하는 두 팔에 달려 있다는 것을 보여주는 대목이다. 이는 우리의 싸움이 공중권세 잡은 악한 영들을 대적하는 싸움이기에 그러한 것이다.

이 사실을 알고 있던 모세는 아말렉이 공격해오자 곧바로 기도 현장으로 달려가 하나님께 두 손부터 들었다. 전쟁의 한복판에서 두 손을 들었다는 것은 완전한 항복을 뜻한다.

"하나님, 이 싸움은 하나님께 속해 있습니다. 우리는 하나님의 백성이요 하나님께 속한 자들이 아닙니까? 우리가 이 싸움에서 지면 우리는 저들의 포로가 됩니다. 우리는 아말렉의 포로가 아니라 하나님의 포로입니다. 하나님께 두 손 들며 나아갑니다. 하나님께서 싸우시어 저들을 물리쳐주시옵소서."

이처럼 모세의 항복하는 기도에 하나님께서는 곧바로 반응하셨다.

"모세가 손을 들면 이스라엘이 이기고 손을 내리면 아말렉이 이기더니 모세의 팔이 피곤하매 그들이 돌을 가져다가 모세의 아래에 놓아 그가 그 위에 앉게 하고 아론과 훌이 한 사람은 이쪽에서, 한 사람은 저쪽에서 모세의 손을 붙들어 올렸더니 그 손이 해가 지도록 내려오지 아니한지라 여호수아가 칼날로 아말렉과 그 백성을 쳐서 무찌르니라"출 17:11-13

당신의 아말렉은 누구인가

하나님께서 친히 싸우심으로 이스라엘이 아말렉을 이긴 이 사건은 우리에게 매우 중요한 영적 의미를 가르쳐준다. 모세뿐 아니라 누구든 아말렉 전투를 치르게 되어 있기 때문이다.

이스라엘 백성이 하나님의 강권적인 역사하심으로 애굽에서의 탈출을 경험했듯이, 우리는 마귀의 종노릇하던 것에서 벗어나 하나님의 백성이 된 감격적인 역사를 경험했다. 이 구원의 역사를 체험한 직후, 우리는 산이라도 들어 바다에 빠뜨릴 수 있을 것 같은 충만함에 사로잡힌 적이 있었다. 이스라엘 백성이 가나안을 향해 내딛는 첫걸음이 가벼웠듯이 우리 역시 구원받은 이후 천국을 향해 내딛는 걸음이 구름 위를 걷듯 가볍기만 했다.

그런데 인생 행진을 계속할수록 '이게 아닌데…'라며 고개를 갸우뚱하게 되었다. 여전히 해결되지 않는 배고픔과 목마름의 문제, 인간관계의 문제, 사회 구조적인 문제, 무엇보다 나 자신의 죄 문제가 발목을 잡아끌었다. 예수 믿고 구원받았으면 곧바로 푸른 초장, 쉴 만한 물가로 인도되어야 하는데, 많은 시험과 연단을 통과해야 젖과 꿀이 흐르는 가나안 땅으로 갈 수 있으니, 그러한 하나님의 섭리가 도무지 이해되지 않는다.

그런 시간 속에서 우리는 어느덧 예배의 감격을 잊은 채 '하나님이 계시긴 한가?'라는 회의에 젖어들고 만다. 차라리 옛날이 좋았다는 생각으로 지나온 애굽을 되돌아보니, 발목에 힘이 빠지고 끝도 없는 광야 길에서 몸과 마음이 지쳐버린 것이다.

그럴 때 우리를 뒤에서 덮치는 존재, 그가 바로 아말렉이다. 출애굽 한 이스라엘 백성을 뒤에서 공격했던 아말렉은 이스라엘이 광야에서 처음 맞닥뜨린 적군이었다. 신명기 25장 18절을 보면, 이스라엘 백성 중 '피곤하여 처진 사람들'을 공격하여 죽이고 재산을 약탈하는 비겁한 짓을 저지른 이들이 바로 그들이었음을 알 수 있다.

사탄은 이처럼 우리의 약함을 공격한다. 이런저런 이유로 신앙의 대열에서 낙오되어 있는 내 안의 약함을 기가 막히게 알고 쳐들어온다. 날 때부터 약했던 기질적인 약점을 파고들고, 조상 대대로 이어진 우리 집안의 고질적인 문제를 비집고 들어온다. 예배를 사모하지 못하는 마음속으로, 사람을 믿지 못하는 의심 가운데 상처받았다고 생각하는 관계 속으로 재빠르게 치고 들어와 우리 삶을 파괴한다. 하나님의 백성이 더 이상 광야 행진을 하지 못하도록 가로막는 어둠의 세력이 바로 아말렉이다.

그래서 성경은 아말렉을 잔인하리만치 진멸하라고 명령한다. 사무엘상 15장 18절에서도 하나님께서는 사울 왕에게 "아말렉 사람을 진멸하되 다 없어지기까지 치라"고 하셨다. 모세에게는 "내가 아말렉을 없이하여 천하에서 기억도 못 하게 하리라…여호와가 아말렉과 더불어 대대로 싸우리라"출 17:14, 16고 하셨다. 아말렉을 진멸하지 않는 한, 가나안 천국을 향한 믿음의 행진이 어렵다는 것을 성경은 경고하고 있다.

마귀는 오늘도 우리를 넘어뜨리기 위해 우는 사자처럼 달려들어 우리의 약함을 공격한다. 마치 430년 동안 애굽에서 노예로 살아서 전쟁을 치러본 적이 없는 이스라엘 백성을 뒤에서 비겁하게 공격했던 것처럼, 우리가 영적으로 무방비 상태일 때 우리의 가장 취약한 부분을 공격하며 들어와 우리의 신앙 여정을 교란시킨다.

만약 당신에게 이미 이런 싸움이 시작되었다면 지금 당장 모세처럼 하나님의 지팡이를 들고 기도의 산으로 올라야 한다. 당신의 약함을 공격하는 아말렉, 즉 어두움의 영을 진멸하지 않는 한, 당신은 가나안을 향해 진군하기 어렵기 때문이다.

우리 자신의 힘만으로는 월등한 전투력을 지닌 아말렉과의 싸움에서 결코 이길 수 없다. 그래서 하나님께 두 손 들고 나아가 우리 약함을 고백해야 한다. 아말렉이 진멸될 때까지 기도하는 두 팔을 내리지 말고 하나님께 집중해야 한다.

기도가 항복인 이유가 여기에 있다. 가장 약한 부분을 공격당했는데 어떻게 내 힘으로 적군을 멸할 수 있단 말인가. 우리는 마귀의 포로가 아니라 하나님의 포로가 되어 하나님 앞에 두 손 들고 나아가면 된다. 그러면 하나님께서 우리를 대신해 적들을 물리쳐 주실 것이다.

어떤 사람은 돈 문제에 유독 약하다. 어떤 이는 여자 문제에, 어떤 이는 감정적인 문제에, 어떤 이는 인간관계에, 어떤 이는 일처리 문제에서 자주 걸려 넘어진다. 마귀는 이렇게 우리의 약한 부분을 교묘하게 알고 욕심과 정욕과 게으름과 교만함의 영으로 공격해옴으로써 우리를 넘어뜨린다. 아말렉을 진멸한다는 것은 바로 그런 영들을 물리치는 것을 뜻한다.

그러나 우리 힘으로는 좀처럼 악한 영들과 맞설 수 없다. 정결하려고 마음먹었지만 이성이 유혹해오고, 게으름을 청산하고 열심히 일하려 했지만 사회에서 나를 받아주지 않는다. 거룩한 새 출발을 다짐하는 나의 앞길에 사탄의 견고한 진이 가로막고 있다. 그래서 우리가 하나님께 항복하는 기도를 드리는 것이다. 하나님께 항복할 때, 그토록 섬멸하기 어려웠던 아말렉 군사들이 친히 그분의 발 아래서 진멸되기 때문이다.

"중국에 해가 떠오를 때면 언제든지 그는 무릎을 꿇고 있었다."

사람들은 가장 열정적으로 중국 선교 사역을 감당했던 허드슨 테일러 Hudson Taylor를 두고 이런 말을 남겼다. 테일러가 그토록 기도에 전념했던 이유가 무엇인가? 테일러에 대한 질문과 답변 속에서 그 궁금증을 해소할 수 있다.

"선교사님, 선교사님이 선교 사역에서 그렇게 성공하실 수 있었던 비결이 무엇입니까?"

"저는 오직 기도로 사람들을 움직였을 따름입니다."

"기도로 움직인다고요?"

"저는 하나님께서 사람들을 움직이시도록 했습니다. 당신도 당신의 힘으로 사람을 움직이려 하지 말고, 자신의 힘으로 자녀를 움직이려 하지 말고, 하나님께서 그들의 마음을 움직이시도록 하십시오."

사람을 움직이시고 관계를 회복시키시며 사역의 열매를 맺게 하시는 분은 하나님이다. 허드슨 테일러는 자신을 대신하여 일하시고 싸우시는 하나님 앞에 모든 것을 맡기는 기도를 했던 것이다.

하나님의 지팡이는 기도의 손에 달려 있다

기도는 이처럼 세상의 어떤 것과도 비교할 수 없는 강력한 무기다. 그래서 모세는 전쟁이라는 숨 가쁜 상황에서 기도하는 두 손을 내릴 수가 없었다. 심지어 모세의 두 팔이 내려가는 것을 막기 위해 아론과 훌은 양쪽에서 각각 모세의 팔을 붙들어 올리기까지 했다.

우리는 이를 통해 심각하고 어려운 때일수록 더욱 무릎으로 승부해야 한다는 것을 배운다. 1517년 마틴 루터가 비텐베르크 성당 문에 95개조의 '개혁선언문'을 붙여 종교개혁의 포문을 열 수 있었던 것도 이런 무릎의 힘이었다. 그는 생명까지도 위협할 수 있는 절대권력의 교황과 맞서 종교개혁을 감행할 수 있었던 이유에 대해 이렇게 고백했다.

"만일 내가 새벽에 두 시간 이상을 기도하지 않았다면 그날의 승리는 마귀에게 돌아갔을 것이다. 나에게는 너무나 할 일이 많았다. 그러나 날마다 세 시간 이상 기도하는 것보다 더 중요한 일은 없었다. 그 기도가 모든 일을 지탱해나가는 힘이 되었다."

실제로 어떤 사람은 독일의 종교개혁가 멜랑흐톤Melanchthon에게 쓴 편지에서 루터의 기도에 대해 이런 글을 남겼다.

> 언젠가 우연히 그의 기도를 들었습니다. 그는 이렇게 기도하더군요. "당신이 우리 아버지이시며 우리 하나님이심을 압니다. 그래서 당신께서 당신의 자녀를 핍박하는 자들을 멸하시리라 확신합니다. 당신께서 이렇게 하지 못하시면, 당신의 뜻이, 우리의 뜻과 이어진 당신의 뜻이 위험해집니다. 이것은 진적으로 당신의 문제입니다. 우리는 당신의 섭리로 그 일에 참여할 수밖에 없었습니다. 그러므로 당신이 우리의 방패가 되어주실 것입니다." 이러한 루터의 기도를 듣고 있노라면 제 영혼에 불

이 붙는 듯했습니다.

루터가 드렸던 이와 같은 기도가 바로 하나님께 항복하는 기도라 할 수 있다. 이 일이 온전히 하나님께 속하였음을 고백하는 기도, 하나님께서 친히 멸하시기를 간구하는 기도, 그것이 바로 항복 기도인 것이다. 기도에 대해 이같이 도전하면 어떤 분들은 이렇게 반문하기도 한다.

"목사님, 그분들에게는 뭔가 특별한 하나님의 사인이 있었으니까 그렇게 기도에 목숨 걸 수 있었겠지요. 모세만 해도 하나님의 지팡이가 있었으니까, 그것을 들고 기도의 산에 오른 거 아닌가요? 그런데 저는 영적으로 의지할 뭔가가 아무것도 없어요."

모세의 손에는 분명 '하나님의 지팡이'가 들려 있었다. 우리가 아는 대로, 그 지팡이는 능력의 지팡이였다. 애굽 왕 바로 앞에서는 뱀으로 변했고, 홍해를 치면 홍해가 갈라졌으며, 반석을 치면 샘물이 나오기도 했던 어마어마한 능력의 지팡이였다. 그런데 우리는 모세의 손에 들렸던 이 지팡이가 이미 우리에게도 주어졌음을 알지 못한다. 과연 그게 무엇인가?

예수 이름의 능력, 예수 보혈의 능력이다! 우리는 이미 예수님이 내 죄를 대신하여 십자가에서 피 흘리시고 다시 사셨음을 믿는 사람들이다. 그런 우리 손에 하나님께서는 엄청난 능력의 지팡이를 안겨주셨다.

출애굽 직전, 이스라엘 백성에게 일어났던 일을 생각해보자. 하나님의 명령에 끝까지 거역하는 바로를 향해 하나님께서는 사람이나 짐승을 막론하고 애굽의 모든 초태생이 죽임을 당할 것이라 말씀하셨다. 그러고는 이스라엘 백성에게 어린양의 피를 문설주에 바르면 죽음의 그림자가 그 집을 넘어갈 것이라고 약속하셨다. 실제로 이스라엘의 모든 장자들과 짐승들은 어린양의 피를 문설주에 바름으로써 죽음의 밤에 털끝 하나 상하지 않은 채 감격적인 출애굽을 할 수 있었다.

이는 무엇을 뜻하는가? 어린양의 피, 즉 예수님의 보혈은 사람뿐 아니라 짐승까지도 보호해준다는 것을 의미한다. 우리 가족의 생명뿐 아니라 우리의 산업, 우리의 모든 인간관계까지도 살리는 능력이 바로 예수님의 보혈에 있는 것이다.

그래서 나는 아침에 눈을 뜨자마자 내 손에 주어진 예수 보혈의 능력을 의지하여 항상 기도를 드린다.

"예수 보혈의 능력이 우리 교회와 우리 가족과 우리의 산업을 덮으소서."

어떤 이들은 보혈의 능력에 대해 이미 일어난 일들을 치유하고 회복하는 데만 제한시켜 생각한다. 이미 죄를 지은 후에 돌이키고 용서를 구할 때라든가, 이미 병든 자를 치유할 때만 보혈의 능력을 간구한다. 그러나 그것은 보혈의 능력을 절반밖에 사용하지 못하는 태도다.

요한일서 1장 9절 말씀을 보면, "만일 우리가 우리 죄를 자백하면 그는 미쁘시고 의로우사 우리 죄를 사하시며"라고 되어 있는데, 여기서 '사한다'라는 동사가 미완료시제로 되어 있는 것을 볼 수 있다. 예수님의 보혈은 과거뿐 아니라 미래에 일어날 일들까지 새롭게 덮는 힘을 지녔다는 뜻이다. 즉, 예수님의 보혈의 능력은 죄 짓고 난 후에 그것을 고치고 싸매는 데에도 사용되지만, 죄의 유혹이 찾아오거나 시험이 찾아올 때, 즉 죄 짓기 전에도 사용해야 한다는 뜻이다. 음란한 생각이 들어올 때, 갑자기 분노하는 마음이 들 때, 두려움에 사로잡히려고 할 때, "주님, 제게 이런 생각이 들어옵니다. 주의 보혈로 덮으소서. 물리쳐주소서"라고 기도하는 것이다. 그러면 우리에게 평화가 임하고 사랑이 임한다.

예수님의 보혈의 능력은 이처럼 과거뿐 아니라 현재와 미래까지도 변화시키는 놀라운 능력을 지녔다. 언제, 어디서나 그 능력을 사용할 수 있도록 하나님께서 우리에게 주신 특권이 아닐 수 없다.

그러므로 우리는 모세가 하나님의 지팡이를 들고 기도하러 올라간 것처럼 언제든지 예수님의 보혈의 능력을 의지하여 기도해야 한다. 예수님의 이름으로 마귀를 대적하고, 이미 나를 덮친 아말렉 군사들뿐 아니라 달려오고 있는 군사들까지 예수님의 보혈의 능력으로 내쫓는 것이다. 예수님의 이름 앞에 무너지지 않을 진陣은 없다.

기도의 산에 올라야 본질이 보인다

다시 강조하지만, 기도는 우리 삶에 생명력을 불어넣어주는 현장이다. 문제의 본질이 무엇인지 보게 하는 현장이며, 뒤틀어진 현실을 바로잡게 하는 현장이다.

모세가 전쟁이 터졌을 때 하나님의 지팡이를 들고 왜 굳이 산에 올라 기도했겠는가. 그것은 이스라엘과 아말렉의 전투 현장을 보면서 기도하기 위해서였다. 모세는 기도하는 가운데 그 치열한 전투를 목격했다. 그리고 기도의 팔이 올라갈 때 싸움에서 이기고, 팔이 내려갈 때 싸움에서 진다는 사실을 확인했다.

우리 역시 기도의 산에 오르면 이처럼 영적인 현장을 보는 것이 가능해진다. 기도하지 않을 때 보지 못했던 본질적인 것들을, 기도할 때 비로소 볼 수 있다.

아들 때문에 애 태우던 한 어머니가 있었다. 그녀는 아들을 순종의 아들, 복이 있는 아들로 키우기 위해 온갖 노력을 다했다. 때로는 아들에게 선물도 사다주고 주의 말씀을 들고 훈계도 해보았다. 원활한 대화를 위해 인터넷을 배워 아들과 채팅도 해보고, 제멋대로 하려는 아들을 위해 24시간 감시도 해보았다. 그러나 노력하면 할수록 모자간의 마찰은 예상치 못한 곳에서 터져 나왔고 사춘기에 접어든 아들의 반항은 늘어만 갔다.

결국 그 어머니는 아들의 문제를 놓고 "하나님, 저는 더 이상 할 수 없어요. 하나님의 아들이오니 하나님께서 이 아이를 변화시켜 주세요"라며 기도하기 시작했다. 정말 하나님께 항복하는 심정으로 나아갔다. 아들에게 매달리던 에너지를 기도하는 데 쏟았다.

그런데 놀랍게도 아이를 놓고 기도하기 시작하자 아이의 문제가 아닌 자신의 죄가 보이기 시작했다. 자신의 약함이 보였다. 어릴 적 자신의 부모에게 불순종했던 모습, 남에게 반듯하게 보이고 싶은 안목의 정욕으로 아들을 키웠던 마음속의 세속적인 동기들, 자신의 감정에 따라 아이를 일관성 없게 교육했던 일들, 무엇보다 자신과는 사뭇 다른 아이의 성품을 보며 무의식중에 아이를 미워했던 일들이 너무도 선명히 떠올랐다. 그러자 이 어머니는 자신의 죄를 회개하지 않을 수 없었다. 온전치 못한 어머니로서의 모습에 뼈가 깎이는 심정으로 회개하며 통곡했다. 어머니에게조차 온전한 사랑을 받지 못한 아이의 영혼을 생각하니 가슴이 찢어질 듯 아팠다.

그 뒤 기적이 일어났다. 어머니는 회개기도를 드린 후 아이를 진심으로 사랑할 수 있게 되었다. 그토록 반항하던 아이가 사랑스럽게 보였다. 하나님께서 하신 일이었다. 이것이 바로 기도의 열매다. 어머니의 달라진 모습을 마음으로 영으로 느낀 아이는 어머니에게 순종하며 더 밝은 모습으로 자라게 되었다.

기도할 때 본질이 보인다는 것은 이와 같은 것이다. 기도하기 전에는 절대로 보지 못했던 자신의 문제들, 사탄의 견고한 진처럼 무너질 것 같지 않았던 죄악들까지 보게 된다. 그래서 의외로 쉽게 아말렉을 정복하고 가나안을 향한 행군도 계속할 수 있는 것이다.

당신은 어떠한가? 문제의 본질을 보게 하는 기도 현장을 갖고 있는가? 아니면 여전히 육신의 눈으로 세상을 보며 내 힘으로만 살려고 발버둥치고 있는가? 만약 그렇다면 지금 당장 기도 현장으로 달려가기 바란다. 하나님의 지팡이를 들고 기도의 산에 올라 당신의 영적 현주소를 볼 수 있기 바란다. 그곳에 서면 당신의 아말렉이 보일 것이다. 당신의 아말렉을 진멸하시는 하나님의 전능하심을 목격하게 될 것이다.

골방으로
가는 길

01

약함이란 내가 자주 넘어지는 문제이거나 내 능력으로 해결하지 못하는 문제인데, 하나님께 내어놓지 못하는 것을 가리킨다.
기도의 자리에서 나의 아말렉이 무엇인지 하나님 앞에서 돌아보며 고백하는 시간을 가져보자. 이말렉은 사건 자체가 아니다. 사건을 일으킨 원인이요 동기다. 부부싸움이 사건이라면 쉽게 분노하는 마음이나 조급함 혹은 결벽증이 나의 아말렉이다. 하나님께서는 이와 같은 아말렉을 진멸하라고 말씀하신다. 진멸을 위해 내 인생을 뒤에서 후려치는 아말렉의 존재부터 낱낱이 고하자.

02

나의 약함을 발견했다면 모세처럼 지팡이를 들고 산꼭대기에 올라가야 한다. 영적인 현장에 올라야 영적 전투에서 이길 수 있다. 내 삶에 승리를 가져올 영적인 산꼭대기에 언제 오를 것이며 그곳이 어디인지 구체적으로 계획해보고, 오늘부터 그 현장으로 달려가자.

02 DAY

말씀을 선포하며 바라보라

여호와의 이름이 걸린 인생

성경에 나오는 인물 중 믿음의 기도가 무엇인지를 가장 잘 보여주는 이는 누구일까? 기도의 위력을 우리에게 알려주는 대표적인 사람, 그는 바로 엘리야일 것이다. 그는 기도를 통해 하늘 문을 여닫았던 사람이다. 그래서 이스라엘 사람들은 예수님이 공생애를 시작하셨을 때 "죽은 엘리야가 살아난 것 아니냐"고 수군대기까지 했다.

우리는 '엘리야' 하면 갈멜 산에서의 대결을 떠올린다. 엘리야의 제단과 바알의 제단 중 어느 쪽에 불이 내리는지를 보자고 한 이 대결은 너무나 긴박하고도 치열한 영적 전투였다. 엘리야 한 사람과 바알 선지자 850명이 벌였던 이 기도 전쟁은 이기면 살고 지면 죽는 정도의 싸움으로 끝나는 것이 아니었다. 3년 6개월간 계속된 가뭄 재앙이 누구로 인한 것이었는지 판가름하는 싸움이었다. 즉, 여호와가 참 신神이냐, 바알이 참 신이냐를 모든 백성 앞에서 증거하는 매우 중요한 영적 전쟁이었다.

아합뿐 아니라 이스라엘 백성이 지켜보는 가운데 진행된 이 싸움에서의 승리는 단연 엘리야에게 돌아갔다. 칼과 창으로 몸을 자해하면서까지 기도한 바알의 제단에는 끝내 불이 내리지 않았지만, 세 번이나 물을 뿌린 엘리야의 제단에는 마침내 여호와의 불이 내려와 번제물과 나무와 돌과 흙을 태우고 도랑의 물까지 핥는 역사가 일어났다. 이 확실한 사건 앞에서 온 백성이 엎드려 고백할 수밖에 없었다.

"여호와 그는 하나님이시로다 여호와 그는 하나님이시로다" 왕상 18:39.

갈멜 산 사건을 바라보는 우리도 "역시 하나님이시다"를 연발할 수밖에 없다. 통쾌하면서도 짜릿하다. 그러면서도 마음 한편으로는 엘리야였기에 가능한 일이었다고 여긴다. '엘리야가 드렸던 이런 믿음의 기도를 나도 한번 해봐야겠다'라는 생각은 아예 하지도 못한다. 불의 종, 능력의 종으로 알려진 엘리야는 태생부터 다르다고 생각하기 때문이다.

이에 대해 성경은 "결코 아니다"라고 답한다. 성경에 의하면 엘리야 역시 우리와 똑같은 성정성질과 심정 또는 타고난 본성을 가졌다약 5:17. 실제로 그는 죽음의 위협 앞에서 "이렇게 살 바에는 차라리 죽는 게 낫겠다"라고 토로할 정도로 지극히 인간적인 사람이었다. 다만 그는 하늘 문이 열리고 닫히는 문제까지도 기도하는 믿음이 있었고, 우리는 그런 문제에 대해서는 기도할 생각조차 못한다는 차이점만 갖고 있을 뿐이다.

어떤 이들은 엘리야의 기도가 응답된 까닭은 영적 암흑기였던 당시의 정황상 하나님의 응답을 특별하게 보여주셔야 했기 때문이라고 말한다. 그것이 틀리지는 않지만 하나님의 자녀인 우리는 그분의 영광을 나타내며 살아야 하기에 우리 역시 엘리야처럼 '하나님의 이름'이 걸린 인생을 살고 있다. 즉 엘리야와 우리가 다를 게 없는 것이다. 사람들은 우리를 보며 하나님을 깨닫고 하나님을 느낀다.

"어, 저 술고래가 예수 믿더니 30년간 못 끊은 술을 끊었어. 하나님이 대단하시긴 한 것 같아."

"저 사람은 하나님을 믿는다면서 만날 다른 사람 원망만 해. 예수 믿는 사람이 뭐 저래?"

"저 집은 어려움이 많은데도 어쩌면 저리 얼굴들이 밝은지, 참 대단한 것 같아. 교회 다녀서 그런가?"

그리스도인들에 대한 이 같은 평가는 곧 우리가 하나님의 이름이 걸린 인생을 살고 있음을 말해준다. 우리의 삶을 통해 사람들은 하나님을 찾거나 하나님을 멀리한다. 뿐만 아니라 하나님께서 우리 삶을 통해 기뻐하시거나 슬퍼하신다. 넘어져도 다시 일어나 빛의 열매를 맺을 때, 하나님께서는 그 삶을 통해 영광을 받으신다.

이것이 우리가 하늘에서 불이 내리는 것과 같은 기적을 달라고 믿음으로 기도해야 하는 이유다. 알코올중독자 남편이 변화되도록, 어둠 속에서 방황하는 자녀가 빛의 자녀로 성장하도록, 앉은뱅이와 같은 무기력함의 수렁에서 빠져나오지 못하는 내가 하늘을 향해 도약하도록 믿음으로 도전하고 기도해야 할 이유가 되는 것이다. 하나님의 자녀로 부름받은 우리의 신앙 여정은 엘리야처럼 하나님의 이름이 걸린 여정이요 여호와의 영광을 나타내 보일 행군이기 때문이다.

로마서 1장 17절에서도 "오직 의인은 믿음으로 말미암아 살리라"고 했다. 예수를 믿음으로 의롭다 함을 얻은 우리는 오직 "믿음으로" 살아서 하나님의 영광을 나타내야 한다. 돈과 권력과 명예를 믿는 것이 아니라 하나님을 믿는 사람! 그가 바로 그리스도인이다. 따라서 우리가 믿음으로 기도할 때, 하나님께서는 그 기도를 기뻐하시며 응답하신다. 우리를 통해 그분을 나타내 보이신다.

> "믿음이 없이는 하나님을 기쁘시게 하지 못하나니 하나님께 나아가는 자는 반드시 그가 계신 것과 또한 그가 자기를 찾는 자들에게 상 주시는 이심을 믿어야 할지니라" 히 11:6.

그렇다면 믿음으로 하나님께 나아간다는 것은 구체적으로 무슨 뜻일까? 어떻게 해야 믿음으로 도전해서 하나님께서 주시는 상을 받을 수 있을까?

믿음의 스텝 1_믿음으로 선포하라

믿음의 사람 엘리야는 갈멜 산에서 대승을 거둔 이후 바알을 섬기던 선지자들을 기손 시냇가에서 모조리 처단했다. 그러고는 적대관계에 있던 아합 왕에게 나아가 이렇게 선포했다.

> "엘리야가 아합에게 이르되 올라가서 먹고 마시소서 큰 비 소리가 있나이다" 왕상 18:41.

그 땅에는 아합 왕과 이스라엘 백성의 우상 숭배로 3년 6개월간 비가 내리지 않고 있었다. 6개월만 비가 안 와도 논바닥은 물론 논두렁까지 완전히 말라버리는데 장장 3년 6개월간 가뭄이라니! 모든 농작물이 타 죽었음은 물론 시냇물도 마른 지 오래였을 것이다. 바로 그런 때에 엘리야는 아합 왕에게 느닷없이 이런 말을 한다.

"큰 비가 내릴 것이니 갈멜 산으로 올라가서 먹고 마시며 즐거워하라!"

여기서 우리는 현재의 상황을 주목할 필요가 있다. 먹구름이 몰려오거나 천둥번개가 치는 것도 아니었다. 하늘에는 구름 한 점 없다. 비가 내릴 어떤 징조도 보이지 않는다. 그런데 엘리야는 무슨 근거로 아합 왕에게 '큰 비가 내릴 것'이라고 선포하고 있을까?

성경을 보면 엘리야가 하나님으로부터 "내가 비를 지면에 내리리라"왕상18:1 하는 약속의 말씀을 받았음을 알 수 있다. 즉, 엘리야는 비가 내릴 어떤 징조도 보이지 않는 상황에서 하나님의 말씀을 믿고 아합 왕에게 당당히 선포한 것이다. 선지자로서의 자존심을 세우기 위해서라거나, 큰 승리를 맛본 뒤에 찾아온 극도의 흥분 상태에서 한 말이 아니었다. 엘리야는 오직 말씀을 믿었기에 천하의 아합 왕 앞에서 당당하게 선포할 수 있었다.

게다가 그는 얼마 뒤 손만 한 작은 구름이 일어났을 때도 확신에 찬 목소리로 "비에 막히지 아니하도록 마차를 갖추고 내려가소서"왕상 18:44 하고 말했다. 이런 엘리야의 모습을 통해 믿음이란 무엇보다 하나님의 말씀을 근거로 하는 선포임을 알 수 있다. 객관적인 상황이 아직 뒷받침되지 않아도 하나님의 말씀이 주어졌다면 그대로 믿고 선포하는 것! 그것이 믿음이다. 그것이 바로 응답받는 기도의 첫 번째 단계이자 비결이다.

엘리야와 같은 믿음을 보여주는 또 다른 사람들이 있다. 출애굽한 이스라엘이 가나안 땅을 정탐하고 돌아왔을 때, 열두 명의 정탐꾼 중 여호수아와 갈렙은 약속의 말씀을 근거로 확신에 찬 선포를 했다.

"그 땅은 젖과 꿀이 흐르는 땅이므로 다만 여호와를 거역하지 말고 그 땅 백성을 두려워하지 않으면 그 땅은 우리의 것이 될 것이다."

이에 비해 나머지 열 명의 정탐꾼은 전혀 다른 선포를 했다.

"그 땅 거민은 장대하고 우리는 메뚜기 같아서 절대로 그 땅을 얻지 못한다."

유감스럽게도 이스라엘 백성은 열 명의 정탐꾼의 말에 동조했다. 그 때문에 자신들을 출애굽 시킨 모세와 아론을 원망하며 탄식했다. 그러고는 "차라리 이 광야에서 죽는 게 더 낫겠다"라고 말한다. 젖과 꿀이 흐르는 땅을 주시겠다고 약속하시며 애굽에서 이끌어내신 하나님의 언약과 은혜를 불신하고 있는 것이다. 이에 대한 하나님의 반응은 어떠셨는가?

"그들에게 이르기를 여호와의 말씀에 내 삶을 두고 맹세하노라 너희 말이 내 귀에 들린 대로 내가 너희에게 행하리니"민 14:28.

이 말씀에 대해 우린 경각심을 가져야 한다. 결국 하나님께서 말씀하신 것처럼 믿음의 선포를 했던 여호수아와 갈렙만 가나안 땅에 들어가고, 열 명의 정탐꾼과 원망한 백성은 광야에서 전부 죽었기 때문이다.

오늘 우리의 삶은 어제 했던 선포의 결과다. 매일매일 "죽겠다", "절대로 안 된다", "이거 해봐야 소용없다", "기도해도 안 될 거다"라고 말하는 사람의 선포를 하나님께서는 듣고 계신다. "내게 와서 기도하면 내가 너희들의 기도를 들을 것이요"렘 29:12 라는 약속의 말씀이 있음에도 불구하고, "하나님은 내 기도를 안 들으셔", "기도했지만 뭐, 잘 안 될 것 같아"라고 선포해버린다면 기도할 이유가 뭐 있겠는가.

그 믿음 없는 기도, 말씀과 상반되는 선언은 하나님에 대한 불신이요 배신과도 같은 것 아닌가. 성경은 분명히 말씀한다. 믿음이 없이는 하나님을 기쁘시게 할 수 없다고히 11:6.

만약 우리에게도 이런 모습이 있다면 지금 당장 돌이켜야 한다. 내가 했던 말들을 회개하고 믿음의 말을 시작해야 한다. 그것은 결코 뻥을 치거나 허풍을 떨라는 말이 아니다. 약속의 말씀에 근거하여 믿음으로 선포하는 것이 기도하는 자가 내디뎌야 할 첫걸음이다.

믿음의 스텝 2_간절히 기도하고 집중하여 기도하라

믿음의 언어, 믿음의 선포로 살고 있다면 동시에 해야 할 중요한 일이 있다. 그 선포가 이루어지도록 간절히 기도하는 일이다. 선포는 열심히 하면서 아무것도 하지 않는 사람들이 있다. 그들은 빈둥빈둥 신앙의 백수처럼 지낸다. 만약 그렇다면 그들의 선포는 그야말로 허풍이 될 수 있음을 기억해야 한다.

우리에게 믿음의 선포를 가르쳐준 엘리야는 믿음으로 선포한 후에 기도하기를 멈추지 않았다. 그는 갈멜 산 꼭대기로 올라가서 땅에 꿇어 엎드려 그의 얼굴을 무릎 사이에 넣고 비가 오기를 간절히 기도했다. 아직 감격적인 승리의 여운이 채 가시지 않은 때였다. 얼마든지 교만에 빠져서 기도하는 무릎을 게을리 할 수 있었다. 우리도 이럴 때가 있지 않은가. 응답받았다고 우쭐해져서 기도하는 손을 빨리 내리는 때 말이다. 만약 우리가 그런 때를 맞고 있다면 우리에게서 어떻게든 기도를 빼앗아가려는 사탄의 전략에 그대로 말려든 셈이다.

그러나 엘리야는 하나님께서 약속하신 말씀을 굳게 붙잡고 믿음으로 선포한 후, 산꼭대기에 올라가 자신을 겸손히 낮춘 채 간절히 기도했다.

기도란 이처럼 낮아짐의 표현이다. 내가 선포했지만 그것은 하나님께 속한 일이며 궁극적으로는 하나님께서 하셔야만 가능함을 고백하는 일이다. 그래서 기도하지 않고 응답받은 일은 위험하다. 내가 했다고 착각할 수 있고 나를 자랑하게 되기 때문이다.

엘리야는 땅에 꿇어 엎드려 얼굴을 무릎 사이에 넣고 기도함으로써 오직 하나님께만 집중했다. 주위에 있는 어떤 것도 바라보지 않고, 자신을 우러러보는 이스라엘 백성의 환호에 우쭐하지 않고, 오직 하나님께만 집중하기 위해 얼굴을 무릎 사이에 놓았다.

기도는 이처럼 하나님께만 집중하는 것이다. 세상의 모든 일은 집중력에 의해 좌우되는데, 하나님께 집중하면 놀라운 일을 체험할 수 있다. 하나님께서 하시는 일들을 목격할 수 있다. 내 능력과 한계를 넘어서는 초월적인 일들을 경험하게 된다.

믿음의 스텝 3_바라보며 기도하라

엘리야는 하나님께 간절히 집중하여 기도한 후 사환에게 이런 말을 한다.

"올라가 바다 쪽을 바라보라."

무슨 뜻인가? 기도 응답에 대한 기대이다. 엘리야는 단지 기도만 하는 것이 아니라 하나님의 응답을 간절히 기대하고 있었다.

이는 매우 중요한 영적 원리이다. 기도하지 않으면 바라볼 수 없고, 바라보지 않으면 기도할 수 없다는 사실을 엘리야가 보여주고 있다. 이른바 '바라봄의 법칙'이다. 믿음으로 기도했다면, 믿음의 눈으로 장차 될 일들을 바라봐야 한다. 그래야 엘리야처럼 손만 한 작은 구름을 볼 수 있다. 지진이 일어나기 전에 징조가 있듯이 하나님께서도 기도의 응답에 앞서 어떤 징조를 보여주신다. 그것이 바로 손만 한 작은 구름이다. 비를 위해 기도했다면 비가 오는 모습을 바라봐야 한다. 계속해서 메마른 논바닥만 바라보며 기도한다면, 믿음의 기도를 한다고 하면서도 절망의 기도를 하게 되고, 결국 하나님께서 보여주시는 손만 한 작은 구름도 볼 수 없다.

나는 1989년 3월 25일에 길동의 상가 건물을 얻어 교회를 개척했다. 전임 교회의 교인들과 형제 친지들의 도움이나 경제적 지원을 받지 않는다는 3무無의 정신으로 교회를 시작하면서 오직 하나님만 의지하겠노라 다짐했다. 하나님만 의지하면 하나님께서 교회를 책임지시고 부흥시켜주시리라 믿었다.

우리 가족을 제외한 개척 멤버는 세 명이었다. 성인 한 명에 학생 두 명이다 보니, 새벽예배를 인도하면 예배실에 앉아 있는 사람은 아내 외에는 아무도 없었다. 그런데 교회 한쪽에 방을 만들어 생활하던 때라 새벽예배 도중 아이가 깨어 울면 아내는 설교를 듣다 말고 방에 들어가 아이를 달래야 했다. 그렇게 아무도 듣는 이 없을 때 벽을 향해 설교를 해야 하는 설교자의 심정을 누가 알까. 한 영혼의 소중함이 너무도 절실하게 다가왔다. "주님, 저 문을 열고 누군가 들어오게 해주십시오"라는 기도가 절로 나왔다.

그러나 이런 간절한 기도도 6개월 정도 하고 나니, 마음속에 슬며시 새로운 믿음(?)이 찾아왔다.

'누가 새벽에 이 개척교회에 오겠어? 아무도 오지 않을 거야.'

차마 입 밖으로 꺼내진 않았지만 나는 무의식중에 그런 믿음의 선포를 하고 있었다. 교인을 보내달라고 기도는 하면서도 문을 열고 들어오는 교인들의 모습은 그리지 못했다. 그러자 곧바로 마귀가 이렇게 속삭였다.

'어차피 아무도 안 올 텐데, 피곤하게 그러고 있지 말고 아침밥 먹고 나서 기도해도 되잖아.'

입 밖으로 내는 선언뿐 아니라 마음속에서 하는 선언도 역사하는 힘이 컸다. 마귀의 말에 순종한 나는 차츰 새벽기도를 거르기 시작했고, 나중에는 아침밥을 먹은 뒤에 하던 기도 시간마저 유야무야 넘기게 되었다. 마귀가 노리던 대로 기도 시간이 줄어들자 심령은 말할 수 없이 메말라갔다. 자꾸 개척교회 목사라는 패배감과 서러움에 사로잡혔다.

그러나 그런 무력감의 시간 속에서 깨달은 것은 기도 외에는 회복의 길이 없다는 사실이었다. 성경을 아무리 묵상해도 기도가 먼저이고, 기도가 시작이란 깨달음이 왔다. 심지어 하나님의 아들 예수 그리스도께서도 힘들고 고단한 하루를 새벽기도로 시작하시지 않는가.

우리가 아무리 피곤하다고 아우성친들 예수님만큼 피곤하다고 할 수 있을까? 육체의 몸을 입고 이 땅에 오신 예수님은 우리처럼 많이 걸으면 피곤하고, 안 먹으면 배고프고, 자지 못하면 정신이 빙빙 도는 그런 연약한 육체를 입고 계셨다.

예수님이 안식일 하루 동안 행하신 사역을 보면 놀라지 않을 수 없다. 예수님은 낮에 회당에서 사람들을 가르치셨다. 그런데 가르치시는 도중 귀신 들린 자가 소리 지르며 예수님을 방해하는 돌발 상황이 벌어졌고, 예수님은 그 귀신을 꾸짖어 내쫓으셨다. 또한 시몬 베드로의 집에 들어가 베드로의 장모를 열병으로부터 고쳐주셨다. 해 질 무렵에는 가버나움의 모든 병자들과 귀신 들린 자들이 예수님께 모여듦으로, 저녁 늦은 시간까지 귀신을 쫓고 병든 자를 치유하는 사역을 하셨다.

물론 영적인 사역에는 세상이 줄 수 없는 환희와 기쁨과 보람이 따른다. 그러나 영적인 사역은 치열한 영적 전투이기에 많은 에너지가 소모된다. 때로 목회자들이 한 번만 심방을 다녀와도 나가떨어질 만큼 파김치가 되는 것은 그 때문이다.

그런데 예수님은 그토록 고단한 안식일을 보내신 다음 날 새벽, 한적한 곳에 가서서 하나님 앞에 무릎을 꿇으신다. 왜 그러신 것일까? 기도하는 자리는 믿음을 충전 받는 자리이기 때문이다. 기도하지 않는 한, 우리 믿음은 연약해지고 병들어서 시들 수밖에 없다. 그래서 기도하지 않는 사람은 결코 오랫동안 사역할 수 없다.

나는 예수님의 새벽기도를 묵상하면서 연약한 무릎을 다시 꿇었다. '이 개척교회에 누가 찾아오랴'는 마음속 말을 버리고, "하나님, 저는 성도들과 제자훈련도 하고 싶고 성경공부도 하고 싶습니다. 그 길을 열어주십시오"라고 간절하게 기도드렸다. 교회 문을 열고 성도들이 들어오는 모습을 바라보며 집중하여 기도했다. 8월부터는 전 교인 합심기도회를 열었고, 새 신자 전도에도 박차를 가했다. 그러자 1년 사이에 교인 수가 40명 정도로 늘어났다.

아마도 그 시기에 나는 선포하는 믿음, 바라보는 믿음의 중요성을 알기 시작했던 것 같다. 기도가 뜨거워지자 하나님께서 주신 약속의 말씀이 더욱 믿어지면서, 현재의 상황을 뛰어넘어 미래의 모습을 그릴 수 있었다. 기도에 힘이 붙고 믿음의 말을 하게 되었다. 어느 날 교인들 몇 명이 모여 기도하는 시간에 이렇게 선포했다.

"여러분, 우리 오륜교회가 변하면 한국 교회가 변합니다. 우리 교회가 언젠가는 한국 교회에 대안을 제시하는 교회가 될 겁니다!"

교인이 누군지, 어느 집에 방이 몇 칸 있는지 서로 다 아는 조그만 개척 교회에서 "한국 교회에 대안을 제시하는 교회가 될 것"이라 선포하고 있으니, 다들 어이가 없었나 보다. "피식" 하며 웃는 소리가 여기저기서 들려왔다.

"왜요? 안 믿어지십니까? 정말입니다. 여러분, 반드시 그런 날이 옵니다."

재차 선포하는 나의 말에 심지어 아내까지 웃음을 지어 보였다.

정말 아무도 믿어주지 않는 분위기였다. 당시 내가 한 그 말을 100퍼센트 확신했다고는 할 수 없다. 그러나 1퍼센트의 겨자씨만 한 믿음으로 100퍼센트가 되기를 바라볼 때, 하나님의 역사가 시작될 것이다.

하나님께서는 아브라함에게 장막에서 나와서 하늘에 있는 뭇별들을 세어보라 하셨다. 여기서 장막이란 인간이 갖는 한계 상황을 가리킨다. 돈이 없고, 뒷배경이 없고, 가진 것이 없고, 못 배웠다는 객관적인 상황을 말한다. 그런데 사람들은 모두 장막 안에서 웅크린 채 장막 안의 상황만 바라본다.

하나님께서는 우리에게 지금 당장 장막에서 나오라고 하신다. 그리고 언약의 말씀을 바라보라고 하신다. 하늘의 뭇별들을 바라보며 꿈꾸라 하신다. 생각해보면 우리가 지금 누리는 열매들은 과거 우리가 꿈꾸던 것들이었음을 알게 된다. 기도하는 시간에 바라보며 꿈꾸던 것들을 하나님께서는 실제로 이루어주신 것이다.

바라보며 기도해야 한다. 그 바라봄이 내 마음에 가득하고 내 영혼에 가득해서 마침내 심령 가운데 하늘의 뭇별들이 가득 차도록 기도해야 한다. 그럴 때 당신 삶의 열매들이 이 우주공간을 푸르게 수놓을 것이다.

골방으로
가는 길

01

'나의 이름이 걸린 기도'와 '주의 이름이 걸린 기도'에는 차이가 있다. 지금 껏 나는 누구의 이름을 걸고 기도했는지 돌아보며 고백해보자. 기도는 동기가 중요하다. 잘못된 정욕으로 기도한 것이 있다면 회개하며 돌아서자.

02

엘리야는 3년 6개월 동안 닫혀 있던 하늘 문을 믿음의 기도로 열었다. '믿음의 기도'로 대변되는 그의 세 가지 기도 스텝 중 내게 부족한 것은 무엇인지 찾고, 온전한 믿음으로 나의 기도를 하나님께 올리자.

03
DAY

기도의 목적부터 이루라

하나님 앞에서 끈질기게 무릎 꿇기

1년에 한 번, 3주 동안 밤 9시에 진행되는 우리 교회의 특별기도회인 '다니엘 세이레 기도회'에는 해마다 수많은 간증이 쏟아진다. 그래서 기도회를 준비하는 나나 교인들이나 이 기도회가 있는 11월을 손꼽아 기다린다. 그때는 가급적 출장도 가지 않고 약속도 잡지 않는다. 외국에 나갔던 사람들도 돌아와 참석한다. 하늘에서 모든 좋은 것을 쏟아부어주신다고 표현해도 좋을 만큼 수많은 기적과 응답이 있다.

그런데 간혹 어떤 이들은 아무 일도 일어나지 않는다며 둘째 날부터 힘들어한다. 전날 기도했으면 오늘은 응답의 조짐이 와야 하지 않느냐는 것이다. 많은 사람은 단박에 기도 응답을 받는 이들을 부러워한다. 하지만 가장 뒤늦게 응답받는 사람들이야말로 부러울 만큼 크고 깊은 은혜를 받을 때가 많다. 끈질기게 기도하는 동안 기도의 참된 목적을 발견하고, 결국은 가장 적절한 시기에 가장 선한 응답을 받기 때문이다. 오랫동안 기도함으로써 무릎으로 사는 삶의 영적 깊이와 기쁨 또한 생활 속에 뿌리 내릴 수 있다. 끈질긴 기도를 통해 하나님께서 우리에게 주시려는 은혜의 깊이와 너비는 헤아릴 수 없을 정도다.

믿음의 기도로 유명한 엘리야는 바로 이렇게 끈질기게 기도한 사람이다. 그는 능력의 종, 불의 종이지만 단박에 기도 응답을 받은 사람은 아니었다. 엘리야가 비를 내려주시기를 간절히 기도한 후 사환에게 "올라가 바다 쪽을 바라보라"고 말했을 때 돌아온 대답은 "아무것도 보이지 않습니다"였다.

엘리야는 먹구름이 몰려온다든가, 제비가 낮게 난다는 등의 소식을 듣고 싶었을 것이다. 그러나 사환으로부터는 아무것도 보이지 않는다는 대답만 돌아왔다.

여기서 엘리야의 기도 무릎이 얼마나 강건한지 알 수 있다. 그는 결코 낙망해서 물러서지 않았다. 기도의 응답에 도전하기를 여섯 번이나 했고 그때마다 "아무것도 보이지 않습니다"라는 대답을 들어야 했다. 이에 엘리야는 기도한 후 사환에게 말한다.

"일곱 번까지 다시 가라."

성경에서 일곱은 하나님의 숫자요 완전한 수를 뜻한다. 여리고 성도 일곱 번 돌았을 때 무너졌고, 나병한센병에 걸렸던 아람의 군대장관 나아만도 요단 강에서 일곱 번 씻었을 때 깨끗함을 입었다. 즉, 일곱 번까지 기도했다는 것은 하나님 편에서 볼 때 완전에 이를 때까지 기도했다는 뜻이고, 인간 편에서 볼 때는 끝까지 포기하지 않고 믿음으로 기도할 때 응답을 얻는다는 뜻이다. 만일 엘리야가 여섯 번까지만 기도하고 포기했다면 어떻게 되었을까? 기도는 하늘에 사닥다리를 놓는 영적 전쟁이다. 영적 전쟁에서의 포기는 곧 죽음을 의미한다.

우리가 천재로 알고 있는 19세기의 발명왕 에디슨도 끈질기게 기도한 사람으로 유명하다. 그는 한 가지 목표를 달성하기 위해 일만 번의 실험과 일만 번의 기도를 드렸다고 한다.

당신은 한 가지 기도제목을 두고 일만 번 기도해본 적이 있는가? 여호와 하나님 앞에 일만 번 무릎을 꿇어본 적이 있는가? 끈질기게 기도했다는 것은 이처럼 항상 무릎 꿇는 삶을 살았다는 뜻이다. 서 있을 때를 빼고는 쉴 때나 잘 때에도 무릎 꿇는 낙타처럼, 우리의 무릎이 끈질기고도 강건한 낙타 무릎이 되어야 한다는 뜻이다.

왜 우리는 이토록 하나님께 무릎 꿇는 삶을 살아야 할까. 우리가 항상 기도해야 하는 이유와 본래 목적은 과연 무엇일까?

크신 하나님께 경배하기 위해

시편 95편 6절에서 기자는 이런 노래를 불렀다.

> "오라 우리가 굽혀 경배하며 우리를 지으신 여호와 앞에 무릎을 꿇자."

시편 기자는 단도직입적으로 "여호와 앞에 무릎을 꿇자"라고 말한다. 여기서 '무릎 꿇다'라는 단어는 '바라크'라는 동사로서, '송축하다', '찬양하다' 혹은 '경배하다'라는 뜻으로도 사용된다. 원래 솔로몬 왕이 성전 봉헌식을 할 때 온 이스라엘 회중 앞에서 하나님을 찬양하기 위해 무릎을 꿇었는데, 그때부터 '무릎 꿇다'라는 동사 '바라크'는 여호와께 굽혀 '경배한다', 하나님을 '찬양한다'라는 의미로 사용되었다. 그러므로 여기서 "무릎을 꿇자"라는 말은 '하나님께 최고의 경배와 찬양을 드리자'라는 의미다.

시편 기자는 하나님께 무릎 꿇어야 하는 이유를 이렇게 고백한다.

> "여호와는 크신 하나님이시요 모든 신들보다 크신 왕이시기 때문이로다"시 95:3.

이에 대해 어떤 사람들은 묻는다.

"모든 신들보다 크신 왕이라면 이 세상에 하나님 말고 다른 신이 있다는 뜻입니까?"

그러나 이 표현은 하나님이 세상의 많은 신 중 최고의 신이라는 뜻이 아니라 "오직 하나님만이 이 세상을 지으시고 역사를 주관하시는 참 신이다"라는 의미이다. 땅의 깊은 곳이 하나님의 손 안에 있으며 산들의 높은 곳도 하나님의 것이다시 95:4. 바다도 하나님께서 만드셨으며 육지도 그분이 지으셨기에시 95:5 하나님은 우리의 무릎 꿇는 경배를 받아 마땅한 분이라는 것이다.

시편 기자의 고백은 곧 우리의 고백이다. 온 세상 만물이 하나님에 의해 지어졌고, 모든 만물은 하나님의 통치 아래 있다. 하나님의 피조물로 지음 받은 우리는 하나님께 경배를 드릴 수밖에 없다. 그분의 높으심을 찬양하며, 그분의 발 아래 꿇어 엎드리는 존재가 바로 우리다.

그런 면에서 우리가 하나님 앞에 무릎 꿇고 기도한다는 것은 곧 나의 주인이시요 조물주이신 하나님을 높여 찬양한다는 뜻이다. 나를 지으신 주님, 나의 주인이신 하나님께 피조물로서 종으로서 경배하기 위해서라도 우리는 언제나 무릎을 꿇어야 한다.

이것이 기도가 응답되지 않을 때에도 계속해서 기도해야 하는 첫 번째 이유다. 기도 응답이 되지 않았어도 여전히 우리는 하나님을 경배하며 하나님의 위대하심을 찬양하는 사람들로 살아야 한다. 만약 쉽게 응답되지 않는다고 기도하는 무릎을 편다면 그것은 하나님께 대한 경배를 그치는 것과도 같다. 그분의 주권하에 내 삶이 움직이고 그분이 온전히 내 삶을 다스리기를 원한다면 항상 기도해야 한다. 끈질기게 기도함으로 나아가야 한다. 그것은 곧 끈질긴 항복이요 끈질긴 경배요 끈질긴 찬양이기 때문이다.

우리는 그분의 백성이며 그분의 양이므로

시편 기자는 언제나 기도해야 하는 이유에 대해 이렇게 말했다.

> "그는 우리의 하나님이시요 우리는 그가 기르시는 백성이며 그의 손이 돌보시는 양이기 때문이라"시 95:7.

하나님과 나는 목자와 양의 관계다. 양은 동물 중에 가장 우둔하여 목자 없이는 하루도 살 수 없다. 한번 길을 잃으면 다시 무리를 찾아오지 못할 정도로 스스로를 보호하지 못한다. 우리는 바로 그러한 존재다. 모든 것을 아는 것 같지만 사실은 한 치 앞을 보지 못한다. 내일 우리 가족에게 무슨 일이 일어날지, 그때 내 마음이 어떤 상태가 될지 알지 못한다. 오늘이 전부인 것처럼 살지만, 오늘 만사형통이라도 내일 풍랑 이는 배를 타게 될지 아니면 그 반대로 오늘 모든 게 절망적이어도 내일 모든 문제가 일순간에 풀리게 될지 알지 못한다. 오늘 가는 길과 내일 가는 길이 다르며, 오늘의 판단 기준과 내일의 판단 기준이 다르다. 이 같은 모습은 단 한 걸음도 목자 없이 살 수 없는 우리의 정체성을 말해준다. 다시 말해 우리는 목자와 함께 있을 때 마음껏 살 수 있는 사람들인 것이다.

시편 기자의 고백처럼 우리는 그의 손이 돌보시는 양들이다. 목자인 주님이 지팡이로 끌어올리거나 잡아당겨주지 않으면, 양인 우리는 곁길로 나가거나 구덩이에 빠질 때마다 구원을 받을 수 없다. 털이 눈을 가릴 정도로 자라도 스스로 털을 깎을 수도 없으며 머리에 기름을 바를 수도 없다. 우리는 이처럼 목자와 함께할 때에야 가장 평안하고 가장 완전하게 살 수 있는 존재이다.

우리는 여호와 앞에 더욱 무릎을 꿇어야 한다. 그러면 주님의 보호와 인도하심 아래 목자의 손길을 경험할 수 있다. 또한 목자이신 주님의 음성을 들을 수 있다.

> "양은 그의 음성을 들나니 그가 자기 양의 이름을 각각 불러 인도하여 내느니라" 요 10:3.

양은 목자의 음성을 들으면 산다. 주님이 나의 이름을 불러주시면 우리는 완벽한 해결을 받을 수 있다. "내가 너를 안다", "내가 너를 이끌리라"는 음성을 들으면 응달에서도 양달의 삶을 살 수 있다. 우리의 목자 되신 주님 자체가 빛이요 모든 세상 만물을 주관하시는 창조주 아닌가.

그런데 이 음성은 언제나 기도하는 삶을 살 때 들을 수 있다. 지속적으로 무릎을 꿇어야 주님의 음성을 분별할 수 있다. 자식을 키워보면 이 사실을 안다. 아이가 세상에 태어나면 그 아이는 부모로부터 "내가 네 엄마란다", "내가 네 아빠란다"라는 말을 수백 번, 수천 번 들어야 엄마, 아빠의 목소리를 구별한다.

우리도 날마다 주님 앞에서 살고, 기도의 무릎으로 살 때 주님의 음성을 분별할 수 있다. 우리에게 들려주시는 주님의 음성 앞에 "주님, 제가 여기 있습니다"라고 화답할 수 있다. 그래서 언제나 기도하는 사람이 가장 복 있는 사람이다. 그는 주님의 음성을 듣고 그 음성을 따라갈 수 있기 때문이다.

기도하지 않으면 딴 데로 달려가는 우리

단박에 기도 응답을 받는 것보다 끈질기게 기도하고 항상 기도함으로써 응답받을 때 더 크고 놀라운 은혜를 누리는 진짜 이유가 있다. 우리는 기도하지 않으면 마음이 완악해지는 100퍼센트 죄인이다. 우리의 죄성은 항상 강퍅함과 완악함 가운데로 이끈다. 마음을 흘러가는 대로 가만히 놔두면, 백이면 백, 불평과 원망과 시기와 미움과 절망으로 흘러간다.

새 집을 장만할 때 누렸던 기쁨과 감사는 시간이 지나면 반드시 변질된다. 우리는 더 좋은 집과 비교하며 불평하고, 더 많은 돈을 벌지 못하는 남편과 자신을 원망한다. 사랑에 빠진 사람의 환희와 감격도 시간이 지나면 상대방의 단점으로 인한 분노로 바뀐다. 배우자를 주신 것만으로도 고마워하던 마음이 '하필 네가 나의 배우자냐?'라는 교만한 마음으로 바뀐다.

여호와 앞에 "무릎을 꿇자"라고 고백하던 시편 기자가 난데없이 므리바 사건을 떠올리는 것은 이런 이유에서다.

> "너희는 므리바에서와 같이 또 광야의 맛사에서 지냈던 날과 같이 너희 마음을 완악하게 하지 말지어다" 시 95:8.

므리바와 맛사 사건이 무엇인가? 하나님의 은혜로 출애굽을 경험한 이스라엘 백성이 물이 없는 상황에서 하나님을 향해 불신과 원망의 죄를 표출한 사건이다. 그들은 여호와 앞에 무릎 꿇고 "하나님, 물이 없어 목마릅니다. 물을 주십시오"라고 기도하지 못했다. 오로지 상황만을 바라보며 "차라리 애굽에서 죽는 게 나을 뻔했다. 왜 우리를 애굽에서 나오게 해서 이 생고생을 시키는가?"라고 모세와 다투며 하나님을 원망했다. 왜 그들은 어렵고 힘든 상황만 부딪치면 하나님을 원망했을까? 기도하지 않았기 때문이다. 여호와 앞에 무릎을 꿇지 않았기에 마음이 완악해진 것이다.

우리는 날마다 엎드려 경배하지 않으면 자신도 모르게 본성에 사로잡힌다. 욕망과 탐심과 죄악 됨의 본성으로 살아간다. 마음으로 생각하는 모든 계획이 항상 악함으로 흘러가고 만다창 6:5. 그래서 생전의 박윤선 박사는 신학생들에게 이런 말을 하곤 했다.

"죽도록 공부하고 싱싱하도록 기도하라."

무슨 뜻인가? 열심히 공부하되 기도하지 않으면 그 영혼에서 썩은 냄새, 부패한 냄새가 날 수밖에 없지만, 기도하면 싱싱해진다는 뜻이다. 항상 기도하는 삶을 산다면 우리 속의 악한 본성은 사라지게 될뿐더러 거룩하신 하나님, 생명력 그 자체이신 하나님을 닮아가게 되어 있다.

예수님의 새벽기도는 이러한 사실을 증명해준다. 예수님은 기도가 응답되지 않았기 때문에 새벽기도를 하신 것이 아니다. 예수님의 기도는 항상 응답되고 있었다. 예수님은 가는 곳마다 기적과 이적을 베푸셨고, 군중에 에워싸일 정도로 인기도 많으셨다. 그런데도 예수님은 쉬지 않고 기도하셨다. 때로는 사역을 잠시 멈추고 기도하러 한적한 곳에 가시기도 했다. 왜 예수님은 그토록 열광하는 군중을 피하면서까지 기도를 쉬시지 않았을까?

예수님은 기적과 치유를 위해 이 땅에 오신 것이 아니었다. 명예나 인기를 얻기 위함도 아니었다. 예수님은 잃어버린 영혼을 구원하기 위해 오셨다. 십자가를 지기 위해, 죽기 위해 이 땅에 오셨다. 예수님은 이 목적을 이루기 위해 사셨다. 따라서 예수님의 기적과 치유는 잃어버린 영혼을 치유하기 위한 방편이었을 뿐, 그 자체가 목적이 아니었다. 예수님은 명예와 명성을 위해 사시지도 않았다. 만약 그랬다면 자신을 찾는 수많은 사람들을 향해 꼭두새벽부터 달려가셨을 것이다. 정치적인 메시아가 되는 것이 꿈이었다면 사람들이 모인 곳만 찾아다니셨을 것이다.

예수님은 새벽기도를 마치신 후, 그분을 요청하는 군중 앞으로 나가시지 않았다. 환호하는 군중의 소식을 접하셨음에도 전도를 위해 다른 마을로 가셨다. 십자가를 지실 때까지 분명한 목적을 따라 사셨을 뿐, 예수님은 결코 세상의 환호성에 요동하며 사시지 않았다.

어떻게 그러실 수 있었을까? 그 비밀은 예수님의 기도 속에 있다. 예수님은 새벽마다 끈질기게 기도하심으로 십자가 사명을 감당하시기까지 초심을 잃지 않을 수 있었다. 초심을 잃지 않는다는 것은 매우 어려운 일이다. 우리 주변에도 잘나가던 사람이 초심을 잃어 갑자기 무너지는 경우가 얼마나 많은가?

교인 세 명을 데리고 개척 교회를 시작했다가 대형 교회 담임목사가 되었다는 이유로 나에 대해 "성공한 목사"라고 지칭할 때가 있다. 그래서 그런지 외부 집회 요청도 많이 들어오는 편이다. 하지만 나는 그 집회 요청을 다 수락할 수 없다. 그 이유는, 한 교회의 담임목사로서 말씀을 전하는 '주의 종'으로 서는 것이 나의 사명이기 때문이다. 나는 외부 집회를 나갔다 오면 벌써 심령이 흐

트러져 있음을 느낀다. 지나친 환대와 접대를 많이 받아서일까? 한 영혼에 대한 애타는 마음보다 군중의 환호와 칭찬 속에서 만족함의 배를 두드리는 내 마음을 발견할 때가 많다. 말씀 앞에 갈급한 심령이 되지 못하고, 주의 종으로서 가난한 마음으로 주님 앞에 엎드리는 시간이 절대적으로 부족해진 까닭이다.

그래서 나는 꼭 가야만 하는 몇 군데를 제외하고, 집회 요청의 대부분을 거절하고 있다. 그런 나를 향해 "김 목사가 요즘 교만해졌어. 왜 우리 교회에는 안 오는 거야?"라는 말이 들려오기도 한다. 하지만 차라리 그런 말을 듣는 게 나은 이유는, 주를 위해 죽고자 했던 초심보다, 나를 위해 화려하게 살고 싶은 마음이 외부 집회를 다닐 때 더 커지기 때문이다. 물론 이는 지극히 내 개인적인 경우에 국한된 이야기다. 부흥사로 사는 것이 초심이요 사명인 사역자도 있다. 부흥사로서의 사명에 불타오른다면 기도하는 가운데 겸손하게 그 사명을 감당하면 된다. 중요한 것은 기도를 놓치지 않는 것이다. 기도하지 않으면 마음은 벌써 딴 곳으로 달려가고 만다.

결혼의 초심은 상대방에 대한 섬기는 마음이다. 그런데 점점 초심을 잃고 "나를 받들라"고 말한다. 그래서 다툼이 있고 원망이 있다. 가정이 무너지는 것은 어쩌면 이 때문이다. 우리는 '세상의 빛과 소금이 되기 위해' 사회로 진출한다. 그것이 초심이다. 하지만 우리의 욕망과 욕심은 사회생활의 목적을 출세와 명예, 권력을 얻는 것으로 서서히 바꿔놓는다. 세상의 소리를 따라 살게 하다가 세상의 소리에 의해 망하게 한다.

끈질긴 기도, 계속적인 기도만이 이를 막을 수 있다. 기도할 때 하나님의 소리에 귀 기울일 수 있고, 부패한 마음을 예수 그리스도의 피로 씻음 받을 수 있다. 그래서 응답이 지연되는 기도는 우리의 복福으로 작용한다. 기도가 지연될수록 거룩하신 하나님께 더 가까이 더 지속적으로 나아갈 수 있기 때문이다.

기도할 때 원수는 내쫓긴다

쉬지 않고 기도해야 하는 이유는 이처럼 다양하며, 그만큼 유익도 많다. 우리가 기도를 포기하지 말아야 하는 근본적인 이유가 또 하나 있다.

> "내가 아뢰는 날에 내 원수들이 물러가리니 이것으로 하나님이 내 편이심을 내가 아나이다" 시 56:9.

다윗은 기도해야 하는 이유를 직접적으로 밝힌다. 우리가 기도해야만 원수들이 물러간다는 것이다. 성경은 이런 원리를 곳곳에서 보여준다. 마가복음에 소개된 예수님의 제자들을 보자. 한 아버지가 귀신 들려서 말하지도 못하고 듣지도 못하는 아이를 제자들에게 데리고 왔을 때, 제자들은 귀신을 내쫓지 못했다. 그러나 예수님은 귀신을 내쫓으셨고, "왜 우리는 이런 일을 못합니까?"라고 묻는 제자들에게 이렇게 말씀하셨다.

> "기도 외에 다른 것으로는 이런 종류가 나갈 수 없느니라"막 9:29.

기도만이 원수를 물리친다. 기도만이 우리에게 승리를 안겨주어 하나님이 내 편이심을 알게 한다. 하나님께서는 우리의 주권자가 되시지만, '우리가 기도할 때' 일하신다고 말씀하셨다. 이스라엘 백성이 바벨론의 포로 생활을 할 때도 하나님께서는 70년의 기한이 차면 예루살렘으로 돌려보내주겠다고 약속하셨다. 그때가 되면 유령 도시처럼 변해버린 예루살렘이 사람들로 넘쳐나게 될 것이라고 하시며 이렇게 말씀하셨다.

> "주 여호와께서 이같이 말씀하셨느니라 그래도 이스라엘 족속이 이같이 자기들에게 이루어주기를 내게 구하여야 할지라"겔 36:37.

하나님께서 분명히 이스라엘의 원수를 쫓아내겠다고 약속하셨지만, 그것이 이루어지기를 하나님께 구해야 한다는 말씀이다. 이 얼마나 놀라운 일인가. 기도가 무엇이며 하나님의 일하시는 방식이 무엇인지를 알려주는 대목이라 할 것이다.

기도란 무엇인가? 기도란 무엇보다 관계다. 하나님께서는 언제나 우리와 관계 맺기를 원하신다. 우리를 사랑하시고 보배로이 여기시며 우리를 존중하시므로 우리와의 관계가 항상 열려 있기를 원하신다. 그래서 하나님께서는 우리가 기도하는 가운데 일하기를 택하시는 것이다. 또한 우리가 하나님을 찾을 때 원수 마귀를 쫓아내주신다.

기도가 응답되지 않을 때도 끈질기게 무릎으로 살아야 하는 이유는 바로 이 때문이다. 하나님께서는 풍성한 은혜를 주시기 위해 기도 응답을 지연하신다. 즉, 한 번 기도했다고 해서 응답되지 않는 것은 거절이 아니라 지연이며, 또 다른 풍성한 응답까지도 예비하고 계신다는 뜻이다.

당신에게 응답되지 않은 기도가 있는가? 혹시 너무 응답되지 않아서 마음속 근심의 창고에 저장해둔 제목들이 있는가? 너무 엄청난 기도제목이라 한두 번 기도했다가 아예 포기해버린 것들도 있을 것이다.

그렇다면 오늘 그 제목들을 들고 하나님 앞에 무릎으로 나아가기를 바란다. 무릎 꿇고 그분을 경배하며 그분을 높이며 더러워졌던 내 마음을 예수님의 보혈로 씻고 하나님께 소원을 아뢰기를 바란다. 그러면 반드시 하나님의 응답이 있을 것이다. 어떤 이는 내일, 어떤 이는 10년 후 혹은 30년 후, 풍성한 응답을 맛볼 것이다. 그리고 그때 알게 될 것이다. 끈질긴 기도의 스타트를 끊었던 바로 오늘이 내 인생의 가장 복된 날이었음을.

골방으로 가는 길

01

최선을 다해 기도했지만 아직도 응답되지 않은 기도제목은 무엇인가? 기도 응답을 지연하시며 하나님께서 내게 요구하시는 내용과 하나님께서 주시려는 은혜는 무엇인지 생각해보자.

02

현재 내가 발을 들여놓은 곳에서 성경적 초심을 잃지 않고 있는지 돌아보자. 결혼생활의 초심, 직장생활의 초심, 인간관계의 초심, 교회생활의 초심, 공부하는 초심이 내 삶을 움직이는 원동력이 되고 있는가, 아니면 세속의 소리를 따라 움직이고 있는가? 이 부분을 고백하며 내가 무엇을 간구해야 할지 돌아보자.

04
DAY

친밀함을 회복하라

막힘없는 기도를 하려면

하나님께서 우리에게 기도를 명하신 이유 중 가장 중요한 핵심은 '관계'다. 하나님께서는 언제나 우리와의 관계를 원하시기 때문에 기도를 통해 일하기를 택하셨다. 하나님께서 독생자 예수님을 이 땅에 보내신 이유가 무엇인가? 죄로 인해 하나님 아버지와 까마득히 멀어졌던 우리를 구원하시기 위함이다. 즉, 100퍼센트 죄인이었던 우리를 심판자와 죄인의 관계가 아닌 아버지와 아들의 관계로 만나시겠다는 하나님의 사랑이 발현된 결정체가 '예수님의 십자가 사건'이다. 우리는 예수님으로 인해 거룩하신 하나님께 나아갈 수 있게 되었다. 예수님을 믿기만 하면 무서움의 영이 아닌 양자의 영을 받아 하나님을 아빠, 아버지라 부를 수 있게 된 것이다 롬 8:15.

양자로 입양된 아이들에게 제일 힘든 부분은 호칭 문제라고 한다. 자신의 양부모에게 "아빠, 엄마"라 부르는 것이 영 어색하고 힘들다는 것이다. 일단 "아빠, 엄마"라고 부르기 시작하면 관계가 급속도로 친밀해지지만 그렇게 부르지 못하는 이상 어색한 관계가 지속될 수밖에 없다.

예수님으로 인해 하나님의 양자로 입양된 우리도 마찬가지다. 하나님을 아버지, 아빠라 부르며 기도하기만 하면, 기쁨으로 달려오셔서 우리를 와락 안으시는 하나님을 경험할 수 있다. 그런데도 기도하는 가운데, 하나님의 자녀가 되는 친밀한 관계를 확신하지 못할 때가 얼마나 많은지 모른다. 멀리 떨어져 계신 분, 아직도 나의 죄를 심판하시는 분, 나의 부족한 부분을 책망하시는 분으로 하나님을 규정하던 습관이 무의식 속에 남아 있기 때문이다. 기도를 어렵게 느끼고 기도가 막히는 것은 그런 이유에서다. 아버지와 자녀로서의 진정한 관계 회복이 이루어지지 않은 것이다.

내게는 미국에서 공부 중인 딸아이가 있다. 딸아이를 이역만리 미국 땅에 보내놓고 나니, 딸을 생각하는 내 마음은 언제나 그리움으로 가득 차 있다. 지난해 겨울방학 때만 해도 '이번엔 한번 볼 수 있으려나?' 싶었지만 방학 기간이 19일밖에 안 되기에 만날 수 없을 것이라 생각했다. 그런데 딸이 한국에 너무너무 오고 싶으니 단 며칠이라도 들르면 안 되겠느냐고 전화를 걸어왔다. 왕복 비행기 삯이 문제가 아니었다. 오라고 했다.

며칠 후 딸아이에게서 다급한 전화가 걸려왔다.

"아빠!"

아빠를 부르는 목소리에 당황한 기색이 역력했다. 아이는 원래 아침 6시 비행기를 타고 시카고로 가서 샌프란시스코를 경유해 한국으로 돌아오게 되어 있었다. 그런데 공항에 도착해보니 오전 6시 비행기가 일찌감치 출발해버린 상태였다. 한 시간 뒤 7시 비행기를 타지 못하면 한국에 들어올 수 없는 상황이 되고 만 것이다. 설상가상으로 7시 비행기 좌석도 남아 있지 않아 대기자 명단에 든 상태이므로 순서가 꼭 돌아와야 한다고 했다.

"그래, 무슨 말인지 알겠다."

아이의 전화를 받은 우리 부부는 비상 기도에 들어갔다. 우리가 딸아이를 위해 할 수 있는 최선의 방법이 기도였으니 둘 다 즉시 기도에 들어가는 것은 당연했다. 아내는 오전 중에 기도실에 들어갔다 나온 상태였지만 다시 기도실로 향했고, 나 역시 내 방에서 기도에 임했다. 결국 딸아이는 7시 비행기의 마지막 좌석 손님으로 낙찰되어 한국에 올 수 있었다. 게다가 샌프란시스코에서 한국으로 올 때는 직원이 아이의 티켓을 비즈니스 석으로 바꿔주기까지 하여 너무나 편안히 올 수 있었다고 말했다.

부모와 자식의 관계란 이런 것이다. 어렵고 황당하고 힘든 일을 만나면 가장 먼저 도움을 요청할 수 있는 관계, 그것이 바로 부모 자식 관계다. 누구보다 친밀하고 누구보다 허물없고 누구보다 의지할 수 있는 관계인 것이다. 나는 "아빠!"라고 부르며 뭔가를 요청하는 자식의 당당한 태도를 보면 해줄 수 있는 전부를 다 해주게 된다는 것을 알았다. 특히 '내가 부탁하면 우리 엄마, 아빠는 반드시 기도해주실 거야'라고 확신하는 자녀의 부탁은 절대로 거절할 수가 없다.

하나님과 우리의 관계도 마찬가지다. 하나님 아버지에 대한 절대적인 신뢰, 절대적인 믿음을 가진 채 구하면 하나님께서는 그 기도를 응답해주신다. '내가 구하면 하나님 아버지는 반드시 응답해주는 분이셔'라고 믿는, 그런 관계 자체가 하나님의 마음을 기쁘시게 해드리기 때문이다.

만약 딸아이가 그 상황에서 전화를 하지 않았다면 어땠을까? '한국으로 돌아가는 날인데, 좀 더 서두를걸. 늑장을 부린 나도 잘못이 있으니 아빠한테 전화하면 혼나기만 할 거야. 나는 기도 부탁할 자격이 없어'라고 자책하기만 했다면…. 만약 그랬다면 우리 부부는 공항에서 혼자 애태우는 딸아이의 음성을 듣지 못했을 것이 분명하다. 딸아이를 위해 아무것도 해주지 못했을 것이다.

그런데 우리의 모습이 종종 이렇다는 것을 아는가? 하나님께 나아가 "아빠" 하고 부르며 아뢰기만 해도 그분이 기뻐하시며 천군 천사를 명하여 모든 일을 움직이실 텐데, 하나님을 아버지로 부르지 못해서 응답받지 못하는 일이 종종 있는 것이다. 이런 관계가 되면 기도하면서도 은연중에 움츠러들어 스스로 아버지의 마음과 할 일을 제한하게 된다. 담대하게 구하지도 못하고, 때로는 '왜 하나님은 알아서 응답해주시지 않아?' 하면서 서운하게 여긴다. 그러다 보니 기도하는 그 시간이 영 어색하고 힘들 수밖에 없다. 기도해도 힘들고 기도하지 않아도 힘든 관계가 되는 것이다. 관계를 회복해야 한다. 그래야 기도가 회복되고, 기도가 회복되어야 생명력 있게 살아갈 수 있다.

그렇다면 어떻게 해야 하나님과 나 사이의 관계를 회복할 수 있을까?

죄와 죄책감이라는 높은 담

우리와 하나님 사이의 관계를 가로막는 가장 높은 담은 역시 죄 문제다. 본래 죄인인 우리는 거룩하신 하나님께 친밀하게 다가갈 수가 없었다. 그래서 하나님께서는 죄가 하나님과 우리 사이를 더 이상 갈라놓지 못하도록 예수님의 십자가를 허락하셨다. 신앙생활을 처음 시작할 때는 누구나 이 사실 앞에 고꾸라진다. 내 죄를 속량하기 위해 십자가에서 죽으신 예수님에 대한 감격으로 눈물까지 흘리며 하나님께 가까이 나아간다.

그런데 문제는 여전히 변하지 않는 나의 죄 된 습성이다. 예배도 드리고 남들에게 "예수 믿으세요"라고 전도까지 하지만, 죄의 종노릇하던 습관은 쉽게 고쳐지지 않는다. 말씀이 들어오면 들어올수록 그동안 보이지 않던 죄까지 보이기 시작하니, 가슴이 답답해진다. 전에는 죄의 무게에 짓눌려 살았다면 이제는 죄책감의 무게에 짓눌려 사는 형편이 된다.

우리가 은연중에 하나님을 멀리하는 것도 바로 이때다. 도둑이 제 발 저리듯이 죄책감에 짓눌리던 우리의 내면은 거룩하신 하나님을 부담스러운 존재로 여긴다. 겉으로는 하나님을 예배하지만 속으로는 하나님께 진심 어린 경배를 드리지 못한다. 그래서 '기도하면 반드시 들어주신다'는 믿음의 기도보다는 '나 같은 자의 기도를 들어주실 리 없어'라고 생각하며 불신앙의 기도를 드리고 마는 것이다. '하나님께서 도와주시면 가능합니다'라는 확신의 기도보다는 '하나님께서 도와주셔야 되기는 하지만 제가 해야 할 일인 것 같기도 하고요'라고 기도를 중언부언한다. 그러다가 아예 기도를 포기하는 상태에 이르기도 한다.

이는 마치 딸아이가 내게 전화를 걸어 "아빠, 도와주세요"라고 부탁하는 게 아니라 계속 딴 말만 하거나 "좀 힘든 일이 있는데 제가 알아서 할게요"라고 말하는 것과 같다. 내 속의 죄악으로 인한 죄책감에

눌려 하나님께 가까이 가지 못하는 것이다. 이에 대해 성경은 어떤 말씀을 하고 있을까?

"만일 우리가 우리 죄를 자백하면 그는 미쁘시고 의로우사 우리 죄를 사하시며 우리를 모든 불의에서 깨끗하게 하실 것이요" 요일 1:9.

하나님께서는 언제든 죄를 자백하면 용서해주신다고 말씀하신다. 마치 고하기만을 기다렸다는 듯이 죄를 사하신다는 표현도 있다. 동이 서에서 먼 것처럼 죄를 기억하시지 않으며, 죄를 아예 등 뒤로 던져버리시겠다는 약속의 말씀도 있다. 여기서 죄를 자백한다는 것은 그것이 죄임을 분명히 인지하고 내가 그 죄를 지었음을 100퍼센트 인정한다는 뜻이다. 그 죄로부터 돌이키겠다는 뜻이다.

하나님께서는 우리가 그렇게 자백하기만 하면 우리가 죄를 짓지 않았던 것처럼 여기시는 분이다. 이 얼마나 놀라운 은혜인가.

그런데 문제는 이 놀라운 은혜에 대한 우리의 반응이다. 이 말씀을 대수롭지 않게 받는다는 데 문제가 있다. 어떻게 내가 지은 죄를 완전히 잊어버릴 수 있겠느냐, 나의 모든 것을 알고 계신 분이 어떻게 내 죄를 기억조차 하지 않으실 수 있겠느냐고 반문한다. 이사야 선지자는 이렇게 말한다.

"악인은 그의 길을, 불의한 자는 그의 생각을 버리고 여호와께로 돌아오라 그리하면 그가 긍휼히 여기시리라 우리 하나님께로 돌아오라 그가 너그럽게 용서하시리라 이는 내 생각이 너희의 생각과 다르며 내 길은 너희의 길과 다름이니라 여호와의 말씀이니라" 사 55:7, 8.

이 말씀은 용서에 관한 하나님의 생각과 우리의 생각이 너무도 다름을 알려준다. 하나님의 용서는 우리 인간의 지각과는 완전히 다른 차원으로 해석해야 한다는 뜻이다.

사람의 용서에는 한계가 있지만 하나님의 용서에는 한계가 없다. 사람은 죄를 잊으려 할수록 잊지 못하는 존재이지만, 하나님께서는 죄를 기억하시지도 않는 분이다. 이것이 하나님의 진정한 전능하심이다. 용서하되 제한 없이 용서하실 뿐 아니라 완전히 잊으실 정도로 용서하시는 분…. 이와 같은 완전한 용서는 사랑 그 자체이신 하나님만 하실 수 있다. 그래서 용서는 하나님께 속한 성품이요 최고의 전능하심을 보여주는 부분이라고 할 수 있다.

그러므로 우리는 죄책감에 짓눌린 채 살지 않아도 된다. 하나님 앞에 죄를 자백했다면 그분의 완전하신 용서가 우리에게 임하기 때문이다. 우리가 죄 문제로 절망할 때도 하나님은 우리에게 "끝장이다"라고 말씀하신 적이 없다. 우리가 끝이라고 생각할 때, 새 언약을 주시며 새롭게 이끌어주시는 분이다. 따라서 하나님과 나 사이를 가로막았던 죄와 죄책감의 문제는 하나님의 이 끝없는 용서의 약속 앞에서 더 이상 문제되지 않는다. 죄 문제를 기도했는데도 죄책감이 내 앞을 가로막는다면, 그것은 하나님께서 주시는 생각이 아니라 마귀의 참소다. 하나님과 나 사이를 갈라놓기 위해 마귀가 끝없이 참소하는 것이다.

그때는 예수님의 이름으로 마귀를 꾸짖고 담대히 하나님께 나아가면 된다. 호세아서의 기록대로 하나님을 아는 지식이 없으면 우리는 망할 수밖에 없다. 여기서 하나님을 아는 지식이란 하나님의 사랑을 말한다. 하나님의 사랑이 어떤 것인지 알지 못하면 마귀의 참소를 하나님의 음성으로 알고 망할 수밖에 없다.

우리는 하나님의 사랑 안에서 끝없는 용서와 용납을 받고 있는 하나님의 자녀다. 그러므로 어떤 무거운 죄와 죄책감의 문제도 하나님과 우리 사이를 갈라놓을 수 없다. 하나님과 우리 사이에는 우리 죄를 단박에 해결하신 예수 그리스도가 계시며, 우리 죄를 기억조차 않으시겠다는 약속의 말씀이 있기 때문이다.

인간관계의 막힌 담을 헐라

하나님과 우리 사이를 가로막는 두 번째 문제는 인간관계의 막힌 담이다. 인간관계가 막히면 분노나 위축감, 절망감에 사로잡히고 하나님과의 관계마저 멀어진다.

왜 인간관계의 문제가 하나님과의 관계로까지 이어지는가? 하나님은 우리 아버지요 이 땅을 사는 우리는 그분의 자녀이기 때문이다. 즉, 자녀 된 우리가 서로 싸우면 아버지의 마음은 아플 수밖에 없다. 그 상태에서는 아버지께 아무리 잘해드린다 해도 한결같은 말씀만 들을 수 있을 뿐이다.

"애야, 먼저 너희들끼리 화해부터 하고 와라."

그래서 성경은 예물을 제단에 드리기 전에 형제에게 원망 들을 만한 일이 생각나거든 먼저 가서 형제와 화목하고 그 후에 와서 예물을 드리라고 말한다 마 5:23, 24. 형제와의 화목이 해결되지 않는 이상 하나님과의 진정한 화목도 이루어질 수 없다는 뜻이다. 하나님께서는 이처럼 성경을 통해 형제와의 연합, 화해, 동역을 매우 강조하신다. 독불장군처럼 혼자서 사는 게 아니라 더불어 사는 존재로 설계하신 하나님의 뜻이 있음을 성경 곳곳에서 보여주신다.

주님은 사도 바울을 다메섹 도상에서 만나신 그 중요한 순간에도 바울의 사명을 직접 알려주시지 않는다.

> "너는 일어나 시내로 들어가라 네가 행할 것을 네게 이를 자가 있느니라 하시니" 행 9:6.

바울을 이방인의 사도로 부르셨다는 사실을 주님은 왜 말씀하시지 않았을까? 왜 아나니아를 통해 듣도록 하셨을까? 이는 바울이 사역을 펼칠 때마다 사람과의 관계 속에서 열매 맺기를 의도하시는 하나님의 세밀한 인도하심이라 할 수 있다. 하나님의 마음을 읽은 바울은 사역을 할 때도 '내가 이만큼 배웠고, 이만큼 은혜를 체험했다'라는 자기 과시의 모습을 보이지 않는다. 관계의 아픔 속에서도 끊임없이 사람들과 좋은 관계를 유지하려고 노력한다. 상대를 용납하기 위해 계속 낮아지는 모습을 보여준다. 그들과의 갈등은 하나님과의 갈등으로 연결될 수 있음을 바울은 알고 있었던 것이다.

이것이 바로 하나님 나라의 관계 원리다. 하나님과 깊은 관계의 은혜를 체험했다고 해서 사람과의 관계를 무시해버리면 결코 하나님 나라의 열매를 맺을 수 없다. 물론 인간관계에서 막힌 담이 없기란 매우 어렵다. 교회생활만 해도 목회자와의 관계, 성도들과의 관계 속에서 크고 작은 상처를 주고받을 때가 얼마나 많은가. 사람들 속에 상처가 너무 많아서 때로는 상대방을 내 품에 안는 것이 꼭 고슴도치를 끌어안는 것처럼 느껴질 때도 있다. 어떤 이를 품에 안으면 모나고 뾰족한 부분 때문에 내 마음이 피투성이가 될 때도 있는 게 사실이다. 그래도 주님은 끌어안으라고 하신다. 내가 피 흘릴지언정 그를 품에 안고 용납하고 용서하라고 하신다.

"목사님, 저는 하나님 앞에 위선자가 되고 싶지 않아요. 그 인간이 절대 용서가 안 되는데, 어떻게 용서를 선포하라고 하세요?"

어떤 이들은 정말 괴로운 심정으로 이렇게 말한다. 하지만 용서하고 싶은 마음이 들 때까지 기다리다가는 그 누구도 용서할 수 없는 존재가 우리다. 죄성을 가진 우리 안에는 용서하고 싶은 마음보다 복수하려는 마음이 훨씬 많기 때문이다. 그래서 하나님께서는 우리에게 용서를 명령하신다. "네가 알아서 해라"가 아니라 "일곱 번씩 일흔 번까지 용서하라"고 명하신다. 해도 되고 안 해도 되는 게 아니라 '꼭 해야만 하는 당위적인 것'이 용서라고 하신다. 아침에 자녀들을 깨워야만 그들이 학교에 갈 수 있듯이 주님은 "네가 그를 용서해야만 네가 산다"라고 말씀하신다.

주님이 이처럼 용서를 명하신 이유는, 안을 수 없는 사람을 한번 안아보고 용서할 수 없는 사람을 용서해보면 확실히 알 수 있다. 누군가를 용서하면 결국은 내가 얻는 유익이 훨씬 많다는 것을 경험할 수 있기 때문이다.

여기서 '내가 얻는 유익'이란 하늘 문이 열리는 것을 뜻한다. 누구든지 땅에서 매면 하늘에서도 매인다고 했듯이 마 16:19, 우리가 인간관계 속에서 분노나 미움의 감정에 묶여 있으면 하늘 문도 열리지 않는다. 악한 감정에 매여 있는 한, 기도도 막히게 되어 있다. 기도 응답을 기대하기도 어렵고 주님과의 관계도 멀어질 수밖에 없다.

시어머니에 대한 미움과 분노를 품고 있던 어떤 성도가 있었다. 결혼 후 모진 시집살이의 스트레스를 견디다 못해 몸이 망가질 대로 망가진 상태였다. 일상생활을 하기조차 버거워 마음속으로 '나중에 두고 보자' 하는 복수의 칼날을 갈게 되었다고 한다. 당한 만큼 갚아주겠다는 생각만이 유일한 위로가 될 정도였다. 그런 상태에서 용서에 관한 말씀의 도전을 받았기에 '나는 절대 시어머니를 용서할 수 없다'고 계속 생각했다. 하지만 무릎을 꿇으면 자꾸만 그 문제가 와 닿아 기도하는 것이 힘들었다.

그런 일이 며칠째 반복되고 있는데, 한번은 기도가 막혀서 도저히 답답함을 참을 수 없었다. 그래서 선포라도 해보기로 결심했다. 시어머니를 용서하는 것은 죽기보다 싫은 일이었지만 용서는 하나님께 속한 성품이기에 누군가를 용서하고 축복하려면 자신이 죽지 않고는 불가능하다는 말씀이 떠올랐다고 한다. 그래서 "주님, 제가 죽겠습니다. 이것이 주를 위한 것이라면 죽는 심정으로 선포합니다. 주님, 저는 시어머니를 용서합니다. 시어머니를 축복합니다"라고 선포했다.

그때였다. 그 사람을 묶고 있던 악한 병마가 그 자리에서 떠나갔다. 그녀의 눈에서 뜨거운 눈물이 흐르고 온몸의 통증이 씻은 듯이 사라졌다. 그 후 건강을 완전히 되찾아 활력 있게 살고 있다.

용서의 유익이란 이런 것이다. 용서의 궁극적인 수혜자는 다른 누구가 아닌 바로 자신이 되는 것이다. 선하신 주님의 명령을 믿고 순종하는 마음으로 용서를 선포하면 주님은 그 선포를 통해 일하신다. 미움과 분노, 복수로 가득 찬 내 생각을 바꾸어 움직이신다. 병마가 떠나게 하시고 내 마음에 생명력이 가득 차게 하시며 내 영혼이 살아나게 하신다.

무엇보다 사람과의 관계가 회복되면 기도 응답이 이루어지는 것을 눈으로 확인할 수 있다. 하나님께서는 언제나 사람을 통해 일하시지 않는가. 물질에 대한 회복도 사람을 통해 주시고, 위로도 사람을 통해 주신다. 자녀에 대한 응답도 좋은 사람과의 만남을 통해 이루어주신다. 그래서 우리는 사람과의 관계가 묶여 있지 않아야 한다. 아무리 주님이 많은 것을 주시려고 해도 사람과의 관계가 막혀 있으면 복의 통로가 막힐 수 있기 때문이다.

막힌 담을 치우면 기도 문이 열린다

우리는 모두 복 받기를 원한다. 우리가 기도하는 이유도 결국은 하나님의 능력을 힘입어 복된 인생을 살고 싶기 때문이다. 그렇다면 복된 인생이란 어떤 인생인가? 성경은 복의 기준을 매우 명쾌하게 정의한다.

"하나님께 가까이함이 내게 복이라" 시 73:28.

하나님과 친밀한 관계가 복이라면, 저주는 하나님과 관계가 멀어지는 것이라 할 수 있다.

"무릇 주를 멀리하는 자는 망하리니" 시 73:27.

우리는 흔히 사업이 망하면 저주라고 생각한다. 병들거나 명예가 실추되어도 마찬가지다. 그러나 사업 실패 때문에 하나님께 더욱 가까이 나아가게 되었다면 그것이야말로 복이다. 반대로 아팠던 사람이 건강해져서 하나님을 멀리한다면 복이 아닌 저주다. 우리에게 진정한 복은 하나님과 친밀한 교제 가운데 사는 것이기 때문이다.

하나님께서는 궁극적으로 하나님과 친밀하게 사는 사람들을 그냥 두시지 않는다. 모든 좋은 것을 주시며 하나님 아버지의 선하심을 나타내 보이신다.

"하나님께 가까이함이 내게 복이라"는 말씀에서 '복'의 원어 '토브'를 살펴보면 이를 확인할 수 있다. 토브는 형용사로 쓰일 때는 '좋은', '선한', '즐거운', '명쾌한'이란 뜻이고, 명사로 쓰일 때는 '좋은 것', '선', '이익', '번영', '복지'란 뜻이다. 따라서 이 말씀을 제대로 해석하면 '하나님께서는 하나님을 가까이하는 자들에게 유쾌하고 좋은 일이 일어나게 하실 뿐 아니라 삶의 번영까지 허락해주신다'라는 뜻으로 볼 수 있다. 하나님과 친밀하게 되면 모든 좋고 선한 것들이 쏟아진다는 것이다.

그러므로 우리의 첫 번째 기도제목은 하나님과의 친밀한 관계 회복이어야 한다. 기도로 나아가서 하나님과의 친밀함을 항상 유지해야 한다. 하나님과 나와의 연결 끈인 기도 시간을 가장 친밀하게, 가장 성공적으로 유지하는 것이 성공한 인생을 사는 비결이다.

연날리기를 생각해보자. 연줄은 연을 하늘 높이 올라가도록 하는 중요한 역할을 한다. 하지만 얼핏 보기에는 이 연줄이 연을 더 이상 하늘 높이 날지 못하도록 잡아당기는 인상마저 준다. 마치 기도가 우리의 신앙생활을 속박하는 것처럼 여겨지듯 말이다. 하지만 연줄이 없다면 어떻게 될지는 불을 보듯 뻔하다. 연줄이 끊어지면 연은 하늘로 올라가는 것이 아니라 공중에서 방향을 잃고 이리 뒤뚱 저리 뒤뚱 하다가 땅으로 곤두박질치고 만다.

이처럼 기도의 줄은 속박이 아닌 하나님과 나를 연결시켜주는 힘이 된다. 또한 하나님의 사랑을 공급받게 하며 하늘의 천군 천사를 움직이도록 하는 원천이 된다. 그래서 우리는 이 기도 줄을 놓치지 말아야 한다. 기도 줄은 곧 하나님과 나와의 관계가 어느 정도 친밀한지를 나타내주는 척도이기 때문이다.

골방으로
가는 길

01

현재 나는 하나님을 어떤 분으로 모시고 있는가? 마음으로 생각으로 영으로 하나님을 "아빠"라 부르고 있는가? 아니면 심판자와 종으로서의 관계를 맺고 있지는 않은가? 나를 빚으신 가장 좋은 아빠이신 하나님 앞에 "하나님 아버지, 아들(딸) ○○이(가) 왔습니다"라고 고백해보자.

02

죄로 인한 담은 하나님께 가는 데 가장 큰 장애물이 된다. 하나님 앞에 지은 죄, 인간관계 속에서 지은 죄를 어떻게 해결해야 할지 하나님께 구하자. 죄책감, 분노, 용서하지 못하는 마음의 담을 예수님의 피 묻은 십자가 앞에 내려놓고 그대로 아버지께 아뢰자.

05 DAY

한계를 뛰어넘을 복을 구하라

고통 중에 출생하였을지라도

 UCLA 의과대학의 한 교수가 졸업을 앞둔 학생들에게 질문을 던졌다.
 "아버지는 매독에 걸려 있고 어머니는 폐결핵 환자이다. 여기서 아이 넷이 태어났는데, 첫째 아이는 매독 균으로 맹인이 되었고, 둘째 아이는 이미 병들어 죽었으며, 셋째 아이 역시 부모의 병 때문에 귀머거리가 되었고, 넷째 아이는 결핵 환자가 되었다. 그런데 어머니가 또 임신을 했다. 이런 경우에 그대들이라면 어떻게 할 것인가?"

예비 의사인 학생들은 입을 모아 대답했다.

"당연히 유산시켜야 합니다. 그러한 악조건에서 아이를 또 낳으면 절대 안 됩니다."

학생들의 한결같은 대답에 교수는 아주 정중하게 말했다.

"그대들은 지금 베토벤을 죽였네!"

우리가 아는 악성樂聖 베토벤은 바로 그런 환경 가운데 태어났다. 누구든지 유산시켜야 마땅하다고 판단할 만한 환경에서 태어난 다섯 번째 아이가 베토벤이다. 그는 불행한 환경에서 태어났을 뿐 아니라 나중에는 음악가로서 가장 치명적인 청각 장애를 안게 되었다. 그러나 이 모든 한계 상황을 뛰어넘어 불후의 명작을 남김으로써 수많은 사람들에게 감동과 아름다움을 선물한 사람이 되었다.

목회를 하다 보면 대부분의 사람들이 주어진 환경 안에 갇혀 산다는 것을 보게 된다. "복의 통로가 되십시오", "당신이 그 가정의 빛이 되셔야 합니다"라고 말씀드릴 때마다 돌아오는 대답은 부정적일 때가 많다.

"저도 그러고 싶은데요. 아직은 그럴 수가 없습니다."

"목사님, 제 꼴을 보십시오. 제가 어떻게 복의 통로가 되겠습니까?"

태어날 때부터 우월한 유전자(?)를 갖지 못해서, 주어진 여건이 넉넉지 못해서, 나를 밀어줄 만한 배경이 너무나 열악해서 등등…. 우리는 항상 환경 안에 갇힌 채 삶의 범위와 영향력을 재단한다.

그러나 결코 환경이 우리의 발목을 잡지 못한다는 깨달음을 주는 곳 또한 목회 현장이다. 교회를 세울 때도 오히려 가난한 사람이 힘껏 헌신하고, 많이 넘어졌던 사람이 어려움에 처한 이웃을 일으켜 세워주는 것을 본다. 우리의 생각과 달리 복의 통로가 되는 사람은 많이 가졌거나 우월한 환경에서 자란 사람이 아니라 그 환경을 믿음으로 극복한 사람인 것이다.

성경에서도 이 사실을 증명해준다. 대표적인 사람이 아브라함과 야베스다. 우리는 하나님의 은혜로 열방의 아비가 된 아브라함에 대해서는 어느 정도 알지만, 야베스 또한 복의 근원으로 살았다는 사실에 대해서는 잘 알지 못한다. 수년 전 브루스 윌킨슨Bruce Wilkinson이 쓴 《야베스의 기도》디모데 刊가 베스트셀러가 되면서 알려지긴 했어도, 여전히 야베스가 어떻게 해서 복의 근원이 되었는지 알지 못하는 이들이 많다. 야베스의 기도! 그 기도를 통해 하나님께서는 우리에게 무엇을 말씀하시고 싶은 것일까?

누구에게 기도하고 있는가

역대상 4장에는 유다 지파와 시므온 지파의 족보가 소개되어 있다. '누구는 누구를 낳고 누구는 누구를 낳고'라는 식으로 44명의 이름이 거론되던 중 9절에 와서 갑자기 야베스를 소개한다.

> "야베스는 그 형제보다 존귀한 자라 그 어미가 이름하여 야베스라 하였으니 이는 내가 수고로이 낳았다 함이었더라" 대상 4:9, 개역한글.

여기서 "존귀한 자"라는 말은 '존경을 받을 만한 자'라는 뜻이다. 왜 성령 하나님께서는 야베스에게 "존귀한 자"라는 수식어를 붙여 주셨을까?

결론적으로 말하면 그는 불우한 환경을 기도로 이겨낸 사람이다. 하나님께 구하여 불행의 분깃을 떨쳐버린 사람이 바로 야베스였다. 그런 야베스에게 하나님께서는 "그 형제보다 존귀한 자"라 말씀하신다. 본래 야베스라는 이름은 '슬픔', '고통'이라는 뜻이다. 문자적인 의미로 해석하면 그가 '고통을 불러오다' 혹은 '불러올 것이다'라는 말이다. 그 어미가 고통스럽게 낳은 자식이라 이름까지도 그렇게 지은 것이다.

이름이란 부르기도 좋을 뿐 아니라 좋은 의미를 담아서 짓는다. 나 역시 부모로서 자녀의 이름을 지을 때 하나님 앞에서 가장 좋은 의미를 담아서 지었다. 어떤 부모도 자녀의 이름을 김우울, 나허약, 허바보라고 짓지 않을 것이다. 더군다나 이스라엘 사람들은 한국 사람들과 마찬가지로 그 사람의 이름이 장래에 어떤 식으로든 영향을 미친다는 사고방식을 가지고 있기 때문에 이름을 함부로 짓지 않는다고 한다. 실제로 성경에 나오는 나오미의 두 아들은 '허약하다', '수척해지다'라는 뜻을 가진 말론과 기룐이라는 이름대로 일찍 세상을 뜨고 말았다. 이름의 능력이 큰 것을 보여주는 부분이다.

그런데도 왜 야베스의 어머니는 아들을 낳고 '고통'이라는 이름을 짓게 되었을까? 이에 대한 추측으로는 어미가 임신기간이나 출산 과정에서 큰 충격을 받았다는 말도 있다. 예를 들어 아이를 임신하고 있는 동안 아버지가 죽었거나 다른 여자를 만나는 바람에 야베스의 어미를 버렸을 가능성을 염두에 둔 것이다. 어떤 사람들은 아이가 거꾸로 태어났든지 칠삭둥이로 태어났을 것이라고 말한다. 어떤 이들은 야베스가 장애를 입고 태어났을 것이라고 말한다. 먹고살기도 힘든 극한 가난 가운데 태어났다고 생각하는 이들도 있다.

이처럼 야베스라는 이름이 지어진 이유에 대해서는 의견이 분분하지만 분명한 것은, 야베스는 불행의 분깃을 안고 태어나 불우한 환경 속에서 자라났다는 사실이다. 그는 부모의 축복보다는 부모의 한탄 속에서 태어났다. 어린 시절에는 이름 때문에 또래 친구들로부터 비난과 조롱도 받았을 것이다. 장성해서도 마찬가지다. 이름 때문에 많은 불이익을 당했을 것이다.

그런데 놀라운 사실을 발견할 수 있다. 야베스는 결코 주어진 이름대로 살기를 원치 않았다는 점이다. 그는 하나님을 믿었고 하나님께 구하는 사람이었다. 자신의 환경을 탓하지도 않았고 원망하지도 않았고 체념하지도 않았다. 도리어 그는 자기가 믿는 하나님께 나아가 "나는 복의 근원이 되리라!" 하고 외치며 기도의 무릎을 꿇었다.

"야베스가 이스라엘 하나님께 아뢰어 이르되" 대상 4:10.

야베스는 "이스라엘 하나님께" 기도했다. 이는 야베스가 무턱대고 누군가에게 주문을 외듯 기도하지 않았다는 뜻이다. 기도하는 대상이 누구인지를 분명히 알고, 그 대상이 되시는 '이스라엘의 하나님', '전능하신 하나님'을 먼저 찾았다는 뜻이다. 애굽에서 자기 백성을 구출해내신 하나님, 홍해를 가르사 바다를 육지같이 건너게 하신 분, 광야 길을 지날 때는 하늘에서 만나와 메추라기를 내려주어 먹게 하신 분, 모세와 얼굴을 대면하여 만나주신 분, 여리고 성을 무너뜨리고 승리를 안겨주신 분, 언제나 역전의 명수이신 하나님, 그 이스라엘의 하나님께 야베스는 기도하고 있었다.

이처럼 그 대상을 의식하며 기도를 드리는 것은 매우 중요하다.

기도의 대상이 되시는 하나님을 의식하지도 않은 채 내가 원하는 것, 구하는 것에만 마음을 쏟으며 아뢴다면 하나님을 믿지 않는 사람들과 다를 바 없기 때문이다.

신년을 맞아 떠오르는 태양을 바라보며 기도하는 것과 하나님 앞에 무릎 꿇어 기도하는 것은 기도의 대상에서 차이가 난다. 전능하신 하나님, 나를 지으시고 나를 이끄시는 하나님의 이름을 부르며 그분을 내 안에 가득 채울 때, 그분의 능력에 맞닿아 기도가 응답될 수 있다. 인격도, 능력도 지니지 않은 태양을 보며 기도하면 아무 소용이 없다.

야베스는 이름대로 많은 고통과 아픔을 겪었지만, 그의 상처와 고통을 본격적으로 토로하기 전에 하나님의 존재를 먼저 의식했다. 이스라엘의 하나님을 그의 영혼에 가득 채우고 있다.

당신은 어떠한가? 기도할 때마다 기도의 대상이신 하나님을 먼저 의식하고 있는가? "하나님…"이라고 부를 때, 그분께 온전히 집중하며 그분의 얼굴을 구하는가? 그분이 어떤 분이신지 고백하고 있는가?

우리에게는 태어날 때부터 가시처럼 느껴지는 불행의 분깃들이 있다. 때로는 그것 때문에 '차라리 나는 태어나지 말았으면 좋았을걸' 하고 생각하기도 한다. 어떤 노력으로도 바뀌지 않는 자기 인생의 영원한 핸디캡이자 상처, 해결되지 않는 한계 상황으로 인해 고통 받는 부분이 있을 것이다. 만약 이러한 문제로 여전히 힘들어하고 있다면 살아 계신 하나님을 바라보기 바란다. 당신을 구원하셨고 당신을 도우실 하나님, 전지하셔서 당신의 모든 것을 알고 계시고, 전능하셔서 당신의 모든 것을 역전시키실 수 있는 하나님을 묵상하고 그 하나님으로 심령이 충만해지기를 기도하기 바란다. 그리고 그분을 기억하며 그분의 이름을 부르기 바란다. 이스라엘의 하나님, 모세의 하나님, 엘리야의 하나님, 다윗의 하나님 그리고 나의 하나님….

내게 복에 복을 더하소서

야베스는 자신의 기도를 들으실 하나님이 어떤 분이신지 바라본 뒤에 기도제목을 또박또박 아뢰었다.

> "야베스가 이스라엘 하나님께 아뢰어 가로되 원컨대 주께서 내게 복에 복을 더하사" 대상 4:10, 개역한글.

야베스는 하나님 앞에 네 가지 기도를 드렸는데, 첫 번째는 "복에 복을 더하소서"였다. 누군가는 이를 두고 '기복적인 신앙'이라고 비판하기도 한다. 그러나 우리는 마땅히 복을 받아야 하는 존재이며 하나님께서는 우리에게 복 주기를 기뻐하신다. 다만 우리가 복을 구하되 복이 무엇인지 성경적으로 확실히 알 필요가 있다.

복이란, 앞에서 나눈 대로 하나님을 가까이하는 것이다. 하나님을 가까이할 때 하나님으로부터 주어지는 모든 것이 복이다. 선하시고 거룩하신 하나님이기에 그분께서는 선하고 아름다운 모든 복을 우리에게 주신다.

간혹 어떤 이들은 복의 의미를 지나치게 신령한 쪽으로만 해석하려 한다. 물질이라든가 건강은 복이 아니라고 생각한다. 그러나 물질이든 건강이든 그것이 하나님께로부터 주어졌고 그로 인해 하나님께 더 가까이 나아간다면 이는 우리가 사모해서 받아야 할 복이다. 물론 어리석은 부자도 있을 수 있고, 가난하지만 복 받은 사람도 있을 수 있다. 중요한 것은 우리는 신령한 복과 환경적인 복이 모두 필요하고, 하나님께서는 그 두 가지를 다 주실 수 있는 분이라는 점이다.

야베스는 이스라엘의 하나님께 "원컨대 내게 복에 복을 더하소서"라고 기도한다. 이는 '나에게 복을 곱빼기로 주옵소서'라는 차원의 기도가 아니다. 우리 선조들이 치마폭에도 복, 숟가락에도 복, 젓가락에도 복, 창문에도 복이라는 한자를 새기며 복 받기를 갈망했던 기복 신앙적인 차원의 복이 아니었다. 야베스가 구했던 복은 그가 살았던 시기를 떠올리면 해석하는 데 무리가 없다. 그는 이스라엘의 하나님을 의식하며 이렇게 기도했을 것이다.

"하나님, 저는 슬픔과 고통을 안고 태어난 사람입니다. 저는 하나님께서 주시는 복이 아니면 살아갈 수 없는 사람입니다. 저는 더 이상 슬픔의 사람, 고통의 사람이 되고 싶지 않습니다. 하나님, 저는 복의 근원이 되고 싶습니다. 그래서 제게는 하나님께서 주시는 많은 복이 필요합니다. 저는 주님을 위해 더 많은 일을 하고 싶습니다. 그러하오니 하나님! 제게 복에 복을 더해 주십시오."

야베스는 자신의 슬픔과 고통을 극복할 수 있는 복, 자신의 한계 상황을 뛰어넘을 수 있는 하나님의 복을 구했다. 이는 야베스가, 하나님만이 자신을 '슬픔의 사람'에서 '복 있는 사람'으로, '고통의 사람'에서 '기쁨의 사람'으로 바꾸실 수 있음을 믿었기 때문이다.

나의 지경을 넓히소서

야베스는 "…나의 지경을 넓히시고"라고 기도한다. 복을 구하는 야베스의 동기가 혼자 잘 먹고 잘살기 위해서가 아니었음을 알려주는 구절이다. 여기서 "지경"이란 '땅의 경계'를 말한다. 야베스에 관한 책을 읽어보면 이 기도를 드리게 된 배경을 알 수 있다. 그 무렵, 여호수아는 가나안을 정복하여 각 지파에게 약속의 땅을 분배해주고 있었다. 야베스는 각 지파와 족속들이 땅을 분배받아 각자의 경계를 알리는 지계표를 설치하는 모습을 보며 그같이 구한 것이다.

"지경을 넓히시고"라는 기도는 단순히 더 많은 땅을 달라는 의미가 아니다. 하나님께서 나의 삶에 복을 주셔서 더 많은 사람들에게 영향력을 끼칠 수 있게 해달라는 뜻이다.

우리에게 주어진 지경은 여러 가지다. 직장이 지경이고, 공부하는 것이 지경이고, 사업하는 것이 지경이다. 연구하는 것이 지경이고, 자녀교육하는 것이 지경이고, 살림살이 역시 지경이다. 우리는 깊이 있는 학문, 창조적인 지성, 성실한 근무, 피와 땀을 담은 노력, 지혜로운 살림을 통해 우리는 지경을 넓혀가야 한다. 우리의 지경은 이 땅을 살아가는 생활 수단이며, 영향력을 발휘하는 기반이고, 하나님의 이름을 드높일 수 있는 도구이기 때문이다.

하나님의 사람이 넓혀야 할 지경은 하나 더 있다. 바로 기도의 지경이다. 우리는 기도하는 만큼 영적인 세계를 볼 수 있고, 영향력을 발휘할 수 있다.

다니엘을 보자. 그는 포로로 잡혀간 땅에서도 하루에 세 번씩 기도했다. 그리고 가장 암울했던 시대에 가장 영향력 있는 사람이 되었다. 그의 말 한마디에 바벨론이라는 거대한 나라가 움직인 것을 아는가? 그 시대를 움직인 사람은 바벨론 왕 느부갓네살이 아니었다. 다니엘과 세 친구들이었다. 그것도 몇 달 혹은 몇 년이 아니라 80년이 넘는 오랜 기간 동안 자기 백성과 바벨론 사람들에게 가장 영향력 있는 사람이 되었다. 그들은 언제나 목숨을 내놓고 기도했고, 환난 중에도 감사기도를 드렸다.

기도하면 세계가 내 손 안에 들어온다. 오대양 육대주도 작아져서 작은 기도 골방이 세계를 움직이는 센터가 된다. 내 영혼이 저 높은 우주에서 지구를 바라보는 듯한 느낌이다. 내가 천지를 움직이시는 하나님의 임재 속으로 들어가서 우주마저도 작게 보인다.

그러나 기도하지 않으면 회사의 과장님이 크게 보인다. 시누이의 눈매가 무서워 보인다. 문제가 나를 집어삼킬 것만 같다. 그것이 바로 마귀의 속임수다. 마귀는 거짓의 아비다. 마귀는 우리의 생명을 좌지우지할 어떤 능력도 갖지 못했지만, 마치 그럴 수 있는 것처럼 속임수를 쓴다. 작은 문제도 태산처럼 보이게 하는 것이 그 일례다. 우리가 지레 겁을 먹고 스스로 무너지도록 유도하는 것이다. 그래서 마귀는 우리에게서 어떻게든 기도를 빼앗아가려고 우는 사자처럼 달려든다.

기도해야 한다. 기도하는 입술을 크게 열고 기도하는 무릎을 강건히 하면 문제가 콩알처럼 작아져 있음을 보게 될 것이다. 문제 속에 갇히지 않고 마침내 하나님의 능력을 바라보는 믿음이 우리 안에 충만케 될 것이다.

중보기도의 사람들을 보자. 그들은 오직 기도함으로써 세계를 움직인다. 병상에서도 사람들을 움직이고, 옥탑방에서도 아프리카를 움직인다.

실제로 과테말라의 알모롱가Almolonga라는 인구 2만 명의 작은 도시에서 일어났던 변화는 이를 입증해준다. 1970년대만 해도 이 도시에 폭력이 난무하고, 부모들은 자녀교육에 무관심했으며, 대부분의 성인 남자들은 알코올중독자였다. 네 개의 감옥에 범죄자를 다 수용하지 못할 정도로 범죄가 빈발했고, 주민들 대부분은 마시몽죽음의 신을 숭배하고 있었다. 농작물 또한 가난을 면치 못할 만큼 수확이 형편없었다.

그러던 이곳이 변화의 조짐을 보인 것은 이 지역 출신 마리아노Mariano 목사의 목숨을 건 중보기도가 시작되면서였다. 그는 고향을 더 이상 어둠의 도시가 되게 할 수 없다는 사명 아래 일주일에 사나흘씩 금식하며 기도했다. 자신을 향한 성령의 음성에 철저히 순종하며 복음을 전했고, 귀신이 떠나고 병든 자가 낫는 역사가 일어났다. 그러자 전통적인 가톨릭교회는 그에게 위협을 가했고, 마시몽을 섬기던 자들은 돌을 던지기도 했다.

하지만 도시 전체를 향한 마리아노 목사의 중보기도는 더욱 뜨거워졌다. 주님께 돌아오는 사람이 많아지면서 기도에 동참하는 이들이 늘어났다. 승리는 하나님의 것이었다. 범죄자, 알코올중독자, 무기력자가 대부분이던 마을 사람들 중 90퍼센트가 그리스도인이 되었으며 도시는 몰라볼 정도로 회복되었다. 36개의 술집 중 33개가 사라졌고 교도소가 필요 없을 정도로 범죄율이 낮아졌다. 교회가 늘어나고 예배당에 모인 사람들은 뜨겁게 기도했다.

더 놀라운 것은, 땅을 파면 물이 나오고 토지가 몰라볼 정도로 비옥해진 점이었다. 농작물은 전보다 2~3배의 크기로 자랐다. 미국과 남아메리카에서 파견된 농업 전문가들이 방문조사를 실시했지만 특별한 원인을 찾아내지 못했다.

알모롱가를 방문한 이들 중에는 작은 천국을 보는 것 같다고 말한 사람들이 적지 않다. 가난하고 척박한 주변의 다른 지역에 비해 왜 유독 그곳만 비옥하고, 사람들이 근면 성실하며 예배는 그토록 뜨거운지 궁금해하는 이들도 많다. 이에 대해 지역 사람들은 한결같이 말한다. 이 도시의 변화는 한때 우상을 숭배하다가 하나님을 만난 한 목사가 도시 전체의 변화를 위해 목숨 걸고 중보기도를 시작한 헌신의 결과라고.

하나님께서는 우리에게 "네 입을 크게 열라 내가 채우리라"시 81:10고 말씀하셨다. 그런데 우리는 필요를 구하는 데만 급급하여 항상 똑같은 기도만 반복하고 있지 않은가? 화장실 세 개 있는 집에 고급 승용차를 구입하는 것이 평생의 기도제목인 사람들도 많다.

하나님께서는 기도의 지경을 넓히는 자를 들어 사용하신다. 그 사람을 통해 하나님의 능력, 복음의 영향력을 나타내신다. 그리고 한계 상황을 뛰어넘게 하신다.

문제가 많은가? 고통이 너무 커서 그것만을 아뢰기에도 벅차다고 생각하는가? 그럴수록 기도의 지경, 삶의 지경을 넓히기를 기도하라. 그러면 고통은 점 하나만큼 작아지고 하나님의 능력이 고통을 삼켜버릴 것이다. 넓어진 지경이 한계 상황을 뛰어넘도록 이끌 것이다.

주님의 손으로 나를 도우소서

야베스의 세 번째 기도 내용은 '하나님의 손이 함께하시기를' 구하는 것이었다.

> "…주의 손으로 나를 도우사" 대상 4:10, 개역한글.

'하나님의 손'이란 하나님의 임재와 능력을 말한다. 누가는 초대교회의 부흥을 설명할 때 부흥의 비결을 이렇게 말했다.

> "주의 손이 그들과 함께하시매 수많은 사람들이 믿고 주께 돌아오더라" 행 11:21.

또한 누가는 하나님의 손을 하나님의 능력으로 설명한다.

> "그러나 내가 만일 하나님의 손을 힘입어 귀신을 쫓아낸다면 하나님의 나라가 이미 너희에게 임하였느니라" 눅 11:20.

누가의 선포대로 모든 부흥의 비밀, 모든 해결의 비밀은 하나님의 임재와 능력이다. 그래서 개인과 교회는 이를 위해 항상 기도해야 한다.

하나님을 경배하고 하나님을 높이는 것이 예배다. 그런데 정작 예배의 주인이신 하나님의 임재가 없다면 그것은 사람 보기에 좋은 공연이 될 뿐이다. 하나님의 임재와 능력이야말로 부흥을 사모하는 모든 교회의 첫 번째 기도제목이어야 하는 것이다.

하나님의 임재와 능력을 사모하기에 예배의 본질은 '드림'이라 할 수 있다. 나를 지으시고 구원하신 주님께 최상의 경배를 드리는 것! 그것이 바로 예배다. 나의 몸과 마음과 시간과 물질을 드리는 데서부터 하나님의 임재와 능력이 임한다고 할 수 있다.

그런데 우리는 자신을 드리지는 않고 은혜를 받는 데만 열심이다. 나를 먼저 드릴 때 하나님의 은혜가 임한다. 그러므로 오직 하나님의 보좌만 바라보며 그분을 높이고 경배하는 일에 최선을 다해야 한다. 하지만 우리는 예배의 형식과 순서를 중요하게 생각한 나머지, 정해진 시간에 엄숙하게 예배를 드리면 하나님께 예배를 잘 드린 것이라고 생각해왔다. 그 엄숙함이 지나쳐서 장례식 분위기조차 날 정도였다. 그러나 예배는 슬픔의 시간이 아니라 죄와 사망의 법에서 해방된 사람들이 누리는 축제의 시간이다. 그리고 축제의 주인은 당연히 삼위일체 하나님이셔야 한다.

오륜교회는 이를 바탕으로 예배 개혁을 하면서 성장과 성숙을 경험했다. 1년에 3천 명 이상의 새 가족이 찾아오는데, 등록자의 82퍼센트가 "예배 때문에 왔다"고 말한다. 구원의 감격으로 눈물 흘리는 이들이 많기 때문에 예배당 곳곳에는 언제나 휴지로 넘쳐

난다.

이런 예배를 드리기까지 힘들고 어려운 일들이 없었던 것은 아니다. 전통적인 예배에서 벗어나 찬양과 경배를 드리는 데 집중하자 교인들의 반발이 의외로 컸다. 그래서 나는 처음으로 목숨을 건 40일 금식기도를 했다. 당시만 해도 한 가정이 떠나면 교회가 휑하던 시절이었기에 더욱더 절박하게 기도에 매달렸다. 교인들이 떠나지 않게 해달라고, 동시에 하나님의 임재와 능력이 나타나는 예배를 드리게 해달라고 기도했다.

그럼에도 상당수 교인들이 교회를 떠나갔다. "목사님, 저는 오륜교회가 참 좋지만 예배 분위기를 도저히 따라가지 못하겠습니다"라는 말을 남기고 떠났다. 그때의 아픔은 이루 말할 수 없다. 개척교회 목사라면 누구나 공감할 수 있을 것이다.

아픔을 추스르기도 전에 유혹이 찾아오기도 했다. 예배를 이전과 같이 전통적인 방식으로 드리면 떠나간 가정들이 돌아오겠다는 것이었다. 하지만 엎드려 기도할수록 오륜교회가 가장 사모해야 할 것이 무엇인지 분명해졌다. 결코 물러설 수 없는 기도제목, 우리 교회의 존재 이유는 바로 '하나님의 임재와 능력'이었다.

그로부터 1년 가까이, 우리 교회는 남아 있는 몇 명의 성도들과 함께 기름 부으심이 있는 예배를 드리게 해달라고 최선을 다해 기도했다. 사람들이 절반 정도 떠난 가운데 하나님을 사모하는 온전한 심령들이 모여 하나님을 예배했다. 그렇게 1년이 지나면서 한 사람, 두 사람 하나님을 갈망하는 영혼들이 교회로 찾아오기 시작했다. 예배를 드리며 하나님의 임재를 체험했다고 고백하는 이들도 있었다. 하나님의 임재 속에서 병든 자들이 고침을 받고 귀신이 떠나가는 역사가 일어났다. 예배를 사모하는 영혼들의 발길이 늘고, 교회는 부흥의 불길에 휩싸이기 시작했다.

나는 야베스의 기도를 대할 때마다 당시의 일이 떠오르곤 한다. 그리고 주님의 손을 간절히 구했던 그때의 가난한 심령으로 기도할 수 있기를 소원해본다. 하나님의 임재와 능력이 교회의 생명력이고 정체성이며 부흥의 비밀임을 알기 때문이다.

야베스는 하나님께서 복에 복을 더해주시고 지경을 넓혀주신다고 해도 그분의 손이 함께하시지 않으면 복이 보존될 수 없다는 것을 알았다. 야베스는 우리 삶의 심장과 같은 것, 우리를 뛰게 하고 살아 있게 하며, 우리를 그리스도인으로 살게 하는 힘인 '하나님의 임재'를 기도제목의 핵심에 놓았다.

야베스의 이 마음을 하나님께서도 인정하셨기에 성경은 그가 '하나님의 임재'를 구했다고 기록한다. 말로만 "임재, 임재" 하면서 자기 자신의 영예와 힘을 의지했다면 성경은 그가 하나님의 손을 구했다고 기록하지 않았을 것이다. 야베스의 처절한 고통과 아픈 삶의 여정은 '하나님의 손'을 뼛속 깊이 사모하는 마음을 주었고, 그의 간절한 기도제목이 되게 했다.

당신에게도 이러한 기도가 살아 있는가? 하나님의 손이 아니면 안 된다는 절박함과 깨달음을 안고 드리는 간절한 기도가 있는가? 혹시 하나님의 손이 아니라 내가 든든하게 의지할 수 있는 어떤 것을 달라고 기도하지는 않는가?

하나님께서는 오늘도 이런 기도를 하는 사람을 찾으신다. 야베스처럼 가장 가난한 심령으로 오직 하나님만을 찾는 사람에게, 하나님께서는 천국을 선물해주시며 모든 좋은 것으로 채워주실 것이다.

나로 환난을 벗어나 근심이 없게 하소서

야베스는 세 번째 기도에서 초자연적인 하나님의 임재와 능력을 구했다. 그리고 마지막에는 하나님께서 주시는 복된 삶을 유지하기 위한 기도를 드리고 있다.

> "나로 환난을 벗어나 근심이 없게 하옵소서"
>
> 대상 4:10, 개역한글.

여기서 "환난"이라는 말은 '고난', '역경'이라는 뜻도 있지만 '나쁜', '악한'이라는 의미로도 사용된다. 따라서 이 기도는 '사탄의 공격으로부터 나를 보호해주소서'라는 뜻으로 볼 수 있다. 사탄의 공격을 받아 시험에 들지 않게 해달라는 기도인 셈이다. 브루스 윌

킨슨도 이 기도를 "우리를 시험에 들게 하지 마시옵고 다만 악에서 구하시옵소서"라는 주님의 기도 내용과 동일하다고 말한다.

시험에 들지 않으려면 믿음의 병기를 들고 대적하여 싸워야 한다. 그 싸움은 이미 공격을 개시한 마귀와의 정면 승부일 수도 있지만, 기도 응답을 받은 후에 '유혹'이라는 이름으로 공격해 들어올 마귀와의 싸움일 수도 있다. 야베스는 그것까지 대비해서 기도하고 있다. 이를 보면 야베스의 심령이 얼마나 신실한지 알 수 있다. 그는 자신의 필요만 구하지 않고, 그의 삶이 하나님 중심으로 되기를 소망하고 있다. 기도 응답을 받은 후에 행여 마귀가 주는 시험에 걸려서 하나님의 영광을 가리지 않기를 기도하는 것이다.

이는 우리가 반드시 드려야 하는 기도다. 교회를 다니는 많은 이들이 어렵고 힘들고 고통스러울 때는 하나님을 떠나지 않는다. 오히려 하나님의 은혜, 하나님의 축복을 받은 후에 마귀가 주는 시험과 유혹에 넘어져서 하나님을 슬그머니 떠나는 경우가 많다. 사업이 잘되다 보니 바쁘다는 이유로, 다시금 건강해지다 보니 놀거리가 많아져서, 유명세를 타다 보니 교만해져서 하나님을 떠나는 사람들이 너무나 많다. 잠시 동안 누리는 복 때문에 영원한 복을 차버리는 것이다.

하나님께서는 야베스가 마지막으로 드린 기도의 중심 된 마음을 인정하셨다. 그래서 성경은 "하나님이 그 구하는 것을 허락하셨더라" 대상 4:10, 개역한글 하고 기록한다. 그에게 복에 복을 더하셨고, 그의 지경을 넓히셨으며, 주님의 손으로 그를 붙들어주셨고, 환난에서 벗어나 근심이 없게 하셨다. 아, 이 얼마나 벅찬 응답인가!

그러나 우리는 야베스가 기도 응답을 받은 사실에만 주목하기보다는 그가 드린 기도와 중심 된 마음부터 배워야 한다. 그래야 내가 선천적으로 갖고 태어난 아픔과 나의 한계 상황을 바라보는 시선이 바뀐다. "맹인으로 난 것이 누구의 죄로 인함이니이까"요 9:2라는 제자들의 질문에 "이 사람이나 그 부모의 죄로 인한 것이 아니라 그에게서 하나님이 하시는 일을 나타내고자 하심이라"요 9:3고 말씀하신 예수님의 뜻을 마음에 새길 수 있어야 한다.

그리고 야베스처럼 나의 처절했던 인생 여정을 들고 하나님 앞에 나아가야 한다. 거기서 하나님의 복을 구하고, 나의 지경을 넓혀달라 기도하며, 주님의 손이 내 삶을 이끄시고, 마귀의 악한 궤계에서 보호해달라고 간절히 구해야 한다.

그러면 하나님께서는 나를 더 이상 아픔 속에 갇힌 자가 아니라 '상처받은 치유자'로, 어둠을 밝히는 빛으로 사용하실 것이다. 하나님 나라는 '복의 통로'가 되는 사람들을 통해 확장되기 때문이다.

골방으로 가는 길

01

아브라함과 야베스처럼 복의 통로가 되었던 사람들은 주어진 상황, 특히 한계 상황을 믿음으로 극복한 사람들이다. '상처받은 치유자'로 쓰임 받기 위해 지금 내가 극복해야 할 한계 상황은 무엇인가?

02

하나님의 백성은 다른 어떤 지경보다도 기도의 지경을 넓혀야 한다. 그동안 기도의 지경이 확장됨으로 하나님의 응답과 역사를 경험한 적이 있는가? 기도의 지경을 넓히고 싶은 영역은 어디인가? 중보기도의 능력을 체험할 기도제목을 가지고 하나님 앞에 나아가자.

06 DAY

기도하다 실족하지 마라

기도 때문에 시험에 들다

세상을 살다 보면 우리를 시험에 들게 하는 일이 많다. 주변 사람들이 시험 들게 하고, 변하지 않는 우리 환경이 시험 들게 한다. 그런데 우리를 시험 들게 하는 일이 또 하나 있다. 기도다. 우리는 가끔 내가 기도했다는 사실, 기도하고 있다는 사실 때문에 시험에 든다.

야베스처럼 모세처럼 엘리야처럼 기도했는데 아무런 응답이 없다는 사실에 낙망한다. 하나님께 삐친 것이다. 너무도 간절히 금식하고 기도했으며 믿음으로 구했는데도, 왜 다른 사람에게는 응답해주시고 내 기도에는 응답해주시지 않는지 모를 일이다. 혹시 이런 경험을 한 적이 있는가? 아니면 지금 이런 상황 가운데 처해 있는가?

예수님은 기도가 응답되지 않아 팔을 늘어뜨린 이들에게 '불의한 재판장'의 비유를 들려주시며 기도를 독려하신다.

> "예수께서 그들에게 항상 기도하고 낙심하지 말아야 할 것을 비유로 말씀하여" 눅 18:1.

기도에 시험 들면 어떤 행동을 하는가? 두말할 것도 없이 더 이상 기도하지 않는다. 아이들이 화가 나면 "나, 밥 안 먹을 거예요" 하듯이 기도에 시험 들면 "하나님! 나, 기도 안 할래요. 기도해도 들어주시지 않는데, 뭣하러 기도합니까?"라는 태도를 보인다. 기도에 열심을 내보지 않은 사람이라면 공감하지 못하는 부분일 수도 있다.

예수님은 '불쌍한 과부와 불의한 재판장의 비유'를 들어 항상 기도하되 낙망치 말아야 하는 이유를 말씀하신다. 그 당시 과부는 오늘날의 과부와는 비교할 수 없을 정도로 절체절명의 위기에 처해 있었다. 돈도 연줄도 권력도 없는 사람, 사람들로부터 비웃음과 조롱을 받는 것은 물론 생계의 위협까지 느끼며 살아야 하는 사람이 과부였다. 그런데 이 과부는 설상가상으로 나쁜 사람에게 괴롭힘마저 당하고 있었다.

과부는 상황을 해결하고자 한 재판장을 찾는다. 하지만 재판장은 불의한 자였다. 하나님을 두려워하지도 않을뿐더러 사람을 무시했다. 재판장은 과부의 호소에 전혀 귀 기울이지 않았다.

"존경하는 재판장님, 저는 의지할 데가 없는 과부입니다. 재판장님만이 제 희망입니다. 제발 그 사람이 저를 더 이상 괴롭히지 못하도록 해주십시오."

과부의 간곡한 하소연이 이어졌지만 불의한 재판장은 귀찮기만 했다. 사람은 이처럼 귀찮아하는 존재다. 불의한 재판장이 아니라 성실한 재판장이라 해도 일이 많으면 귀찮아한다.

하지만 과부는 하소연하기를 그치지 않았다. 밤낮으로 찾아가 간청하기를 쉬지 않았다.

"저는 보호해줄 남편도 없습니다. 저를 도와줄 친척도 없습니다. 가진 것도 없습니다. 저를 도우실 수 있는 분은 재판장님뿐입니다. 저를 도와주세요."

과부가 얼마나 끈질기게 간청했는지 재판장은 업무조차 볼 수 없을 지경이었다. 결국 재판장은 '이 여자의 문제를 해결해주지 않다가는 평생 괴롭힘을 당할지 모르겠다'는 생각에 과부의 원한을 풀어줄 수밖에 없었다.

하물며 하나님 아버지께서

우리는 예수님이 비유로 말씀하신 과부와 재판장의 이야기를 들으며 다음과 같이 생각한다.

'아하, 불의한 재판장이 하나님이시고 내가 과부구나. 우리도 이 과부처럼 떼쓰며 기도하면 하나님께서 귀찮기 때문에라도 우리 기도를 들어주시겠구나.'

그러나 하나님은 불의한 재판장이 아니실 뿐만 아니라 기도는 결코 조르는 것이 아니다. 기도원에 가서 죽기 아니면 까무러치기 식으로 떼쓰며 기도하는 것이 바람직하지 않다는 것이다.

물론 그렇게 기도할 때 하나님께서 응답해주실 때도 있다. 영적으로 어린아이의 신앙을 가진 사람들을 향한 하나님의 긍휼이 머물 때나 특별한 은총을 내려주실 때다. 철없는 아이는 시장에서 갖고 싶은 인형을 발견하면 그것을 사달라고 바닥에 누워버린다. 그러면 부모는 창피해서라도 아이의 손에 인형을 쥐여주고는 함께 집으로 돌아온다. 속상하지만 철없는 아이의 요구사항을 그렇게라도 들어줘야 할 때가 있다.

하지만 그렇게 기도해서 응답받으면 우리 영혼에는 별 유익이 없다. 시편 기자가 표현한 것처럼 "여호와께서는 그들이 요구한 것을 그들에게 주셨을지라도 그들의 영혼은 쇠약하게 하셨도다"시 106:15라는 말씀이 응하게 된다. 떼를 써서 응답받는 기도는 영적인 어린아이일 때 한두 번으로 족하다.

그렇다고 해서 간절히 구하지 말라는 뜻이 아니다. 기도는 항상 간절히 해야 한다. 부르짖는 기도, 눈물의 기도가 필요하다. 하지만 막무가내로 조르거나 떼써서는 안 된다. 우리는 기도에 대해 그런 식으로 오해하기 때문에 응답이 안 되면 실족한다. 마치 어린아이처럼 '쟤는 떼쓰니까 인형을 사주는 것 같은데, 왜 나는 떼를 써도 인형을 안 사줄까?'라고 생각한다. 왜, 누구 기도는 들어주고 내 기도는 안 들어주느냐고 생각하는 것이다.

그렇다면 기도란 무엇인가? 기도는 앞에서 말한 대로 '관계'다. 하나님 아버지와의 '사귐'이다. 사귐 속에서 우리는 잘못을 고백하기도 하고 그분을 찬양하기도 하며 그분의 뜻을 여쭙기도 하고 우리의 필요를 구하기도 한다.

그런데 우리는 '불의한 재판장'의 비유를 들면서 하나님을 번거롭게 해드려서라도 필요를 쟁취하는 것이 기도라고 생각한다. 하지만 예수님이 말씀하시고자 하는 요지는 그게 아니다. 예수님은 이 비유를 통해 "하물며 불의한 재판장도 자기와 아무런 관련이 없는 과부의 간청을 번거롭게 여겨 들어주는데, 하늘에 계신 아버지께서 피 흘려 값 주고 사신 자녀들의 기도에 응답해주시지 않겠느냐"는 뜻을 전하고 계신다. 즉, 우리의 아버지 되신 하나님께서는 밤낮 아버지를 찾는 자녀의 기도를 들어주시지 않을 리가 없다는 말이다. 그러니 낙망하지 말고 하나님과의 관계 속으로 들어와 그 관계 안에서 살라는 뜻이다.

하나님은 이처럼 결코 불의한 재판장이 아니시다. 우리와 끝없이 관계 맺기를 원하는 아버지이시다. 따라서 아버지의 마음 안으로 들어가 살면 기도가 쉽게 응답되지 않는다고 해서 낙망할 필요가 없다. 나를 향한 아버지의 마음을 믿는다면 떼를 쓰기보다는 아뢰고, 소망하며 기다리게 된다.

그러한 면에서 기도는 '믿음'이다. 예수님은 이 비유를 말씀하시며 "주께서 다시 오실 때는 믿음을 보겠다"라고 결론을 내리신다. 문맥상 그 믿음은 '기도하는 믿음'을 뜻한다. 아버지와 아들의 관계 속에서 항상 기도하며 낙망치 않는 믿음! 믿음의 기도를 드리는 사람을 주님은 찾고 계신다. 마지막 때가 될수록 그렇게 믿음으로 간구하는 사람이 없기 때문이다.

당신은 혹시 기도하다가 낙망하여 손을 늘어뜨리고 있지 않은가? 그렇다면 두 가지를 점검해보기 바란다.

"내가 과연 아버지와 아들의 관계 속에 들어가 살고 있는가?"

"그분을 향한 나의 믿음이 혹시 약해져 있지는 않은가?"

이 두 질문에 대한 답을 정직하게 찾으면 기도하다가 낙망하는 일은 결코 없을 것이다.

여호와로 쉬시지 못하게 하라

찰스 스펄전Charles H. Spurgeon은 "10년 염려하는 것보다 10분 기도하는 것이 낫다"라고 말했다. 10년의 염려거리가 10분의 기도로 해결될 만큼 기도의 능력은 강하다는 뜻이다. 따라서 우리는 어떤 순간에도 기도의 자리를 놓쳐서는 안 된다. 하나님께서는 기도를 통해 일하기를 기뻐하시는 분이기 때문이다. 하나님은 결코 불의한 재판장이 아니시다. 우리의 기도를 귀찮아하는 법이 없으신 분이다. 오히려 우리가 기도하기만을 기다리시고 그 기도를 통해 쉬지 않고 일하신다. "그로 쉬지 못하시게 하라"는 말씀까지 있지 않은가 사 62:7. 세상 끝 날까지, 하나님의 영광이 온 땅을 덮기까지 기도함으로써 하나님께서 일하시는 증거가 나타나게 하라고 말씀하신다.

하나님께서는 일하기를 즐겨하시고 쉬시지 않는 분이다. 시온의 의가 빛같이, 예루살렘의 구원이 횃불같이 나타나도록, 시온을 위해 잠잠하지 아니하며 예루살렘을 위해 쉬시지 않는 분이다 사 62:1. 또한 하나님은 졸지도 주무시지도 않는 분이다 시 121:4. 그분의 열심은 끝이 없어서 우리가 측량조차 할 수 없다 왕하 19:31.

그러므로 하나님을 가장 슬프게 하고, 근심하게 만드는 사람은 하나님으로 일하시지 못하도록 하는 자이다. 하나님을 날마다 쉬게 하는 사람, 기도하지도 않고 소망하지도 않고 하나님을 바라보지도 않는 사람이다. 그래서 사무엘은 기도하기를 쉬는 죄를 결코 범하지 않겠다고 고백했다 삼상 12:23. 기도하지 않는 것은 하나님을 편안하게 해드리는 것이 아니라 우리를 위해 일하고 싶으신 하나님을 제한시키는 것과 같기 때문이다.

베드로가 복음을 전하다가 옥에 갇혔을 때의 사건을 보자. 그때 예루살렘 교회는 다 함께 모여서 합심으로 기도했다. 그러자 하나님께서는 일하기 시작하셨다. 천사들을 동원하여 옥문을 열게 하셨고 착고가 풀어지게 하셨다. 베드로를 감옥에서 나올 수 있게 하셨다.

우리는 가끔 착각하곤 한다. 하나님이 만약 응답하실 능력이나 응답하실 생각이 있다면 우리가 귀찮게 아뢰지 않아도 다 알아서 해주셔야 한다고 말이다. 물론 하나님께서는 우리가 구하기 전에 무엇이 필요한지 잘 알고 계신다. 그래도 하나님께서는 우리가 기도하기를 원하신다. 하늘나라의 영적인 원리를 그렇게 정해놓으셨기 때문이다. 성경을 통해 끝없이 "기도하라" 명하시고, "기도 외에는 이런 유가 나갈 수 없느니라" 말씀하신 주님의 명령을 알아들어야 한다.

기도는 하나님께서 역사하시도록 기회를 드리는 것이다. 내가 할 수 없는 불가능한 일을 전능하신 하나님께서 하시도록 자리를 내어드리는 것이다. 그래서 기도의 비밀을 아는 사람은 기도하기를 쉬지 않는다. 어떤 순간에도 낙망하지 않고 기도하며 살아간다. 때로는 기도 응답이 더디다 해도 하나님을 믿기 때문에 기도의 자리를 포기하지 않는다.

하지만 기도의 비밀을 알지 못하면 아무리 기도하라고 해도 하지 않는다. "뭣하러 기도하냐? 응답되지도 않는데?"라는 마귀의 말에 금방 기도를 멈추고 만다.

주님은 오늘도 우상 숭배로 황무케 된 이 땅을 위해 일하기를 원하신다. 우리가 파송하고 후원하는 선교사를 위해 일하고 싶어 하신다. 무너지고 깨진 가정, 구원받지 못한 남편, 방황하는 자녀들을 위해 일하기 원하신다. 어려운 사업 때문에 고민하며 잠 못 이루는 가장을 돕고 싶어 하신다. 병들어 신음하는 가족을 일으키기 원하신다. 불의한 재판장처럼 결코 그 일을 귀찮아하시지 않고, 능력과 사랑으로 충만한 아버지로서 적극 돕고 싶어 하신다.

하나님께서 이런 분이시라면 우리는 더 이상 기도하다가 낙심할 필요가 없다. 지금까지 기도해왔다면 응답의 고지가 바로 눈앞에 있을지 모른다. 그간 흘렸던 기도의 눈물을 하나님께서는 다 보고 계셨다. 하나님께서는 외면하시거나 모른 척하시는 분이 아니다. 일하기를 기뻐하시고 나를 위해 한 번도 졸지도 주무시지도 않는 분이다.

우리는 하나님께 나아가 다시 기도의 손을 들어야 한다. 아버지와의 관계를 회복해야 한다. 그러면 우리를 애타게 기다리다가 우리를 안으시는 아버지의 넓고 따뜻한 품을, 우리를 도우시는 아버지 하나님의 능력의 오른손을 보게 될 것이다.

골방으로 가는 길

01

기도하다 낙망하여 기도를 멈춘 경험이 있는가? 하나님에 대한 오해 때문에 기도를 중단했는가, 아니면 나의 영적인 게으름 혹은 조급함 때문에 기도를 멈췄는가? 그 원인을 정확하게 찾아보고, 항상 기도하되 기도하다가 낙망치 않기 위해 하나님 앞에서 풀어야 할 문제를 고백하자.

02

나의 기도제목 중 간절하지만 아직 응답되지 않은 것은 무엇인가? 오늘 나의 기도를 신실하게 들으시는 하나님 아버지를 의식하며 그분께 그 기도제목을 아뢰어보자. 기도를 멈추라는 성령님의 사인이 없는 한, 기도는 응답받을 때까지 하는 것이다. 이 사실을 기억하며 오늘도 내일도 기도하기를 쉬지 말자.

07 DAY

응답받은 후를 경계하라

신앙생활의 위기

　신앙생활하면서 가장 위태로운 순간은 언제일까? 앞에서 살펴본 과부처럼 누군가로부터 괴롭힘을 받을 때일까, 아니면 38년 된 병자처럼 난치병에 걸렸을 때일까? 다윗처럼 무려 10년이나 생명의 위협을 느끼며 쫓겨 다닐 때일까? 그것도 아니라면 경제적 파산 상태에 놓인 때일까?

　사람들은 위기가 극한 고통이나 고난 중에 찾아온다고 생각한다. 문제를 놓고 기도했는데도 아무런 응답이 없는 때야말로 인생의 암흑기라고 여긴다.

그러나 영적인 의미에서의 위기는 그와 같은 고난의 때가 아니다. 오히려 기도 응답으로 만사형통의 시간을 누릴 때가 인생 최대의 위기 순간일 수 있다. 겸비함으로 기도하지 않으면 모든 것을 잃을 수 있는 시기가 바로 이때다. 그래서 주님이 가르쳐주신 기도 중에 "우리를 시험에 들게 하지 마시옵고 다만 악에서 구하시옵소서"라는 내용이 들어 있는 것이다.

기도의 사람으로 알려진 히스기야가 이를 증명해준다. 그는 우리가 아는 대로 왕위에 오르자마자 종교개혁을 단행한 신실한 사람이었다. 이사야 선지자로부터 "네가 죽고 더 이상 살지 못하리라" 하는 선고를 들었을 때도 벽을 향해 통회기도를 하며 하나님만을 온전히 의지한 왕이었다. 하나님께서는 그의 눈물을 보시고 15년이나 생명을 연장해주셨다. 그 징표로 아하스의 일영표 위에 나아갔던 해 그림자를 10도나 물러가게 하실 정도로 하나님의 큰 은혜를 경험한 사람이었다.

그런데 이러한 히스기야가 엄청난 위기를 맞이하고 만다. 영적 교만과 방심에 빠진 것이다. 그것이 결국 히스기야를 무너뜨리고 말았다.

교만은 마귀로 춤추게 한다

히스기야는 원래 기도의 사람이었다. 그는 절체절명의 순간마다 하나님께 진심으로 무릎 꿇은 왕이었다. 앗수르와의 전쟁에서도 기도함으로 승리를 얻었고, 죽을병에 걸렸을 때도 생명을 15년이나 연장해주시겠다는 하나님의 약속을 받은 왕이었다.

그런데 하나님의 약속을 받은 직후 바벨론 왕이 보낸 특사가 히스기야를 방문했을 때, 그는 흔들리고 말았다. 당시 바벨론은 막 탄생한 신흥국가였다. 세계 최강대국 앗수르를 물리친 유대 나라 왕의 병환 소식에 서둘러 병문안을 올 정도로 힘이 약한 나라였다. 하지만 그것은 명목이었을 뿐, 바벨론은 유다를 침략하기 위한 전략적 정탐으로 병문안을 온 것이었다.

히스기야는 한 나라의 왕이었음에도 이 사실을 간과했다. 신흥국가인 바벨론이 정탐을 왔다고는 생각지도 못했다. 그의 마음에는 나라를 지키고 세워가겠다는 긴장이나 충성보다는, 자신이 받은 놀라운 은혜에서 기인한 특권의식과 우월감이 자리 잡고 있었다. 그가 궁중의 창고를 열어 유다가 보유한 모든 보물과 군수물자를 바벨론 특사에게 보여준 일이 이를 뒷받침한다.

"봐라. 내가 이렇게 많은 걸 갖고 있다. 나는 이렇게 많은 걸 받은 자다. 나는 이렇게 하나님으로부터 선택받은 우월한 사람이다. 그러니까 너도 이렇게 병문안을 온 것 아니냐?"

히스기야는 자신이 얼마나 특별한 것을 가진 사람인지, 유대 나라가 바벨론과는 비할 수 없이 얼마나 우월한 것을 가졌는지 뽐내고 싶었다. 이로써 바벨론은 유대가 가진 많은 것을 빼앗기 위해서라도 침략을 더욱 강행해야 한다고 결정하게 된다. 히스기야가 보여준 보물창고와 군수물자는 바벨론의 약탈 계획을 더욱 부채질한 꼴이 되었다.

히스기야의 허풍과 경솔함에 눈살을 찌푸리지 않을 수 없는 일이다. 심지어 왕의 자질 여부까지 들먹이게 한다. 그러나 이 내용을 묵상해 보면 우리 역시 히스기야와 다를 바 없음을 깨닫는다. 우리도 신앙의 경주에서 히스기야와 같은 실수를 범할 때가 있다.

하나님께서 기도 응답을 주셨을 때가 바로 그때다. 오랜 기도 끝에 건강을 회복하거나 물질의 축복을 받으면 자신도 모르는 사이에 '영적 교만과 방심'이라는 시험에 빠지곤 한다. 우리에게 은혜를 주신 하나님의 존재와 그분의 주권적 은총은 잊어버리고, 받은 축복의 결과만 자랑하고 싶어 안달이 나는 것이다.

"봐라. 내가 얼마나 많은 부동산을 갖고 있는지 아느냐? 일산에 사둔 땅이 다섯 배가 올랐다."

"집사님, 예전에는 내가 비실비실했는데 지금은 얼마나 건강한지 몰라. 그전엔 차가운 음식만 먹어도 배탈이 났잖아? 이젠 없어서 못 먹을 정도로 건강해졌어."

물론 이런 자랑을 할 때 짬짬이 "하나님이 내 기도를 들어주셔서"라는 말을 섞기도 한다. 하지만 그 속에는 기도를 응답해주신 하나님에 대한 높임보다는 '당신들이 잘 때 나는 기도했다'라는 기도에 대한 공로의식이 강하게 담겨 있다. "내가 받은 복을 봐라. 난 이만큼 특별한 사람이야"라는 선민의식도 고개를 든다. 결국 이생의 자랑거리 속에는 우월의식과 영적 교만이 동기로 작용하게 됨을 알 수 있다.

다시 히스기야 왕을 살펴보자. 병이나 사고에 의해 오늘 죽음이 예정된 사람에게는 '내일'이라는 시간이 주어지지 않는다. 만약 그럴 수 있다면 자신이 가진 모든 것을 지불해서라도 그 시간을 살 것이다. 그리고 가장 귀한 시간을 보낼 것이다. 단 하루의 생명 값은 그처럼 어마어마하다고 할 수 있다.

하물며 히스기야는 하나님의 은혜로 무려 15년이라는 시간을 연장받았다. 그야말로 '어메이징 그레이스Amazing Grace'가 아닐 수 없다. 이런 경우, 보통은 "덤으로 살게 된 내 인생, 하나님께 바치겠습니다"라고 고백하며 감사의 제사부터 드린다. 이미 죽을 목숨을 하나님께서 살려주셨으니 온전히 하나님께 충성하는 일꾼으로 살겠다며 거듭난 인생을 살아간다.

하지만 히스기야는 '하나님'께 집중하기보다는 은혜를 받은 '자기 자신'에게 집중하고 말았다. '하나님께서 엄청난 응답을 해주실 정도로 대단한 나, 히스기야!'라는 우월감에 사로잡혔다. 삼킬 자를 찾아 덤벼드는 마귀는 때를 놓치지 않고 히스기야를 부추겼다.

"야, 넌 정말 대단해. 너는 하나님의 보좌를 움직이는 사람이야. 이 사실을 만방에 알려. 그래야 아무도 네 앞에서 까불지 못할 거 아니야?"

마귀의 부추김에 히스기야는 그대로 넘어갔다. 그래서 바벨론 특사에게 왕궁의 보물을 보여주며 자랑했다. 영적 교만과 방심의 덫에 덜컥 걸려들고 만 것이다.

교만은 패망의 선봉

히스기야의 이런 행각을 알게 된 이사야 선지자는 황급히 왕을 찾아왔다. 그러고는 자신이 받은 하나님의 예언을 그대로 전달했다. 히스기야가 자랑한 왕궁의 모든 것이 바벨론으로 옮겨질 것이고, 왕의 자손 중 한 사람이 바벨론의 포로로 끌려갈 것이라는 엄청난 예언이었다.

그런데 놀라운 점은 예언을 받는 히스기야의 태도다. 그는 통회하거나 놀라기보다는 안이한 답을 한다.

> "당신이 전한 바 여호와의 말씀이 선하니이다 하고 또 이르되 만일 내가 사는 날에 태평과 진실이 있을진대 어찌 선하지 아니하리요" 왕하 20:19.

그는 나라가 망하고 자손이 바벨론에 끌려간다는 엄청난 예언에도 "하나님께서 선하시다"라고 답한다. 이것은 어떤 순간에도 하나님을 찬양하는 신실한 자의 태도와는 별개로 해석해야 한다. 그에게 하나님을 향한 신실함이 있다면 "하나님, 저를 용서하소서. 제가 죄악을 저질렀나이다. 죄과를 제게 돌리소서"라고 기도해야 했다. 하지만 그는 안이하게도 자신이 사는 날 동안 태평하다고 한 것에 족하다고 고백한다.

우리는 여기서 힘들고 어렵더라도 고통은 자신이 짊어지고 갈 테니, 다음 세대에게 복을 내려달라고 기도했던 이 땅의 신앙 1세대들의 기도를 떠올리게 된다. 가문 대대로 흐르는 저주를 믿음으로 끊으며, 영적 불모지와 같았던 이 땅에서 신앙의 개척자로 산 선조들이 있기에 우리는 많은 복을 누릴 수 있었다.

그러나 히스기야는 다음 세대의 미래를 바라보지 않았다. 당장의 태평스러운 결과를 전부로 알았다. 당대만을 바라보는 자기중심적인 시각, 이기주의적인 태도를 갖고 있었다. 이것이 히스기야가 영적 교만에 빠진 근거였다. 그는 당장에 주어지는 결과만을 중시했고, 자기중심적인 시각으로 사건을 해석하는 습관을 지녔던 것으로 보인다. 그러다 보니 죽을병에서 나음을 입은 엄청난 은혜 앞에서 '하나님'을 바라보기보다는 나음을 입은 '자기 자신'을 바라보고 말았다. 은혜를 베푸신 하나님을 찬양하기보다는, 은혜를 받은 자기 자신을 자랑하고 싶은 마음부터 가진 것이다. 결국 이사야의 예언대로 히스기야가 자랑하던 보물들은 바벨론에게 빼앗겼고, 그의 아들 므낫세는 바벨론의 포로로 끌려가고 말았다.

이와 비슷한 일이 성경에는 또 기록되어 있다. 유다 왕 웃시야의 경우다. 그는 집권 초기에는 여호와 보시기에 모든 것을 정직하게 행할 정도로 선한 왕이었다대하 26:4. 하나님께서는 이런 왕을 보시고 그가 여호와를 찾을 동안에는 형통하게 하셨다대하 26:5. 혼란스러운 시기에 왕이 되었지만, 어린 나이에도 유다 주변 땅을 점령하여 많은 성읍을 건축하고 주변 국가들로부터 조공까지 받는 위엄을 누렸다. 그 모든 것은 하나님의 은혜였다.

하지만 웃시야 왕의 말년은 너무도 비참했다. 그 이유를 성경은 이렇게 기록한다.

> "그가 강성하여지매 그의 마음이 교만하여 악을 행하여 그의 하나님 여호와께 범죄하되 곧 여호와의 성전에 들어가서 향단에 분향하려 한지라"대하 26:16.

웃시야 왕은 마음이 교만하여 월권 행위를 하고 만다. 성별된 제사장만 분향하도록 한 향단에서 자신이 직접 분향하려 한 것이다.

'내가 누군데, 이걸 못하겠어? 나야말로 하나님의 은혜를 충만하게 받은 특별한 사람 아닌가?'

그의 교만은 분향을 말리는 제사장 아사랴의 충언을 무시함과 동시에 제사장을 향해 불같은 화를 퍼부어대는 근거가 되었다. 그러자 웃시야 왕의 이마에 즉시 나병이 발병했다. 하나님의 말씀을 무시하는 웃시야에게 재앙이 내린 것이다. 결국 그는 죽는 날까지 나병에 걸린 채 별궁에서 격리되어 살아야 했다. 강성해짐으로 인한 교만이 그를 패역한 자가 되도록 이끈 것이다.

그리스도 외에는 자랑하지 않는다

히스기야 왕과 웃시야 왕의 기록은 우리가 언제 넘어질 수 있는지 분명하게 보여준다. 기도가 모두 응답되어 한창 잘나갈 때다. 남들이 받지 못한 엄청난 은혜를 받을 때, 그때가 바로 가장 위험한 순간이다. 계속해서 전쟁에서 승리하고, 나라의 지경이 넓어지며, 백성이 자신을 우러러볼 때 나를 자랑하고 싶은 영적 교만에 빠져들고 만다.

사탄은 우리가 많은 것을 누릴 때 다른 것으로 공격하지 않는다. 복을 주시는 분이 아닌 그 복을 받은 나 자신에게 집중하도록 만든다. '나는 대단한 사람이구나'라는 생각을 심어주면서 자신을 자랑하게 한다. 하나님을 자랑하던 입술을 나를 자랑하는 입술로 변하게 한다. 우리가 했던 자랑에 의해 스스로 무너지도록 유도하는 것이다.

그래서 주님은 "선 줄로 생각하는 자는 넘어질까 조심하라"고전 10:12고 말씀하셨다. '이생의 자랑'이 헛되다는 사실도 성경은 수없이 강조한다. 자랑거리를 주신 분이 거두어가시면 한 줌 재밖에 안 되는 것 아닌가. 우리는 "교만은 멸망의 선봉이요 겸손은 존귀의 길잡이"잠 18:12라는 말씀을 영혼에 새기며 살아야 한다. 받은 복 때문에 교만해지면 틀림없이 망하게 되지만 끝까지 겸손하면 야베스처럼 존귀한 사람이 되기 때문이다.

그렇다면 어떻게 해야 끝까지 겸손함을 유지할 수 있을까? 우리 가운데 누구도 교만해지고 싶은 사람은 없다. 교만해지고 싶어서 교만해진다기보다는 자기도 모르게 교만에 빠지게 된다고 표현하는 것이 옳다. 정말로 교만은 부지불식간에 찾아온다. '기도 응답을 받아서 복을 누리게 되더라도 절대로 나를 자랑하지 말고 교만하지 말아야지'라고 생각했는데, 어느 날 기도하다 보니 불현듯 자랑과 교만에 빠진 자신의 모습을 깨닫게 된다.

그런데 기도할 때 자신의 영적 상태를 알게 되는 것이 중요하다. 무릎으로 사는 자의 진정한 복이 바로 이것이다. 나를 바라보고 계신 그분을 느끼면 교만함을 돌이켜서 겸손해질 수밖에 없다. 나의 죄인 됨이 보이고, 그분이 하신 일들이 분명히 보이기 때문이다. 나를 자랑했던 입술이 부끄러워진다. 사도 바울처럼 그리스도 외에는 자랑할 것이 없다.

하지만 기도를 쉬면 100퍼센트 죄성을 가진 존재답게 반드시 영적 교만의 죄악에 빠지게 된다. 하나님과 동행하는 복도 누릴 수 없다. 목이 곧은 백성을 향해 "나는 너희와 함께 올라가지 아니하리니"출 33:3 하셨던 하나님의 말씀을 기억해야 한다. 히스기야 왕이나 웃시야 왕이 영적으로 교만해졌기 때문에 하나님의 복이 떠나간 사실을 잊지 말아야 한다.

그래서 나는 교인들에게 영적인 리듬을 잃지 말라고 자주 말한다. 기도 응답을 받으면 대부분의 사람들은 간절함이 식어버린 탓에 태도가 달라진다. 전에는 맨발로 뛰어나오는 것과 같은 간절함으로 기도의 자리에 나와 말씀을 들었다면, 응답받은 후에는 맨 뒷자리에서 팔짱 끼고 앉아 말씀을 듣는다. 그러다 차츰 새벽기도회도 빠지고, 금요기도회나 수요예배도 나올 생각을 하지 않는다. 하나님을 의식하며 사는 시간이 점점 줄어든다. 내 위에 계신 분, 내 삶의 주인 되시는 그분을 모시며 살던 모습이 온 데 간 데 없이 사라지고 만다.

이와 달리 응답받은 후에도 영적인 리듬을 잃지 않으면 곁길로 빠지지 않는다. 하나님의 말씀이 내 발에 등이요 내 길에 빛이 되기 때문이다. 기도의 자리에서 야베스처럼 더 넓은 지경을 향해 나아가기 때문이다.

보지도, 듣지도, 말하지도 못했던 헬렌 켈러를 가르쳤던 설리번 선생은 헬렌 켈러에게 늘 다음과 같이 되풀이해서 말했다고 한다.

"시작하는 것과 실패하는 것을 계속하라."

신앙은 경주다. 우리의 신앙은 달리지 않으면 넘어지는 자전거와 같다. 그래서 결코 안주하면 안 된다. 끊임없이 도전하고 끊임없이 달려야 한다. 심지어 응답받았을 때도 기도하기를 쉬어서는 안 된다. 기도는 곧 관계 아닌가? 응답해주셨다고 해서 그분과의 관계를 멈추면 우리는 곧바로 넘어질 수밖에 없다. 그동안 받은 모든 것을 잃어버릴 수도 있다.

우리의 기도 여정에서 궁극적인 목표는 기도의 응답이 아니다. 기도 응답을 받은 후에도 여전히 주님을 영화롭게 하며 그분을 영원토록 기뻐하는 것이다. 혹시 응답해주신 선물에 도취되어 안일함이나 교만에 빠져 있지는 않은지 돌아봐야 한다.

위에 계신 하나님을 바라보기 바란다. 끝까지 그분을 바라보며 겸손히 기도드리는 사람에게 하나님께서는 모든 응답을 내려주실 것이다.

골방으로 가는 길

01

기도 응답을 받은 후 '하나님의 은혜와 능력'에 집중하기보다 '응답받은 나 자신'에게 집중한 일이 있는가? 이후 어떤 일이 있었는지 돌아보고, 나를 자랑하는 것이 왜 죄악인지 고백해보자.

02

응답받은 후 따라오게 될 영적인 나태함을 물리치려면 내 삶을 붙들어주는 영적인 리듬이 있어야 한다. 나를 지켜주고 나를 살려주는 영적인 리듬은 무엇인가? 그 리듬을 잃지 않기 위해 할 수 있는 일을 찾아보자.

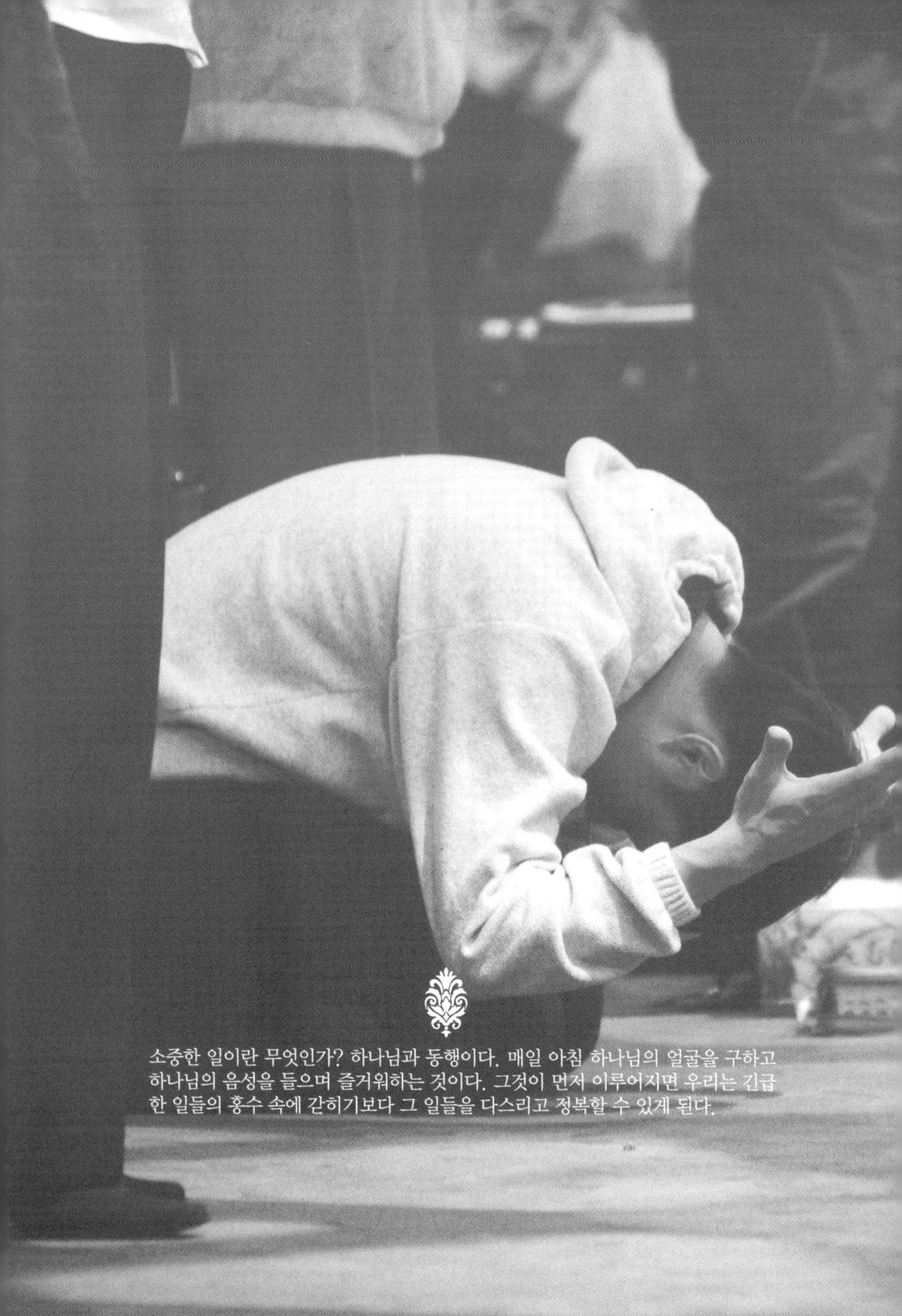

소중한 일이란 무엇인가? 하나님과 동행이다. 매일 아침 하나님의 얼굴을 구하고 하나님의 음성을 들으며 즐거워하는 것이다. 그것이 먼저 이루어지면 우리는 긴급한 일들의 홍수 속에 갇히기보다 그 일들을 다스리고 정복할 수 있게 된다.

02 Week

어떻게 기도할 것인가?

—

주는 우리와 동행하소서

08 DAY

기도로
인생의 터닝포인트를
맞아라

기도가 동행이다

성경에서 어떤 인물을 만나면 그 인물에 대한 표현도 함께 만난다. '다윗' 하면 하나님 마음에 합한 자, '모세' 하면 하나님과 얼굴을 대면하여 이야기한 자, '요한' 하면 사랑의 사도, '예레미야' 하면 눈물의 선지자 등등…. 인생을 다 살고 나면 그의 인생을 대변해주는 표현이 남는다는 것을 성경은 보여주고 있다.

그렇다면 우리 인생은 과연 어떤 문장으로 남게 될까? '기도'에 관한 책을 써서 그런지 나는 유독 에녹에 대한 성경의 표현에 눈이 간다. 어떻게 해야 우리 인생도 그런 수식어를 받을 수 있는지 궁금해진다.

성경은 에녹을 '하나님과 동행한 자'라 표현한다. "므두셀라를 낳은 후 삼백 년을 하나님과 동행하며 자녀들을 낳았으며"창 5:22라고 말하고 있다. 하나님과의 동행…. 즉, 하나님의 뜻에 합하게 살았으며 하나님을 즐거워했다는 말이다. 뜻이 같지 않고 서로를 기뻐하지 않으면 함께 길을 떠날 수가 없다. 삼백 년 동안 동행할 수 없다.

에녹은 므두셀라를 낳은 후 하나님과 같은 뜻을 품고 인생을 살았다. 하나님의 뜻을 알기 위해 하나님께 끝없이 물었고, 하나님께 항상 순종했으며, 여호와 하나님을 항상 즐거워했다. "주님이라면 어느 쪽으로 가시겠습니까?", "주님이 선택하시는 기준은 무엇입니까?", "주님, 저는 주님 때문에 행복합니다"라고 묻거나 고백한 것이다. 하나님께 기도하는 삶, 하나님과 친밀히 지내는 삶을 삼백 년간 계속했으며, 성경은 이를 가리켜 '동행'이라 표현하고 있다.

에녹은 언제부터 그런 삶을 살게 되었을까? 성경은 "므두셀라를 낳은 후", "하나님과 동행하며 자녀들을 낳았으며"라는 표현을 통해 이 물음에 대해 답한다. 그는 므두셀라를 낳은 이후부터 하나님과 동행했는데, 부부생활도 하고 일상생활도 충실히 하면서 하나님과 동행했다. 즉, 므두셀라를 낳은 것이 인생의 터닝 포인트가 되었다는 말이다.

실제로 에녹이 살았던 시대는 매우 악했다. '죄악이 세상에 관영할' 무렵, 에녹은 하나님과 동행하며 삶을 헤쳐나갔다. 오직 기도함으로써 험한 세상을 살았다. 오늘 우리의 처지와 너무 비슷하지 않은가? 진로 문제가 있고 자녀 문제가 있으며 인간관계 문제가 있는 우리와 같은 처지…. 이와 같은 때도 하나님과 친밀히 관계를 누리며 살아갈 수 있음을 에녹은 보여주고 있다.

그래서 우리는 소망하게 된다. 세상을 살고 난 이후, 에녹처럼 우리의 묘비에 "○○ 이후로 하나님과 동행하며 ○○년을 살았더라" 하는 표현이 새겨질 수 있기를.

당신의 므두셀라를 인생의 터닝 포인트로 삼아라

사람들은 특정 사건 앞에서 보통 두 가지의 다른 반응을 보인다. 어떤 사람은 가난 때문에 공부를 그만두지만 어떤 사람은 공부를 시작한다. 어떤 사람은 결혼해서 방황을 그치지만 어떤 사람은 방황을 시작한다. 어떤 사람은 위대한 사람을 보면 도전을 받지만 어떤 사람은 오히려 주눅이 든다.

목회 현장에서도 마찬가지다. 뜻밖의 어려운 소식을 들을 때 어떤 사람은 기도를 시작하지만 어떤 사람은 기도를 멈춘다. 시련이 어떤 이에게는 복으로 가는 터닝 포인트가 되는 반면, 어떤 이에게는 절망으로 가는 터닝 포인트가 된다.

에녹은 므두셀라를 낳은 후부터 기도하는 삶을 살았다. 하나님의 뜻을 구했고, 하나님과의 동행을 선택했다.

'므두셀라'라는 말은 '하나님의 심판'과 관련된 이름이다. 즉, "그 아이가 죽으면 홍수를 보내어 세상을 심판하겠다"라는 메시지가 이름 안에 담겨 있다. 아마도 에녹은 아이를 낳고 하나님으로부터 그와 같은 계시를 받은 듯하다. 성경에 직접 언급되지는 않았지만 연대를 계산해보면 므두셀라가 죽은 시점과 노아의 홍수가 시작된 시점이 같다는 것을 알 수 있다. 므두셀라라는 이름의 뜻이 그대로 응한 것이다.

에녹은 므두셀라를 낳은 후 인생에는 반드시 끝이 있고 하나님의 심판이 있음을 알았다. 이 얼마나 두려운 일인가? 어떻게 보면 기도하던 두 손을 내릴 수 있는 상황이었다. 자연재해가 닥칠 때마다 하나님의 심판으로 알고 엎드려 기도하기보다 온갖 약탈과 방화를 일삼는 사람들을 얼마나 많이 보게 되는가.

그러나 에녹은 그와 같은 두려움 앞에서 히스기야처럼 "내 대代에는 심판이 없으니 그 얼마나 좋은가"라고 고백하며 안이하게 살지 않았다. 므두셀라를 자기 인생의 영적 터닝 포인트로 삼고, 하나님의 품에 안기기까지 하나님의 뜻대로 사는 쪽을 택했다. 그 결과 에녹은 하나님의 큰 은혜를 받았다. 죽음을 보지 않고 하나님께로 갔으며, 그의 아들 므두셀라는 가장 장수한 사람이 되었고, 그의 후손 노아는 홍수 심판 속에서도 하나님의 은혜를 받은 자가 되었다. 자자손손 하나님의 복이 그의 가문에 임한 것이다.

우리에게도 이 같은 태도가 필요하다. 우리 앞에 두려운 일, 힘든 일, 버거운 일이 찾아오면 그것을 인생의 터닝 포인트로 삼고 하나님과 동행하는 것이다. 그럴 때 하나님께서는 기뻐하시며 많은 은혜를 내려주신다.

아내의 기도

아내와 기도에 관한 대화를 나누는 가운데 아내가 이런 이야기를 들려주었다. 자기 인생의 므두셀라 앞에서 하나님과 동행할 것을 선택했더니, 하나님께서 무한하신 은혜를 내려주셨다는 것이다.

나는 전도사 시절에 아내를 만났다. 대학생 때 성경공부를 통해 예수님을 처음 믿게 된 아내는 직장생활을 하며 교회에 다니던 중 나를 만나 결혼했다. 교편생활을 하시는 부모님 밑에서 곱게 자라 교사가 된 아내였기에 개척 교회가 어떤 곳인지, 사모의 역할은 무엇인지, 가난의 고통은 어느 정도인지 아내는 전혀 알지 못했다. 교회 한 켠에 임시로 만든 방에서 메케한 합판 냄새를 맡으며 지내야 했으니 그 마음이 얼마나 황망했으랴.

당시 아내는 고등학교 교사로 근무했지만 월급날이 되어도 돈을 손에 쥐어보지 못했다. 교회 전세금을 마련하기 위해 동료 교사에게 빌린 돈과 교사 자격으로 은행에서 대출받은 돈의 원금과 이자를 갚아야 했기 때문이다. 그래서 우리는 보너스를 타는 달 외에는 늘 생계의 위협을 느껴야 했다. 어떤 날은 아이 분유 살 돈이 없어 애를 태우기도 했고, 어떤 날은 학교에 출근할 버스 토큰이 없어 발을 동동거리기도 했다.

남에게 아쉬운 소리를 하기 싫어하는 성격의 아내가 힘겨워한 일은 또 있었다. 주일 낮 예배가 끝나면 아내는 국수를 끓여 성도들에게 식사 대접을 했는데, 생계조차 어려웠던 때라 토요일마다 옆자리 선생님에게서 5천 원을 빌려 주일 점심을 준비해야 했던 것이다. 그리고 주일에 헌금이 들어오면 월요일에 그 돈을 갚곤 했다. 차라리 굶으면 굶었지, 절대로 남의 돈을 빌려서 쓰는 법이 없던 아내는 교인들에게 식사 대접을 해야 하는 사모가 된 후, 토요일이 돌아오는 게 부담스럽지 않을 수 없었다.

게다가 목회자를 남편으로 둔 아내는 자녀 양육의 책임도 온전히 떠안아야 했다. 나는 개척 교회 목사인지라 새벽기도, 수요예배, 금요철야, 성경공부, 주일예배를 홀로 감당할 수밖에 없었기 때문에 설교 준비만으로도 벅차 가정을 돌볼 여력이 없었다. 집에 돌아오면 너무 피곤해서 쓰러져 눕기 일쑤였다.

그런 남편을 뒤로하고 한번은 아내가 퇴근 후 집사님 댁에 맡겼던 아이들을 찾으러 갔는데, 둘째 아이를 등에 업고 아직 어리기만 한 첫째 아이를 손에 잡고 있다 보니, 비 오는 날이었는데도 우산을 들 수 없었나 보다. 집으로 돌아오며 하염없이 눈물을 쏟았던 그날을 아내는 한동안 잊지 못했다.

아내는 목회자 남편을 둔 사람답게 설교에 대한 부담도 간접적으로 늘 느끼고 있었다. 그래서 내가 설교할 때마다 마음 편히 말씀을 받지 못하고 함께 긴장하곤 했다. 정말 아내에게는 모든 것이 긴장의 연속이고 힘겨운 시절이었다.

그러나 중요한 것은, 어느 날부터인가 삶의 힘겨움을 기도할 제목으로 삼았다는 사실이다. 모든 게 힘겨움으로 다가와 자신을 짓누르자 금요철야가 끝난 어느 날, 아내는 문득 남편을 위해 중보기도하는 사람이 될 것을 결심했다고 한다. 형식적인 기도나 형식적인 하나님과의 동행이 아니라, 온전한 기도, 온전한 동행의 삶을 살기로 결단한 것이다. 그날 밤, 아내는 금요철야가 끝난 이후에도 한참 동안 개인기도를 한 후 집으로 돌아왔다. 아내는 이렇게 고백했다.

"그날 이후로 내가 얼마나 행복해졌는지 몰라요. 그때부터는 당신 설교 듣는 게 너무나 편안하고 은혜가 되더라고요. 기도하는 삶의 기쁨을 그때부터 안 것 같아요. 너무나 힘겨웠던 그 시절이 도리어 은혜였다니까요."

아내는 감당하기에 벅차기만 한 상황을 인생의 터닝 포인트로 삼았다.

'이제 정말 기도하는 사람이 되리라. 하나님의 능력이 흘러가는

통로가 되리라. 하나님과 동행하리라.'

실제로 아내는 내가 걱정거리를 말하거나 아이들에게 중요한 일이 생기면 기도실로 향했다. 내가 설교 준비를 할 때도 기도실로 향했고, 믿지 않는 처가 쪽 식구들과 친지들을 안타까워하며 기도실로 향했다. 그리고 하나님께서는 기도의 열매를 보게 하셨다. 몇 년 뒤 처가 쪽 식구들뿐 아니라 많은 친척들이 예수님을 믿게 되었고, 남편인 나는 주의 종 된 사명을 잘 감당하게 되었으며, 아이들 역시 믿음의 사람으로 성장하게 되었다.

인생의 터닝 포인트. 그것은 내가 감나무 밑에 누워 있을 때 저절로 입으로 떨어져 들어오는 게 아니다. 내가 어려움을 겪는 이때, 내가 너무도 큰 부담을 느끼는 이때, 하나님과 동행하며 살기로 결단하면 그때가 바로 인생의 터닝 포인트가 된다. 기도하며 살 것을 결심하고 그분을 내 삶의 주인으로 섬기며 함께 걸어갈 것을 결단하면, 지금이 바로 인생의 터닝 포인트가 되는 것이다.

하나님과 동행하기 위한 전열의 재정비

하나님과 동행하려면 반드시 기도 시간을 마련해야 한다. 애인과 동행하기 위해 데이트하는 시간이 필수이듯, 함께 마주 앉아 대화하는 기도의 시간이 없다면 하나님과 온전한 동행을 할 수 없다. 기도 시간은 하나님께 온전히 집중하는 시간이다. 다른 모든 상황과 생각을 내려놓고 하나님과 데이트하듯 그분의 손을 잡고 인생의 정원을 거니는 시간이다.

그러나 우리는 어느 때보다 분주한 시대를 살아가고 있다. 청년 실업자들 역시 진로 준비로 얼마나 바쁜 나날을 보내는지 모른다. 주부들은 아이들을 돌보고 살림하느라 바쁘다. 새벽같이 출근해서 밤늦게 들어오는 남편들의 직장생활도 만만치 않다. 더구나 지금은 직장에서 밀려나지 않기 위해 끊임없이 자기계발을 해야 살아남을 수 있다. 남녀노소를 막론하고 인간관계 속에서 풀어야 할 숙제는 얼마나 많은가.

이런 수많은 일정과 일과의 홍수 속에 살다 보면 주님과 데이트하는 시간을 낸다는 것이 불가능하게 보인다. 자녀들과 놀아줄 시간도 없어서 쩔쩔매는데 어떻게 그분과 정원을 거닐 수 있겠느냐고 생각한다. 그나마 공公예배에 나가서 잠깐이라도 기도하는 게 어디냐고 말하는 사람도 있다.

이에 대해 찰스 험멜Charles E. Hummel은 《늘 급한 일로 쫓기는 삶》IVP 刊이라는 책에서 "하루 30시간이 있어도 우리 삶에 끝내지 못하는 일들이 계속 쌓이게 될 것"이라고 말한다. 폭군처럼 밀려오는 긴급한 일에 맞춰 하루를 살다 보면 우리의 삶은 영적으로 죽을 수밖에 없다는 것이다.

그는 스티븐 코비의 책에서 권하는 대로 '긴급한 일보다 소중한 일을 먼저' 하는 것이 필요하다고 역설한다. 아무리 열심히 대처한다 해도 긴급한 일들은 계속해서 쏟아질 것이고, 어차피 우리에게는 그 일들을 다 할 수 있는 능력이 없다는 것이다. 소중한 일들을 먼저 함으로써 긴급한 일들도 다스려질 수 있음을 이 책은 전하고 있다.

그렇다면 소중한 일이란 무엇인가? 바로 하나님과 동행하는 것이다. 매일 아침 하나님의 얼굴을 구하고 하나님의 음성을 들으며 즐거워하는 것이다. 그것이 선행되면 우리는 긴급한 일들의 홍수에 떠밀리기보다 그 일들을 다스리고 정복할 수 있게 된다.

어떤 이들은 주님을 위해 열심히 일하는 것이 하나님과의 동행이라고 생각한다. 물론 주님을 위해 열심을 다해 일하는 것은 매우 아름다운 일이다. 그러나 그 일이 이루어지려면 매일같이 먼저 주님의 음성을 듣고 그분과 친밀한 사귐을 가져야 한다. 그런 사귐이 없이 신앙적인 열심만 있으면 우리는 예수님을 죽인 종교 지도자들처럼 변할 수 있다.

그래서 유진 피터슨Eugene H. Peterson은 "목사들이 분주함으로 일하는 것은 헌신의 표시가 아니라 배신의 표시다"라고 말했다. 기도할 수 없을 만큼 바쁘고, 예배할 수 없을 만큼 바쁘며, 묵상할 수 없을 만큼 바쁘다면 하나님을 배신하게 된다는 뜻이다.

열심과 열정은 아름다운 일이지만 그보다 우선되어야 할 것은 하나님의 뜻을 아는 일이다. 그것이 바로 그분의 뜻에 순종하는 일이며 그분의 능력을 받는 일이다.

이를 위해 우리는 삶의 모든 우선순위를 새롭게 정해야 한다. 영적인 전열을 재정비해야 한다. 당장 해치워야 할 일들이 산더미처럼 쌓여 있을수록 기도하는 시간을 마련해야 살 수 있다. 그게 먼저 이루어지지 않으면 우리는 패배하는 전투를 할 수밖에 없다.

나는 아버지, 어머니의 삶에서 영적인 우선순위가 무엇인지를 보고 배웠다. 30대에 예수님을 영접하신 아버지는 교회가 없던 마을에 교회를 세워 장로로 섬기셨다. 아버지가 가장 중요하게 여기신 것은 새벽기도와 새벽종 치는 일이었다. 어머니 또한 마찬가지셨다. 8남매 뒤치다꺼리와 고단한 농사일만 해도 두 손이 모자랄 지경이셨지만 어머니는 교회 청소하는 일과 교역자 섬기는 일을 정성을 다해 감당하셨다.

두 분에게 있어 이 두 가지 일은 추우나 더우나 몸이 아프거나 건강할 때를 막론하고 목숨처럼 지켜야 하는 것이었다. 특히 아버지는 그때부터 돌아가시기 전까지 나를 위한 기도를 하루에 세 시간씩 하곤 하셨다. 아버지의 기도는 자녀교육에서 가장 우선이었고 가정과 교회 사역의 원칙이셨다. 아무리 바빠도, 아무리 급한 일이 닥쳐도 아버지는 기도 시간을 모든 삶의 중심에 두셨다. 지금 돌아보면 아버지는 기도 가운데 하나님과 만났고 하나님을 의지했으며 영적 전쟁과 같은 인생길에서 승리할 수 있는 전략을 찾으셨던 것 같다. 기도하고 나오시는 아버지의 평안하고 밝았던 얼굴을 지금도 잊을 수가 없다.

아버지, 어머니를 생각하면 어떻게 기도 시간을 날마다 지키셨는지 놀라울 따름이다. 아버지, 어머니라고 해서 긴급한 일들의 횡포가 없었겠는가. 고단하고 힘든 여정 속에서 곁길로 새고 싶은 유혹거리가 없었겠는가.

나는 두 분을 통해 영적인 전열을 재정비한다는 것은 가장 소중한 시간을 지키기 위해 다른 시간을 최대한 단순하게 정리하는 것임을 깨닫는다. 두 분은 새벽기도를 위해 일찍 주무시고, 생계를 위해 열심히 노동하시는 것 외에는 다른 어떤 것에 집착하시거나 관심을 두시지 않았다.

우리에게도 생활의 재정비가 필요하다. 기도 시간을 지키기 위해 불필요한 일들을 가지치기하는 것이다.

성경은 하나님과 동행하는 시간을 먼저 마련할 것을 말씀하고 있다. 영적 전투와 같은 인생길에서 하나님 앞에 나가는 시간이 없다면 우리는 결코 또 다른 싸움에서 승리할 수 없기 때문이다. 이스라엘 백성이 가나안 주민과 전쟁을 치를 때의 일을 보자. 당시 이스라엘이 싸움에서 승리했을 때 하나님께서는 승전지에 머무르지 말고 길갈로 돌아와 전열을 정비하도록 하셨다. 싸움에서 승리했으면 그 기세를 몰아 또 다른 전투 현장으로 진군해야 하는 게 상책인데, 왜 하나님께서는 길갈로 돌아오도록 하셨을까?

그곳에는 은혜의 기념비가 있었기 때문이다. 이스라엘 백성이 광야를 지나 요단 강을 건널 때, 요단 강 한복판에서 들고 온 열두

개의 돌을 가지고 세운 기념비가 있었던 것이다. 하나님께서는 전쟁을 치른 이스라엘에게, 하나님의 능력과 인도하심으로 요단 강을 건넜음을 말해주는 그 기념비 앞으로 돌아오게 하셨다. 그곳에서 하나님의 백성이라는 정체성을 확인하고, 그들을 애굽에서 이끄신 하나님의 은혜와 능력을 되새기게 하기 위함이셨다. 놀라운 재충전의 은혜를 받게 하기 위함이셨던 것이다.

치열한 영적 전투의 현장에서 살아가는 우리에게도 이와 같은 시간이 필요하다. 하나님의 능력이 어떠하며 우리를 향한 그분의 은혜가 무엇인지를 날마다 기도의 자리에서 체험해야 한다. 그분의 손을 잡고 그분의 사랑에 젖어야 한다.

그러기 위해서 필요한 것이 전열 정비다. 내 삶이 어디서부터 무너졌는지, 내가 실패하고 있는 부분은 무엇이며, 왜 나는 이토록 무기력하게 살아가는지 점검하는 것이다. 좁게는 하루의 시간을 점검하고, 넓게는 한 달 그리고 한 해의 시간을 점검해야 한다. 성령의 능력을 힘입기보다 내 힘으로 하려다 넘어지지 않았는지, 혹시 너무나 바쁘다고 말하면서도 게으름의 습관을 떨쳐버리지 못해서 쫓기듯 사는 것은 아닌지 점검하는 것이 필요하다. 가장 소중한 시간, 꼭 필요한 시간, 덜 중요한 일들, 하지 않아도 되는 일들을 분류해봐야 한다.

그래서 하나님과의 동행을 가로막는 요소를 제거하고 하나님과의 친밀한 데이트를 먼저 시작할 수 있어야 한다. 그러면 우리 인생은 분명히 달라질 것이다. 그때부터 우리는 하나님과 행복한 동행을 시작할 수 있다.

골방으로
가는 길

01

성경은 에녹의 인생을 '하나님과 동행한 삶'이라는 표현으로 축약한다. 내 인생은 어떠한 표현으로 정리되기를 원하며 그 이유는 무엇인지 고백해보자.

02

하나님과 동행하기 위해서는 영적인 전열을 재정비해야 한다. 영적인 우선순위를 기록해보고, 하나님과의 소중한 시간을 마련하기 위해 내가 포기해야 하는 일과 새롭게 시작해야 하는 일은 무엇인지 정한 후 하나님 앞에 결단하는 시간을 갖자.

09
DAY

눈물로 시작해
웃음으로 골인하라

우는 자가 복이 있다

영적인 전열을 재정비하여 하나님과 동행하기 시작할 때 일반적으로 나타나는 첫 번째 증상이 있다. 눈물이다. 아이러니하게도 하나님과 '행복한 동행'을 시작한다고 말하면서 우리는 눈물을 흘린다. 하나님의 독생자이신 예수님도 이 땅에 오신 후 많은 눈물을 흘리셨다. '피'와 '땀'과 '눈물'이라는 세 가지 가장 고귀한 액체를 흘리며 기도하셨다. 그래서일까. 예수님은 울고 있는 우리를 향해 "지금 우는 자는 복이 있나니 너희가 웃을 것임이요"^{눅 6:21} 라고 말씀하신다. 얼마나 역설적인가. 세상 사람들은 먹고 마시며 인생을 즐기는 자가 복이 있다고 하는데, 왜 예수님은 우는 자가 복이 있다고 말씀하실까?

세상은 슬픔이나 애통을 비극으로 생각한다. 눈물 흘리는 것을 나약함이나 수치로 여기기도 한다. 특히 남자가 흘리는 눈물은 핀잔거리나 조롱거리가 될 때도 있다. 물론 세상에는 많은 종류의 눈물이 있다. 억울해서 흘리는 눈물, 자기 욕망이 좌절되어 흘리는 눈물, 남보다 좋은 것을 갖지 못해서 흘리는 눈물 그리고 바리새인처럼 다른 사람을 의식하여 흘리는 위선과 가식의 눈물….

그러나 예수님이 복이 있다고 하신 눈물은 이런 종류의 눈물이 아니다. 그와는 전혀 다른 의미의 눈물을 흘리는 자에게 예수님은 복이 있다 하시며 장차 웃게 될 것이라 말씀하셨다.

밤마다 침상을 적시나이다

그렇다면 복 있는 눈물, 하나님과 동행하는 사람이 흘려야 하는 눈물, 하나님과 동행하지 않을 때는 결코 경험할 수 없는 눈물은 어떤 눈물일까? 바로 회개의 눈물이다. 하나님과 함께 걷기 시작할 때, 거의 모든 사람에게서 나오는 첫 반응은 회개의 눈물이라 할 수 있다.

아마 에녹도 그렇게 울며 동행하기 시작했을 것이다. 머지않아 하나님의 심판이 이르면 우리는 발가벗은 채 그분 앞에 서야 한다. 에녹은 이 사실 앞에서 자신의 죄인 된 모습을 먼저 자각했을 것이다. 하나님께서 이 세상을 심판하실 수밖에 없을 정도로 죄악이 관영했다면, 그런 세상이 오지 않도록 하나의 밀알이 되지 못한 에녹 자신의 책임도 통감했을 것이고, 세상의 구습을 좇아 살았던 자신의 죄악 됨에 부끄러움을 느꼈을 것이다.

예루살렘 성의 멸망 소식에 느헤미야가 맨 처음 반응했던 모습을 보자. 그는 "나와 내 아비의 집이 죄악을 저질렀나이다"라고 고백했다. 하나님의 사람은 이처럼 그분 앞에 서면 부족한 자신의 모습을 보게 된다. 하나님은 거룩하신 분이며 나는 죄인이기 때문이다. 상반된 성격의 부부가 동행하는 삶을 살 때 서로의 거울이 되어 자신을 보게 되는 것처럼, 우리는 거룩하신 하나님과의 동행에서 온갖 오물을 뒤집어쓴 자신의 모습을 선명히 보게 된다. 전에는 죄인 줄도 모르고 행했던 일들이 죄였다는 사실을 깨닫기도 한다. 온갖 거짓과 음란과 사욕과 정욕과 탐심과 우상 숭배와 수군거림과 후욕으로 가득한 내 모습을 인정하지 않을 수 없는 것이다.

우리가 아는 다윗 왕은 이 사실을 잘 보여준다. 그는 '하나님 마음에 합한 자'로 살았던 인물이다. 그러던 그가 정욕을 이기지 못하고 우리야의 아내 밧세바를 취하는 죄를 저지르고 말았다. 이 일을 두고 나단 선지자는 심하게 책망했는데, 중요한 것은 다윗이 그 말을 듣고 곧바로 자신의 죄악을 깨달아 밤마다 눈물로 침상을 적시며 회개했다는 사실이다.

만약 다윗이 하나님과 동행하지 않았다면 그토록 애통해하며 울 필요가 없었다. 수많은 후궁을 거느렸던 역대 왕들의 전례를 들먹이며 "뭘 그런 걸 가지고 그러냐?"라고 양심에 화인 맞은 소리를 할 수도 있었다. 그러나 다윗은 하나님과 동행하는 사람이었으므로 자신의 죄악에 대해 애통할 줄 알았다. 그는 눈물을 흘리며 "무릇 나는 내 죄과를 아오니 내 죄가 항상 내 앞에 있나이다"시 51:3라고 고백했다.

예수님의 수제자 베드로도 닭 울음소리를 듣고 자신의 죄악 때문에 심히 울어야 했다. 바울 역시 "내가 죄인 중의 괴수다"라고 공개적으로 고백하며 울었던 사람이다.

이사야 선지자도 마찬가지다. 웃시야 왕이 죽던 해에 하나님의 성전에서 영광을 목도한 그는 하나님의 거룩하심 앞에서 자신의 추함과 더러움을 고백했다.

> "화로다 나여 망하게 되었도다 나는 입술이 부정한 사람이요 나는 입술이 부정한 백성 중에 거주하면서 만군의 여호와이신 왕을 뵈었음이로다"사 6:5.

우리는 하나님 앞에서 모두 죄인이다. 의인은 없나니 하나도 없다롬 3:10. 스펄전 목사의 표현대로 "마른 눈으로는 천국에 들어갈 수 없는" 사람들이 바로 우리다. 죄에 대한 애통함의 눈물이 없다면 속죄의 필요성도 깨달을 수 없고, 예수 그리스도가 구주 되시는 은혜도 누릴 수 없는 자가 우리다.

그래서 예수님은 "의인을 부르러 온 것이 아니요 죄인을 부르러 왔노라"마 9:13고 말씀하셨다. 이는 100퍼센트 죄인임을 고백할 수 있는 사람을 찾으러 오셨다는 뜻이다. 내 죄 때문에 애통의 눈물을 흘리는 사람에게 예수님이 부어주시는 속죄의 은혜가 임한다는 뜻이다.

하지만 우리가 하나님과 동행하지 못하면 예수님 당시의 서기관과 바리새인들처럼 죄에 대한 애통함을 잃어버리고 만다. 자기 자신은 보지 못한 채 다른 사람들을 정죄하는 사람으로 변하게 된다.

> "바리새인은 서서 따로 기도하여 이르되 하나님이여 나는 다른 사람들 곧 토색, 불의, 간음을 하는 자들과 같지 아니하고 이 세리와도 같지 아니함을 감사하나이다 나는 이레에 두 번씩 금식하고 또 소득의 십일조를 드리나이다"눅 18:11, 12.

예수님 당시에 드렸던 바리새인의 기도를 보자. 분명 "기도하여 이르되"라고 표현하고 있지만 그들은 신앙의 자아도취에 빠져서 당연히 해야 하는 일들도 자기 자랑거리로 여기고 있다. 하나님의 은혜로 감당할 수 있었던 일을 자신의 공로로 돌리고 있다. 구원이 전적인 하나님의 은혜로 주어졌다는 사실을 망각한 채, 자신에게 구원의 자격이 있는 양 말하며, 은근히 다른 사람들의 죄를 들춰내는 재미에 빠져 있는 것이다.

이는 기도가 무엇인지를 모르는 자의 태도다. 하나님 앞에서 항복하는 것이 기도 아닌가. 그런데 바리새인은 기도한다고 하면서 오히려 교만한 태도를 보인다. 자기 위에 계신 하나님을 의식하고 있다고 할 수 없다.

우리가 기도한다고 하면서 이런 모습을 보인다면, 누워서 침을 뱉는 것과 다를 바 없다. 진정으로 하나님을 만난 사람들은 매우 겸손하다. 다른 사람을 정죄하거나 그와 비교하면서 자신의 우월함을 내세우려고 하지 않는다. 자신이야말로 일만 달란트 빚진 자임을 알기 때문이다.

세리의 기도는 이 사실을 보여준다. 세리는 바리새인들과 달리 자신의 죄인 됨을 고백하는 기도를 하고 있다. 자신이야말로 감히 하나님 앞에 설 수 없는, 심각한 죄인임을 알고 있었다는 말이다.

"세리는 멀리 서서 감히 눈을 들어 하늘을 쳐다보지도 못하고 다만 가슴을 치며 이르되 하나님이여 불쌍히 여기소서 나는 죄인이로소이다 하였느니라"눅 18:13.

이와 같이 극명하게 대비되는 두 사람의 기도에 대해 예수님은 어떻게 평하시는가?

> "내가 너희에게 이르노니 이에 저 바리새인이 아니고 이 사람이 의롭다 하심을 받고 그의 집으로 내려갔느니라 무릇 자기를 높이는 자는 낮아지고 자기를 낮추는 자는 높아지리라 하시니라"눅 18:14.

예수님은 차마 부끄러워 고개조차 들지 못한 세리를 바리새인보다 더 의롭다고 하셨다. 바리새인보다 더 높여주시며 그들이 하나님 나라에 먼저 들어갈 것이라고 말씀하셨다. 여기서 우리는 회개의 눈물을 하나님께서 귀하게 보신다는 것을 알 수 있다. "하나님 아버지…"라고 부른 뒤 더 이상 말을 잇지 못해도 하나님께서는 그 눈물에 담긴 기도를 귀하게 듣고 계시는 것이다.

그래서 우리의 가슴에서는 눈물이 메마르면 안 된다. 나의 욕망을 채우지 못해서 흘리는 눈물이 아니라 내 죄에 대한 애통의 눈물을 항상 간직하고 있어야 한다. 그때 우리의 기도는 하나님께 상달될 수 있다. 하나님께서 내 눈의 눈물을 닦아주시며 새로운 삶을 허락해주신다.

해마다 '다니엘 세이레 기도회'를 열어보면 이 사실을 확인할 수 있다. 응답 받은 사람들의 간증을 통해 몇 가지 공통점을 확인할 수 있는데, 그중 한 가지가 바로 '회개기도'다. 그들은 자신의 죄악을 놓고 울 수밖에 없었음을 한결같이 고백한다. 그리고 하나님께서는 어떤 식으로든 그 눈물을 닦아주셨음을 증언한다. 죄를 자백하며 울었을 뿐인데, 하나님께서는 기쁨의 열매, 응답의 열매까지 안겨주시는 것이다. 하늘 문이 열리는 은혜가 어떤 사람에게 임하는지, 매년 성도들의 간증 속에서 확인하곤 한다.

역전의 눈물

죄는 하나님으로부터 인간을 격리시킨 주범이다. 본래 함께 지내던 하나님과 우리 사이에 죄가 들어옴으로써 하나님과 우리는 결코 하나가 될 수 없는 관계가 되어 버렸다. 하나님으로부터 오는 모든 선하고 좋은 것이 차단되었다. 따라서 거룩하신 하나님과 동행하기 위해서는 죄 문제를 반드시 해결해야 한다. 죄로 인해 하나님과 막혔던 담을 헐 때 우리는 하나님과 동행할 수 있다.

하지만 우리 힘으로는 이 담을 헐 수가 없다. 헐려고 하면 할수록 죄의 늪 속으로 더 빨려 들어간다. 그래서 우리는 더럽고 추하게 살았던 나의 가슴을 치며 울고, 이것을 해결할 수 없는 나의 한계를 고백하며 운다. 이처럼 운다는 것은 내 힘으로 안 된다는 고백이다. 마치 지진이 나서 홀로 건물 안에 갇힌 아이가 건물 밖에 계신 아빠를 향해 우는 것처럼 우리는 이 막힌 담으로 인해 울어야 한다.

하나님께서는 이렇게 우는 자들을 위해 예수 그리스도를 이 땅에 보내셨다. 우리 죄를 대신해 예수님을 십자가에 못 박혀 죽게 하셨고, 사망 권세를 이기어 부활하도록 하심으로써 하나님과 우리 사이에 막혔던 길을 열어주셨다. 우리는 이제 우리 죄를 대속하신 예수님을 믿기만 하면 하나님과 만날 수 있고, 하나님과 동행할 수 있게 되었다.

회개의 눈물은 그래서 필요하다. 눈물은 우리의 단단하고 강퍅한 마음을 녹여서 은혜를 흡수하도록 이끄는 힘이 있다. 은혜를 은혜답게 받도록 한다. 수분 없는 딱딱한 땅에는 씨앗이 안 들어가지만 수분을 머금은 부드러운 옥토에는 씨앗이 뿌리를 내리고 열매를 맺을 수 있는 것처럼, 눈물이 임하면 하나님과 우리 사이에 길을 내어주신 주님의 은혜를 받아 누릴 수 있다.

물론 우리 죄를 씻기는 것은 '눈물의 회개기도'가 아니다. 예수님의 십자가 보혈만이 우리 죄를 사할 수 있다. 그러나 눈물의 회개기도는 나의 죄인 됨을 애통해하지 않으면 결코 할 수 없는 기도다. 예수님의 십자가 보혈이 얼마나 값진 은혜인지 깨닫게 하는 기도이기 때문이다.

그래서 회개의 눈물을 흘리는 자에게는 감격의 눈물이 뒤따른다. 용서받은 자의 말로 다할 수 없는 감격의 은혜가 그의 삶에 강같이 흐르는 것이다.

아시시의 성(聖) 프란체스코가 거듭남을 체험한 후 길을 가면서 자주 울었던 이유도 그런 감격 때문이었다. 툭하면 우는 프란체스코에게 제자들이 왜 우느냐고 물을 때, 그는 이렇게 대답했다

"주님이 나를 구원하시려고 심한 통곡과 눈물로 간구하신 것과 주님이 나를 위해 십자가에서 죽으신 것을 생각하면 눈물이 절로 난다."

주님은 이 같은 눈물을 흘리는 자에게 역전의 은혜를 허락하셨다.

"지금 우는 자는 복이 있나니 너희가 웃을 것임이요"

눅 6:21.

여기서 웃는다는 것은 승리를 뜻한다. "최후에 웃는 자가 인생의 진정한 승리자"란 말도 있듯이 인생 최후의 승리자가 되는 것이다. 마지막 날 천국 잔치에 참여하여 주인의 즐거움에 참여하게 된다는 뜻이다. 이를 가리켜 이사야 선지자는 다음과 같이 드라마틱하게 설명하고 있다.

"여호와의 속량함을 받은 자들이 돌아오되 노래하며 시온에 이르러 그들의 머리 위에 영영한 희락을 띠고 기쁨

과 즐거움을 얻으리니 슬픔과 탄식이 사라지리로다"
사 35:10.

　세상 사람들은 가난하고 주리며 울고 애통하는 자를 '실패하고 불행한 자들'이라고 말한다. 그러나 성경은 그런 자들이야말로 영원한 기쁨을 얻게 될 '복 있는 자'라 말씀한다. 당신은 어느 쪽에 속한 사람인가? 내 죄를 애통해하며 주님의 은혜를 구하며 우는 사람인가, 아니면 먹고 마시고 즐거워하며 웃고 있는 사람인가?
　하나님 앞에서 흘리는 눈물은 결코 헛된 눈물이 아니다. 부끄러운 눈물도 아니다. 그 눈물은 당신을 살리는 눈물이요 당신의 인생을 최후 승리로 이끄는 눈물이다. 그래서 다윗은 "나의 눈물을 주의 병에 담으소서"시 56:8라는 표현까지 했다. 눈물 흘려 기도하는 내용을 결코 지나치지 말아달라는 것이다. 주의 은혜로 그 눈물이 지나가게 해달라는 뜻이다. 우리의 기도에 이런 눈물의 간구가 필요하다.
　눈물은 죄로 인해 막힌 담을 허물어달라고 하나님 앞에서 두드리는 소리와 같다. 그 소리를 듣고 주님은 반드시 달려오신다. 어린양의 피를 당신의 기도 자리에 뿌려주신다. 그러면 우리는 기쁨으로 단을 거둘 수 있다. 최후에 웃는 자가 될 수 있다.

골방으로
가는 길

01

하나님 앞에서 가장 시급히 회복해야 하는 것은 눈물의 기도다. 눈물의 기도는 회개의 기도이며, 죄인인 우리가 하나님 앞으로 나아갈 때 자연스럽게 나타나는 영적인 반응이기 때문이다. 지금 주님의 병에 담을 회개의 눈물은 무엇인가?

02

하나님 앞에서 우는 자는 다시 웃는 역전의 은혜를 경험할 수 있다. 역전하기를 원하는 내 인생의 모습은 무엇인가? 하나님께서 나의 뒤틀어진 모습을 고치신 이후에 펼쳐놓으실 그림은 어떻게 될까? 소망과 역전의 언어로 그 모습을 표현하고 선포해보자.

10 DAY

오직 기도로
비전을 이루라

회개 후에는 비전의 기도로

성경의 인물 중 눈물의 회개기도를 했던 대표적인 사람 가운데 한 명이 느헤미야였다. 그는 예루살렘 성이 무너지고 불에 탔다는 충격적인 소식을 듣자 눈물부터 흘렸다. 그것도 잠깐이 아니라 수일 동안 기도의 자리에 나아가 금식하며 회개했다.

그는 페르시아 왕의 술 맡은 관원장으로서 왕의 측근 중의 측근이었다. 당시 술 맡은 관원장은 왕을 독살할 수도 있는 자리였기에 가장 신뢰할 만한 사람이 세워졌다. 느헤미야가 얼마나 정직하고 꿋꿋한 사람이었는지를 짐작할 수 있는 대목이다. 그러나 그는 조국의 위기 앞에서 자신의 정직함을 내세워 다른 누군가를 원망하지 않았다. 예루살렘 성이 훼파된 것에 대한 자신의 책임을 통감하며 진실로 회개했다.

느헤미야가 이토록 회개하는 이유는 무엇인가? 그는 조국 이스라엘의 운명을 자신의 운명과 동일시했다. 나라에 대한 그의 주인 의식은 이스라엘의 위기 앞에서 자신의 죄를 먼저 보도록 이끌었다. 마치 어떤 집의 아들이 이웃집의 돈을 훔쳤을 때 그 죄를 자신의 죄로 받아들인 부모가 먼저 회개하고 이웃집에 가서 용서를 구하는 것과 같은 태도다.

그렇게 회개한 느헤미야는 예루살렘의 회복을 자신의 비전으로 삼고 헌신의 기도를 드린다. 자기 자신의 안일과 명예와 권세가 아니라 예루살렘의 회복이 느헤미야의 비전이 된 것이다. 느헤미야의 남다른 영성과 탁월한 영적 스케일을 엿볼 수 있는 부분이다.

> "주여 구하오니 귀를 기울이사 종의 기도와 주의 이름을 경외하기를 기뻐하는 종들의 기도를 들으시고 오늘 종이 형통하여 이 사람들 앞에서 은혜를 입게 하옵소서 하였나니 그때에 내가 왕의 술 관원이 되었느니라" 느 1:11.

그는 크고 위대하신 이스라엘의 하나님, 긍휼을 베푸시는 사랑의 하나님, 약속을 지키시는 신실한 하나님께 기도했다. 기도의 대상을 분명히 하고 그분께 아뢰었다.

"솔직히 나는 여기가 좋습니다. 그러나 하나님, 예루살렘 성벽이 재건되기를 원합니다. 이를 위해 제가 필요하다면 그 일에 쓰임 받기를 원합니다. 주께서 그 일을 위해 제게 술 관원이 되게 하신 줄 아오니, 이 사람 아닥사스다 왕 앞에서 은혜를 받게 하여주옵소서."

느헤미야의 '회개기도'는 이처럼 예루살렘 성벽 재건이라는 '비전의 기도'로 이어졌고, 그 비전을 이루기 위해 자신이 밀알이 되겠다는 '헌신의 기도'로 맺어지고 있다.

아닥사스다 왕의 최측근이자 포로 2세인 느헤미야가 1천2백 킬로미터나 떨어진 예루살렘의 성벽을 재건하는 사람이 되겠다니…. 그것은 어려운 일을 넘어서서 불가능한 일이라 하지 않을 수 없었다. 하나님의 사람 에스라도 여러 난관에 부딪쳐 중간에 포기해야 했던 일이 아닌가.

그런데 느헤미야는 이 기도제목을 가지고 끈질기게 기도하기 시작한다. 1주일도 아니고 3주일도 아니고 무려 4개월 동안 눈물로 금식하며 하나님께 기도하는 모습을 보인다. 여기서 우리는 기도 응답에는 반드시 기다리는 시간이 필요하다는 것과 끈질기게 기도해야 한다는 사실을 다시금 확인할 수 있다. 하나님을 우리 시간에 맞추려 하지 말고, 하나님의 시간에 나를 맞춰야 하는 것이다.

그렇다면 느헤미야는 4개월 동안 무슨 기도를 어떻게 했을까? 예루살렘 성벽 재건이라는 비전을 이루기 위해 그는 어떤 기도를 하고 있었을까? 느헤미야의 기도를 통해 기도가 무엇이고, 우리의 비전을 어떻게 기도로 이루어갈 수 있는지 살펴보도록 하자.

하나님께서 사람을 움직이소서

우리가 세상을 살아가면서 가장 힘들어하는 일은 무엇일까? 바로 사람의 마음을 움직이는 일일 것이다. 내가 아무리 노력하고 피땀 흘려도 누군가의 마음을 움직이는 일은 결코 내 맘대로 할 수 없다. 오죽하면 "열 길 물 속은 알아도 한 길 사람 속은 모른다"라는 속담까지 있겠는가. 한 길 사람 속을 알 수 없기에 우리는 그 마음을 움직일 힘이 없다. 그 속을 안다 해도 마음을 움직여볼 도리가 없다. 사랑하는 사람의 마음, 배우자의 마음, 자식의 마음 그리고 직장 상사의 마음을 움직일 수 없으므로 우리는 좌절하고 애통하고 절망한다.

이 사실을 안 느헤미야는 4개월 동안 금식하며 왕의 마음이 움직이기를 기도했다. 예루살렘 성을 재건하려면 페르시아 제국 아닥사스다 왕의 마음을 움직여야 한다는 것과 그 일은 하나님만이 하실 수 있다는 것을 정확히 알고 있었다. "이 사람 앞에서 은혜를 입게 하옵소서"라는 기도는 이 사실을 잘 보여준다.

하나님의 시간을 기다리며 기도하는 느헤미야였지만 그는 성실하고 충실한 신하로서 한 번도 왕 앞에서 금식하는 티를 내지 않고 자신의 일을 감당했다. 금식기도 한다고 결근하거나 업무를 태만히 보지 않은 것이다. 만약 그랬다면 느헤미야의 근심 어린 수색을 본 왕이 동정과 긍휼의 마음을 가질 수 없었을 것이다. 항상 밝고 성실하기만 했던 느헤미야이기에 그의 얼굴에 비친 수심(愁心)이 왕에게 긍휼의 마음을 갖게 했다. 왕은 느헤미야에게 물었다.

"네가 병이 없거늘 어찌하여 얼굴에 수심이 있느냐? 이는 필경 네 마음에 근심이 있기 때문인 것 같구나."

왕의 물음에 느헤미야는 "두려워"했다고 성경은 기록한다. 왜냐하면 당시 근동 지역에서는 절대 군주 앞에서 슬퍼하거나 우울한 모습을 보이는 사람은 불길하다는 이유로 추방을 당하거나 사형을 당하기도 했기 때문이다.

그러나 그는 4개월 동안 기도하고 있었기에 하나님께서 왕의 마음을 움직여주실 것을 믿으며 평소 성품대로 솔직하게 자신의 심정을 토로한다.

"왕께 대답하되 왕은 만세수를 하옵소서 내 조상들의 묘실이 있는 성읍이 이제까지 황폐하고 성문이 불탔사오니 내가 어찌 얼굴에 수심이 없사오리이까"느 2:3.

조상들의 묘가 있는 성읍이 황폐해져서 슬퍼한다는 느헤미야의 대답에 왕은 뜻밖의 반응을 보였다.

"그래? 그럼, 네가 원하는 것이 무엇이냐?"

평소 같으면 "그런 일로 해서 네가 왕 앞에서 수심을 보이느냐?"라고 했을지도 모른다. 그런데 왕은 "그래? 그럼, 내가 뭘 도와줄까? 네가 원하는 게 무엇이냐?"라고 묻고 있다.

뜻밖의 물음에 느헤미야는 4개월간 올린 기도가 응답되는 순간이라고 생각했던 것 같다. 그는 곧바로 입술을 열어 대답하지 않고 먼저 하나님을 바라본다. 느헤미야서 2장 4, 5절의 "내가 곧 하늘의 하나님께 묵도하고 왕에게 아뢰되"라는 표현을 주목해보자.

그렇게 기다리고 기다렸던 왕의 물음이었다. 그러나 그는 곧바로 자기의 소원을 아뢰지 않는다. 사람의 마음을 움직이시는 하나님께 잠시 묵도부터 드린다. 이것은 큰 소리로 통성기도 했다는 뜻이 아니다. 그는 상식을 지킬 줄 아는 사람이었고 겸허한 사람이었다. 그 자리에서 "주여!" 삼창을 외친 후 "할렐루야! 제 기도를 응답해주신 하나님, 감사합니다"라고 호들갑을 떨지도 않았다. 만일 느헤미야가 그렇게 반응했다면 예루살렘 성이 재건되기는커녕 자기 자신도 죽고 말았을 것이다.

지혜로웠던 느헤미야는 왕 앞에서 조용히 속으로 묵상기도를 했다. 화살기도를 하며 결정적인 순간에 하나님을 의뢰했다.

"주님, 제 기도에 응답해주셔서 감사합니다. 이 순간, 제가 해야 할 말을 입술에 넣어주소서. 그리하여 제가 주님께 받은 소명을 감당케 해주소서."

느헤미야가 예루살렘 성벽을 재건할 수 있었던 결정적인 이유를 여기서 찾을 수 있다. 그는 특별금식기도를 했지만 평소에도 기도가 습관이 된 사람이었다.

그래서 그는 그토록 중요한 순간에 왕 앞에서도 잠시 묵도하며 하나님을 의뢰했고, 그 기도로 왕의 마음을 움직일 수 있었다. 중요한 대답을 하기 전에 기도했고, 기도한 후에 일을 했다. 업무를 보며 기도했고, 사람을 만날 때도 기도했다. 큰일을 이루기 위해 금식기도를 했지만, 사소한 일, 작은 일상의 일들도 기도로 행한 사람이었다. 만약 그렇지 않았다면 왕이 던진 뜻밖의 물음 앞에서 침착하게 '잠시 묵도한 후'에 대답할 수 없었을 것이다.

이를 확인시켜주는 사람이 《하나님의 임재 연습》두란노 刊의 저자 로렌스 형제다. 그는 단순히 자신의 평범한 일상사를 수행하는 가운데 하나님과 어떻게 교제하고 어떻게 그분의 도우심을 힘입어 살 수 있는지를 보여준다. 수도원의 부엌에서 청소하고 밥하는 일을 섬기는 평신도, 그러나 늘 하나님의 임재를 체험하고 하나님의 기적을 보았으며, 하나님의 은혜를 전달하는 지혜로운 삶을 살았던 인물이 로렌스 형제다. 어떻게 그럴 수 있었을까? 이를 궁금히 여긴 한 방문자가 로렌스 형제에게 물었다.

"로렌스 형제님, 당신은 매일 부엌에서 청소하고 설거지하고 음식 만드는 일만 하는데, 그것 때문에 불평한 일은 없습니까?"

"저는 불평할 시간이 없습니다. 저는 음식을 만들면서 이렇게 기도합니다. '이 음식을 먹는 사람에게 하나님의 평강으로 채우소서.' 그리고 청소할 때는 이렇게 기도합니다. '하나님의 아름다운 동산을 더욱 아름답게 하소서.' 저는 프라이팬에 조리하는 작은 계란 하나라도 하나님을 사랑하는 마음으로 뒤집습니다. 그 일도 끝나고 할 일이 없으면 바닥에 엎드려 하나님을 경배합니다. 그래서 저는 하나님께 기도하는 시간 외에 남는 시간이 없습니다."

로렌스 형제의 대답에서 평소 어떻게 하나님을 의뢰하고 그분의 도우심을 받으며 살 수 있는지 알게 된다. 또한 느헤미야가 어떻게 결정적인 순간에 하나님께 묵도하고 그분의 도우심을 받을 수 있었는지도 알 수 있다. 느헤미야는 로렌스 형제의 일상처럼 큰일이든 작은 일이든 기도로 하나님과 동행하는 사람이었다. 그래서 그는 가장 중요한 순간에 당황하지 않고 하나님의 도우심을 의뢰했으며, 그 결과 조국을 향한 비전의 첫발을 내디딜 수 있었다.

무너진 성벽을 기도로 재건하라

느헤미야는 조용히 묵상기도를 한 후, 왕에게 자신의 간절한 소원을 조심스럽게 아뢰었다.

"왕께서 저를 좋게 여기신다면, 제 조상이 묻혀 있는 유다의 성읍으로 저를 보내주셔서, 그 성읍을 다시 세우게 해주시기를 바랍니다."

느헤미야가 아닥사스다 왕에게 고하는 내용은 실로 엄청난 일이었다. 아닥사스다 왕은 평소 예루살렘 성이 재건되는 것을 몹시 못마땅하게 생각하던 사람이었기 때문이다. 그는 에스라가 바벨론의 포로 생활을 하다 돌아가서 성벽 재건 공사를 할 때, "성벽이 재건되면 이스라엘이 세금도 바치지 않고 말썽을 일으킬 것"이라는 주변인들의 상소를 받고는 유대인들에게 성벽 쌓는 일을 중단하라는 명령을 내린 터였다. 그런 조서를 내린 상황에서 누군가 다시 예루살렘 재건을 운운한다면 왕의 권위에 대한 도전이 될 게 뻔했고, 왕 또한 체면상 결코 허락할 수도 없는 일이었다.

그런데 왕은 느헤미야의 대답에 "그럼, 네가 언제까지 가서 그 일을 마치고 돌아오겠느냐?"라고 말하며 쾌히 승낙해주고 있다. 더구나 필요한 모든 물자까지 공급해주었다고 성경은 말한다.

누가 왕의 마음을 이렇게 바꿔놓은 것인가? 언약을 지키시는 신실하신 하나님께서 왕의 마음을 움직여놓으신 것이다. 4개월 동안 금식하며 기도하고 결정적인 순간에 하나님을 의뢰했던 느헤미야의 기도에 대한 하나님의 응답은 철옹성과 같았던 아닥사스다 왕의 마음을 움직이는 결과로 나타났다.

하나님께서는 예나 지금이나 사람들을 통해서 일을 이루신다. 그래서 비전을 이루려면 사람들의 마음이 움직여야 한다. 가정을 향한 비전을 이루려면 가족의 마음이 변화되어야 하고, 사업의 비전을 이루려면 협력업자들의 마음이 달라져야 한다. 사람을 어떻게 다루느냐가 모든 일의 성패를 좌우한다.

그런 면에서 우리 자녀들의 성공 여부는 공부를 잘하고 못함과 머리의 좋고 나쁨에 달려 있지 않다. 말씀과 기도로 얼마나 충만한 삶을 사는가가 더 중요한 성공 포인트라 할 수 있다. 하나님께서는 세상 어떤 방법보다 탁월한 인간 경영 방법을 갖고 계시는데, 기도하는 사람들에게 그와 같은 하나님의 경영 능력이 임하기 때문이다. 기도는 사람의 마음을 움직이는 힘이 된다.

이것은 인위적으로 상대방의 마음을 조종하라는 말이 아니다. 나의 모든 수단을 동원해서 상대방의 마음을 조종하려 하기보다는 하나님의 선하신 뜻 안에서 상대방의 마음이 움직일 수 있도록 기도하고 맡기는 것이 가장 안전하다는 뜻이다.

그래서 우리는 믿지 않는 남편의 마음이 변화되기를, 매일 대하는 직장 상사의 마음과 거래하는 이들의 마음이 움직이기를 기도해야 한다. 그들에게 뇌물을 쓴다거나 잘 보이기 위해 아첨하기보다는 느헤미야와 같이 성실과 정직으로 살되 하나님께 그 모든 것을 맡기며 기도해야 한다. 기도를 통해 가정과 직장과 세상을 향한 비전을 이루어가야 한다.

특별히 우리는 자녀들의 마음이 하나님 안에서 변화되기를 기도해야 한다. 온갖 중독에 노출되고 방황과 반항의 시기에 접어든 청소년들의 마음을 잡아주실 수 있는 분은 하나님밖에 없다. 어떤 사람은 "다른 사람은 몰라도 우리 시어머니는 절대로 안 바뀔 걸요"라고 말한다. "내 아이가 과연 바뀔까?"라고 회의에 젖는 사람도 있을 것이다.

하지만 아닥사스다 왕은 절대로 예루살렘 성벽의 재건을 허락할 사람이 아니었다는 것을 기억해야 한다. 이에 대해 느헤미야는 왕의 마음을 바꾸고자 금식하며 기도했고, 한마디 말이라도 하나님께 기도한 후 대답했다.

그래서 우리는 기도해야 한다. 결코 변화될 것 같지 않은 내 남편, 내 자녀들을 위해 금식하며 기도하고, 기도하는 가운데 섬겨야 한다. 우리가 그렇게 기도할 때, 하나님께서는 틀림없이 그들의 마음을 움직이신다. 기도를 통해 하나님께서는 꿈과 비전을 이루어가신다.

골방으로 가는 길

01

비전을 이루려면 나의 최선도 중요하지만, 하나님의 인도하심과 도우심이 결정적인 역할을 한다. 하나님 앞에 내가 이루고 싶은 비전은 무엇이며 그 비전을 이루기 위해 하나님께서 반드시 도와주셔야 하는 부분은 무엇인가? 나의 역할을 잘할 수 있도록 하나님께 간구함과 동시에 하나님께서 도와주셔야 할 내용을 간절히 아뢰자.

02

느헤미야는 아닥사스다 왕의 마음을 붙들어달라고 전심으로 기도하며 기다렸을 뿐 아니라 자신의 본분을 다하여 충실하게 살았다. 나는 누군가의 변화를 위해 기도함과 동시에 맡겨진 본분에 충실하고 있는가? 그렇게 하고 있지 않다면 그 이유를 고백한 다음, 하나님의 도우심을 간구하자.

11 DAY

주님의 옷자락을 만져라

절망의 끝에 서 있는 여인

성경에 나오는 인물 중 가장 가련하고 고독하고 외롭고 절망적인 사람은 누구일까?

"돈을 잃으면 부분을 잃는 것이고, 건강을 잃으면 행복을 잃는 것이며, 명예를 잃으면 삶의 의미를 잃어버린 것이다. 그런데 소망을 잃으면 모든 것을 잃어버린 것이다."

돈도 건강도 명예도 잃었을 뿐 아니라 소망조차 잃어버리고 살아가는 사람…. 바로 열두 해 동안 혈루증을 앓는 여인이었다.

혈루증이란 문자 그대로 피가 흐르는 병이다. 일종의 하혈이라 할 수 있는데, 자궁암 내지는 생식기가 썩어 들어가는 성병의 일종이었을 수도 있다. 당시 이런 병에 걸렸다는 것은 감당할 수 없는 고난의 인생길을 가야 한다는 의미였다. 의사들의 말에 따르면 피가 멈추지 않는 하혈을 계속할 경우, 대부분의 여성들은 악성빈혈에 시달리게 된다고 한다. 게다가 조금만 움직여도 숨이 차오르고 머리카락과 손톱이 빠지는 등 노쇠 현상도 빠르게 진행된다는 것이다.

마가복음 5장은 여인이 병을 고치기 위해 12년간 의사들을 찾아다니느라 재산도 다 잃었으며, 병은 더 악화되었다고 기록하고 있다. 병든 것도 서러운데, 여인은 그 과정에서 많은 이들에게 이용당했을 가능성이 크다. 당시의 난치병 치료는 미신적이거나 주술적인 행위를 통해 이루어지는 일이 많았기 때문이다.

지금도 이와 비슷한 일이 공공연하게 일어난다. 의학이 발달했다고 하지만 병원에서 진단이나 치료가 안 되는 희귀병들이 얼마나 많은가. 그러다 보니 아픈 사람들은 팔랑귀가 될 수밖에 없다. "뭐가 좋다더라", "이것만 먹으면 치료될 수 있다"는 말에 쉽게 흔들린다. 검증 안 된 약이나 값비싼 건강보조식품을 권하는 유혹에 넘어가 많은 돈을 들이고, 수백만 원씩 들여 부적을 사거나 굿을 하기도 한다. 그런데 문제는 그다음이다. 안 그래도 아팠던 몸이 약을 먹은 뒤에 더 아프다. 돈도 잃고 몸도 잃는 이중 삼중고에 시달리는 것이다. 그럴 때의 배신감과 상실감을 어떻게 표현할 수 있을까? 이용당하고 버림받았다는 상처 때문에 더 이상 어디에 소망을 둬야 할지 캄캄한 심정이 될 수밖에 없다.

열두 해 동안 혈루증을 앓았던 여인이 바로 그와 같았다. 여인은 병마와 싸우느라 아름다움과 매력도 다 잃어버렸다. 얼굴은 창백해지고 피골은 상접했으며 물이 귀했던 시대라 냄새까지 심하게 났을 것이다.

여인이 감당해야 할 큰 아픔은 또 있었다. 레위기 15장을 보면 피가 멈추지 않는 혈루증과 같은 병은 당시에는 부정한 병으로 취급받았다. 아마도 전염을 막기 위한 조처였을 테지만, 여인은 율법적으로도 다른 사람들과 함부로 접촉할 수 없는 처지였다. 여인이 누군가를 만져서도 안 되었고, 여인이 누웠던 자리나 앉은 자리, 심지어 모든 물건까지 다 부정하게 취급되었다. 그래서 여인은 회당에도 성전에도 자유롭게 나갈 수 없어서 예배조차 마음대로 드릴 수 없었다.

이처럼 여인은 유대 사회에서 철저히 격리되어 죄인 취급을 받으며 살았다. 아마 그녀에게 남편이 있었다면 당시 관례로 보아 이혼당했을 가능성이 크다. 누구도 그와 함께 있어 주지 않았고, 누구도 그에게 따뜻한 눈빛을 보내주지 않았다. 기댈 사람도, 도움을 청할 사람도 없었다. 사람들은 여인을 혐오스러워하기까지

했다. 언제나 혼자인 것을 당연히 여겨야 하는 여인, 육체적 고통과 정신적 외로움에 눈물조차 말라버린 절망의 여인, 바로 열두 해 동안 혈루증에 걸린 여인이었다.

과연 여인에게 소망은 있는 것일까? 여인이 붙잡아야 할 소망이 있다면 그것은 어디서부터 어떻게 찾아올까?

좋은 소문을 들으면 복이 있다

우리도 이 여인과 같은 처지에 놓일 때가 있다. 누가 보기에도 "너는 이제 끝이구나"라고 말할 수밖에 없는 사면초가의 상황이 때때로 찾아온다. 그럴 때 우리는 어디에서 소망을 찾아야 할까? 세상의 어떤 것도 우리를 구원해줄 수 없을 때, 우리는 무엇을 해야 할까?

성경은 그렇게 망망대해에 홀로 서 있는 것과 같은 처지의 여인을 소개하다가 이렇게 말한다.

> "아무 효험이 없고 도리어 더 중하여졌던 차에 예수의 소문을 듣고" 막 5:26, 27.

무려 12년간 꽁꽁 얼어붙기만 했던 여인의 인생에 봄빛과 같은 중대한 사건이 생기려는 것일까? 성경은 '도리어 병이 더 중하여

졌던 그때에' 뭔가 아주 중요한 일이 찾아오고 있음을 알리고 있다. 그것은 바로 '어떤 소문'이었다.

"갈릴리에서 온 30대 청년 예수가 있는데, 하나님의 아들인 그가 앉은뱅이도 일으키고 오병이어의 기적도 행했대. 심지어 죽은 나인 성 과부의 아들도 살렸대. 아무개 알지? 그 아무개가 날 때부터 벙어리였잖아. 그런데 그분을 만난 뒤로 말하기 시작했어. 오늘 내가 그 아무개 만나고 나서 기절해 죽는 줄 알았잖아. 세상에 어떻게 이런 일이 일어날 수 있지?"

여인은 예수님에 관한 소문을 듣고 심장이 터질 것 같았다.

'앉은뱅이를 일으켜? 죽은 사람도 살린다고? 어떻게 그럴 수 있지? 나는 12년간 유명하다는 의사란 의사는 다 찾아다녔어도 병을 못 고쳤는데 나보다 더한 사람도 고쳤다고? 아무개가 말을 한다고? 대체 누구이기에 죽은 사람도 살릴 수가 있는 거지?'

병으로 너무나 많은 것을 잃어버린 이 여인은 아무도 신뢰할 수 없었다. 돈을 뜯어내기 위한 사기꾼의 수많은 수법을 혹독한 대가를 치르며 경험했던 터라 소문만 들어봐도 어떤 사람인지 어느 정도는 분별할 수 있었다. 그런데 이번에는 달랐다. 예수란 사람은 돈을 받고 병을 고쳐주는 이가 아니었다. 그는 하나님 나라를 말하는 이였고, 죄를 회개하라고 선포하는 사람이었으며, 가난한 자가 복이 있다고 말하는 사람이었다.

'예수, 예수, 예수!'

그때부터 여인은 예수를 마음에 품고 생각하고 또 생각했다.

'그래! 예수란 분의 소문이 사실이라면 그분은 내가 만났던 여느 의사와는 너무도 달라. 그분은 정말 소문대로 하나님의 아들이요 나를 죽음의 수렁에서 건질 분임에 틀림없어.'

예수님에 대한 소문을 듣고 예수님을 묵상하던 여인에게 드디어 '믿음'이 생기기 시작했다. 예수님을 만나면 그분이 자신의 병을 고쳐줄 것이라는 확신도 생겼다. 그러자 예수님을 보고 싶고 만나고 싶다는 생각이 더욱 간절하게 들었다.

이를 보면 로마서 10장 17절의 말씀처럼 '믿음은 들음에서 난다'는 것을 알 수 있다. 좋은 소식을 먼저 들어야 좋은 믿음이 생기고, 좋은 믿음이 생기면 좋은 결과를 얻을 수 있기 때문이다. 따라서 내게 믿음을 심어주는 말씀, 믿음을 심어주는 책, 믿음을 일깨워주는 기도 모임과 같은 일에 능동적으로 참여할 필요가 있다.

기적이란 전적인 하나님의 주권과 은혜로 일어나지만, 기적을 체험하기 위해서는 우리의 믿음이 필요하다. 주님도 우리에게 "너희가 겨자씨만 한 믿음만 있어도 이 산을 명하여 저기로 옮길 수 있다"라고 하셨다. 믿음이 없다면 아무리 큰 은혜요 선물이라 해도 받을 수 없다는 말이다. 믿음을 발동시켜주는 소문을 듣는 일, 그런 책을 읽는 일, 그런 모임에 참여하는 일이야말로 인생을 바꾸는 첫 단추가 될 수 있다.

믿음으로 생각하는 엘레겐의 기도

예수님에 대한 소문을 들음으로 믿음이 생긴 여인은 그때부터 이런 생각을 하게 되었다.

> "이는 내가 그의 옷에만 손을 대어도 구원을 받으리라 생각함일러라"막 5:28.

여기서 "생각함일러라"에 해당하는 '엘레겐'은 반복적 행위를 나타내는 미완료동사다. 즉, 여인은 마음속으로 계속 되뇌며 혼잣말을 하듯이 '예수님의 옷에만 손을 대어도 나는 구원을 받을 수 있어', '예수님은 전능하신 하나님의 아들이니까, 그분의 옷자락만 만져도 나는 고침을 받을 수 있어'라고 중얼거린 것이다.

사람이 어떤 말을 하고 어떤 생각을 하며 사는가는 그의 인생에서 열매를 맺게 하는 중요한 근거가 된다. 우리가 마음에 품는 생각과 말은 겉으로 표현하지 않았을 뿐, 속에서 외치는 우리의 소망이자 기원이기 때문이다. 하나님께서는 그 마음속의 언어까지 다 듣고 계신다.

그래서 어떤 사람은 혼잣말로 "나는 당신보다 먼저 죽을 거야"라고 말한 대로 젊은 날 빨리 세상을 떠나고 만다. 어떤 여인은 "남편 복 없는 나에게 무슨 자식 복이 있겠어?"라고 입버릇처럼 말한 대로 자식들 모두가 부모의 속을 썩이되 끝까지 썩인다.

생각이 중요하고 말이 중요하다. '절대로 안 될 거야'라고 끊임없이 생각하면서 겉으로는 "될 줄 믿습니다"라고 기도하는 것은 진정한 믿음의 자세가 아니다.

열두 해 혈루증을 앓았던 여인은 예수님의 옷자락을 만지기 직전까지 '예수님의 옷자락만 만져도 나을 수 있을 거야'라고 반복해서 생각했다는 사실을 주목해야 한다. 이것은 그녀가 끊임없이 기도했다는 것을 뜻한다. 화장실에 앉아 있을 때도, 밥을 먹을 때도, 격리되어 외로이 살 때도 그녀는 끊임없이 예수님을 갈망했고, "생각함일러라"에 해당하는 '엘레겐의 기도'를 드렸다. 이는 단순한 중얼거림 혹은 자기암시 행위나 주문이 아니다. 예수님의 옷자락만 만져도 구원을 얻을 것이라는 확신에 찬 믿음의 기도가 바로 엘레겐의 기도다.

이런 기도를 드리던 그녀에게 마침내 기회가 찾아왔다. 그녀가 기회를 찾아나선 것이기도 하다. 그녀는 예수님이 계시는 현장으로 달려가 그분의 옷자락을 뒤에서 살짝 만졌다.

그런데 우리는 이 일을 이루기 위해 그녀가 통과한 장애물을 주의해서 봐야 한다. 당시의 정결법에 따라 여인은 사람들 곁에 가면 안 되었다. 설사 간다 해도 힘센 장정들을 밀치고 예수님께 가까이 다가서기란 가녀린 여인의 힘으로는 역부족이었다. 하지만 여인은 장애물 앞에서 머뭇거리지 않았다. 잘못하면 돌에 맞아 죽을 수도 있고, 자칫 잘못하면 예수님께 다가가다가 쓰러져 죽을 수도 있었지만 여인은 그 무엇도 두려워하지 않았다.

우리 역시 예수님을 만나기 위해서는 이런 장애물을 넘어야 할 때가 있다. 곧 쓰러질 것 같은 몸을 이기고 기도 자리를 지키거나 기도 시간을 방해하는 긴급한 일들을 정리해야 한다. 믿지 않는 가족이 내린 '기도 금지령'을 어기고 이불 속에서라도 기도해야 살 때가 있다.

지금 여인은 목숨을 내놓은 채 예수님께 다가간다. 그러고는 예수님의 겉옷을 몰래 만졌다. 그 순간, 혈루의 근원이 마르면서 여인은 병이 낫는 것을 몸으로 느낄 수 있었다.

하나님의 역사는 이처럼 몸으로 느낄 수 있다. 기도로 병이 낫는 사람들을 보면 뜨거운 불이 자신에게 임했다거나 묵직하던 배가 갑자기 가벼워진 것을 느꼈다고 말한다. 통증이 순식간에 사라지기도 한다. 물론 어떤 사람은 기도 받은 후에 하루가 지나면 조금 좋아지고 이틀이 지나면 더 좋아지면서 차츰 나아지는 증세를 보이기도 한다.

열두 해 혈루증을 앓던 여인은 혈루의 근원이 멈춰 깨끗해졌다는 사실을 깨달았다. 병의 근본까지 치료해주신 예수님 은혜의 결과였다.

몸과 마음과 영혼을 치료하시는 하나님

엘레겐의 기도를 하던 여인에게 예수님은 완전한 치료를 허락하셨다. 그런데 우리는 예수님의 치료가 신체적인 문제로 그친 것이 아님을 말씀에서 확인할 수 있다. 예수님은 자신의 몸에서 능력이 나간 것을 아시고, 두려워 떨고 있는 여인을 향해 이렇게 말씀하셨다.

> "딸아 네 믿음이 너를 구원하였으니 평안히 가라 네 병에서 놓여 건강할지어다" 막 5:34.

예수님은 율법을 어기고 옷자락을 만진 여인을 책망하시지 않았다. 어느 누구도 가까이하기를 싫어하던 여인을 향해 오히려 "딸아!"라고 부르신다. "여자여"라고 하시지 않고 분명히 "딸"이라 부르신다. 여인을 하나님의 자녀로 삼으셨음을 뜻하는 말이다.

그때 여인의 마음이 어땠을까? 부모도, 종교 지도자들도, 남편도 외면했던 자신을, 하나님의 아들 예수님이 "딸아" 하고 다정하게 부르시다니…. 예수님은 12년간 모든 것을 잃어버린 여인의 마음을 그렇게 어루만져주셨다.

"너는 저주받은 사람처럼 가장 비참하고 가련하게 살아왔지만 이제 12년 혈루병도 말끔하게 고침 받은 하나님의 자녀가 되었다. 너는 그렇게 귀한 사람이란다."

"딸아"라고 부르시는 예수님은 마치 그렇게 말씀하시는 듯했다. 여인의 육체뿐 아니라 영혼까지 완전히 치료되는 순간이었다.

목회 현장에 있다 보면 육체의 병이 낫는 역사도 많이 보지만 마음이 치료되는 일들도 수없이 본다. 때로는 상한 심령이 먼저 치유됨으로써 육체의 질병이 낫기도 한다. 그래서 교회는 내적 치유와 마음을 만져주는 기도 사역도 할 필요가 있다.

어떤 때는 "허리가 아파서 왔습니다. 기도해주세요"라고 말하는데, 기도해보면 허리가 문제가 아니라 상한 심령이 강하게 느껴지는 일도 있다. 기도하다가 병 고침 받았다는 사람들의 간증에서도 이러한 사실을 확인할 수 있다. 머리도 아프고 배도 아프고 때로는 알 수 없는 이유로 일어설 수조차 없었던 사람이 작정기도를 했는데, 기도 중에 "내가 너의 아픔을 안다"라는 주님의 음성을 듣고 마음이 녹으면서 고꾸라졌다는 것이다. 그 조용한 한마디 말씀이 상한 심령을 천둥처럼 치면서 기도가 봇물처럼 터지고, 기도를 마치니 몸이 나았더라고 말하는 이들이 있다.

하나님께서는 우리의 아픈 부분을 정확히 아시고 몸과 마음을 모두 치료하는 전인 치료자가 되신다. 육체의 어그러진 부분도 고쳐주시지만 마음과 영혼의 구겨진 부분도 온전하게 펴주시는 유일한 분, 그분이 하나님이시다.

세상 어디에도 마음 둘 데 없고 몸 둘 데 없던 이 여인은 하나님의 은혜를 누리며 몸도 마음도 영혼도 활짝 펴지는 축복을 받았다. 가장 절망적인 여인에서, 가장 큰 은혜를 받은 여인으로 역사에 길이 남았다.

듣고 기도하고 행하는 믿음

벼랑 끝에 서 있던 여인이 하늘을 날게 된 것과 같은 역전의 은혜는 어떻게 주어졌는가? 이미 살펴본 대로 믿음이 그 시작이었다. 예수님은 "네 믿음이 너를 구원했다"라고 확인시켜주셨다. 믿음은 이처럼 하나님의 능력이 우리 가운데 흘러오는 통로다. 아무리 전능하신 하나님이라 할지라도 믿음의 통로가 없으면 하나님의 능력이 내게 흘러들어올 수 없다.

그런데 믿음의 시작은 '예수님의 소문을 들은 것'에서 비롯되었다. 그때부터 여인은 '예수님의 옷자락만 만져도 나을 것'이라 생각하며 기도했다. 들음으로부터 믿음이 주어졌다면, 그 믿음을 가지고 여인은 '엘레겐의 기도'를 드렸고, 마침내 누구도 뚫지 못한 장애물을 통과하여 예수님께 나아갔다.

혹자는 "그렇게 고통스러웠으니 목숨을 걸고 예수님께 나아가지"라고 말한다. 그러나 실제로 중한 병에 걸린 사람들은 기도의 자리에 나아가기가 쉽지 않다. 병을 고치기 위해 온갖 방법을 다 동원해 봤던 사람일수록 깊은 무력감에 빠져 있는 경우가 많다. 치유를 위해 적극적인 자세를 가지라고 권해도 "누가 그걸 몰라서 그래?"라는 반응을 보인다. 병원에도 수없이 다녀봤고, 기도도 해볼 만큼 해봤다고 생각하기 때문이다. 어떤 사람들은 여기저기 쑤시고 아파서 제대로 앉아 기도하기도 어렵다고 말한다. 우울증으로 고통 받는 사람들은 기도에 대한 의욕이나 열정 자체가 생기지 않는데, 어떻게 기도하느냐고 한탄한다.

그러나 열두 해 혈루증을 앓으면서 모든 것을 잃었던 여인은 많은 장애물을 헤치고 예수님께 나아갔다. 예수님을 만나기 위해서는 반드시 장애물을 통과해야 하는 것이다.

21일 작정 기도를 하거나 40일 혹은 1년을 작정 기도하기로 결단했을 때, 사탄의 장애물은 반드시 나타난다. 그래서 많은 이들이 기도하기를 포기하기 때문에 하나님의 은혜를 받지 못한다.

장애물의 종류도 다양하다. 어떤 이들은 기도할 때마다 잡념이 생긴다고 한다. 그럴 때면 나는 "소리 내어 기도하라"고 권한다. 하나님께서 기도를 들으시지만 자기 자신도 들을 수 있도록 기도하면, 결국 기도의 깊은 세계인 지성소 안으로 들어가게 된다.

기도 언어를 어떻게 쏟아내야 할지 모르겠다고 말하는 이들도 있다. 그때는 찬양의 제사를 드리며 하나님께 나아가는 방법도 있다. 찬양 가사에 마음을 실어 하나님을 경배하고 찬양하다 보면 어느덧 기도도 터져 나온다.

중요한 것은 기도의 장애물을 통과하면 예수님의 옷자락을 만질 수 있다는 사실이다. 나는 그것을 "기도의 대류권을 벗어나라"는 말로 표현하기도 한다. 많은 사람들은 기도한다고 하면서도 기도의 대류권을 벗어나지 못한다. 그래서 예수님과의 완벽한 만남의 장소인 지성소 안으로 들어가지 못하곤 한다.

우리에게 잘 알려진 점보기라든가 일반 여객기들은 거의 대류권 혹은 대류권과 성층권 사이인 대류권계면에서 비행한다. 그러나 콩코드기라든지, 적국의 상공으로 침투하여 정탐 비행을 수행하는 SR-71이나 U-2 같은 첩보기는 25킬로미터 이상의 상공에서도 날기 때문에 대류권을 벗어나 성층권에서 비행한다. 그렇게 높이 비행하는 이유는 무엇인가? 탐지 범위가 넓어 적의 동태를 완벽하게 정탐할 수 있기 때문이다.

기도의 세계도 마찬가지다. 온갖 날씨 변화가 심한 대류권을 뚫고 올라가면 기도의 깊은 세계 속으로 들어갈 수 있다. 기도를 방해하는 장애물을 뚫고 기도의 세계 속에 깊이 들어가면 마귀의 권세가 내 발 아래서 밟히고 만다. 내가 주님 안에 들어가고 주님이 내 안에 들어오는 놀라운 경험을 하게 된다. 그렇게 되면 말씀의 약속대로, 무엇이든지 구하는 대로 얻을 수 있다.

우리에게는 이런 영적 체험이 절실히 필요하다. 주님의 능력이 아니면 정복할 수 없는 세계가 우리를 에워싸고 있지 않은가. 그래서 우리는 예수님에 대한 소문을 먼저 들어야 한다. 그 소문이 들려오는 곳에 귀를 세우고, 눈을 맞추고 봐야 한다. 믿음으로 생각하는 엘레겐의 기도를 시작하고, 주님의 옷자락을 만지기 위한 집중적인 기도를 드려야 한다. 집중적인 기도를 드리되 기도를 방해하는 여러 장애물 앞에서 넘어지지 말고 전진해야 한다.

　장애물을 뚫고 주님께 달려가면 반드시 주님의 옷자락을 보게 될 것이다. 그리고 주님의 옷자락이 우리의 몸과 마음과 영혼을 완전하게 치유해주실 것이다.

골방으로
가는 길

01

혈루증 걸린 여인은 예수님께 다가가기 힘든 장애물을 믿음으로 뛰어넘어 예수님을 만났다. 우리에게도 기도를 막는 장애물이 있을 것이다. 어떤 것들이 있으며, 그것들을 뛰어넘기 위해 무엇을 어떻게 해야 할지 정리해보자.

02

엘레겐의 기도를 하기 위해서는 긍정적인 생각과 말을 해야 한다. 나는 긍정적인 생각과 부정적인 생각 중 어떤 생각을 더 많이 하는가? 내 삶이 긍정적인 생각과 언어로 변화되려면 의식적인 노력이 필요하다. 오늘부터 믿음으로 선포해야 하는 말은 무엇인가? 그것을 찾아 실천해보자.

12 DAY

극한 고난일수록 감사로 이겨라

절망이라는 병을 이기는 법

몇 년 전 '다니엘 세이레 기도회'를 한 후, 어떤 여성도가 찾아와 이런 기도 부탁을 한 적이 있다.

"목사님, 저는 살고 싶지 않아요. 인생이 너무 버겁고 지쳐서 일어설 기력조차 없어요. 몸도 마음도 너무 쇠약해져서 지난 1년간 교회에도 나오지 못했어요. 매일매일 제가 무슨 생각을 하면서 사는지 아세요? '어떻게 하면 죽을 수 있을까?' 목사님,

저는 이제 살아갈 이유를 못 찾겠어요. 저를 좀 살려주세요. 저를 좀 일으켜주세요."

자신의 심정을 고통스럽게 토로하는 자매의 얼굴에서는 삶에 대한 의욕이나 소망을 전혀 찾아볼 수 없었다. 아마도 열두 해 혈루증에 걸렸던 여인이 예수님에 대한 소문을 듣기 전까지 그런 표정, 그런 태도로 살지 않았을까 싶다.

우리 주변에는 건강을 잃거나 사랑하는 사람 혹은 물질을 잃음으로써 '절망'이라는 병에 걸린 사람이 매우 많다. 문제는 몇 년씩 절망 속에 갇혀 살다 보면 인생을 절망적으로 마무리할 가능성이 크다는 데 있다. 매일매일 죽을 생각만 하며 산다면 실제로 죽을 일들은 계속해서 터지는 법이다. 빨리 생각을 바꿔야 하고, 말을 바꿔야 산다.

그렇다면 어떻게 해야 살고 싶다는 생각을 할 수 있을까? 어떻게 해야 희망적인 생각, 희망적인 기도를 하나님 앞에 드릴 수 있을까? 어디서부터 생각의 물꼬를 긍정적인 방향으로 틀 수 있을까?

긍정의 생각을 가지려 해도 부정적인 환경의 영향을 받아 소망의 언어가 나오지 않는다면 기도의 사람 다니엘에게서 그 해법을 찾아보기 바란다.

다니엘은 환경적으로 보면 손을 늘어뜨린 채 살아갈 만한 사람이었다. 소년 시절부터 바벨론의 포로로 끌려갔으니 나라 잃은 자의 설움을 어릴 때부터 감당해야 했다. 그러나 다니엘은 그 시절부터 뜻을 정해 기도했다. 위기의 순간마다 기도했고, 외로울 때 기도했으며, 지혜가 필요할 때 기도했다. 그런 다니엘에게 하나님께서는 하늘 문을 여시고 지혜와 결단력, 놀라운 영성을 부어주셨다. 바벨론의 왕이 "그 지혜와 총명이 온 나라 박수와 술객보다 십 배나 나은 줄을 아니라"단 1:20고 할 정도로 다니엘의 지혜는 탁월했다. 성경은 이 모든 비결이 다니엘의 기도에 있었음을 분명히 보여준다.

그런데 탁월한 지도자로 살아가던 다니엘에게 더할 수 없이 큰 위기가 찾아왔다. 왕의 총애를 받던 다니엘을 주변 사람들이 모함한 것이다. 그들은 다니엘을 제거하기 위해 다리오 왕에게 "누구든 바벨론 왕이 아닌 하나님께 기도하면 사자 굴 속에 넣어 죽게 하라"는 조서를 작성하도록 유도했고, 결국 왕은 이 조서에 어인을 찍고 말았다.

이제 다니엘은 모든 것을 잃을 처지에 놓였다. 어린 시절부터 기도로 살았던 다니엘이기에 기도 없이는 살 수 없었다. 그렇다고 평소 하던 대로 하루에 세 번씩 창문을 열고 기도했다가는 목숨을 잃을 게 뻔했다. 물러설 수도 나아갈 수도 없는 진퇴양난의 때가 다니엘에게 찾아온 것이다.

많은 사람들은 이런 상황에 접하면 낙심이라는 병부터 얻는다. "하나님 뜻대로 살기 위해 최선을 다했는데 이게 뭡니까?", "나는 이제 사람들 앞에서 완전히 버림받게 생겼습니다"라고 원망한다.

자신이 충심을 다해 섬겼던 다리오 왕과 신하들에 대한 배신감만으로도 치를 떨었을 것이다. 원수들을 물리쳐달라고 남몰래 기도하든지 아니면 기도하던 두 손을 늘어뜨린 채 살다가 차츰 무기력한 사람으로 변하든지 한다.

그러나 다니엘이 취한 행동은 우리의 예상을 벗어난다. 그는 평소에 하던 대로 하루 세 번씩 창문을 열어 무릎을 꿇고 하나님께 기도했다. 더 놀라운 것은 그의 기도 내용이다. 그는 모함하는 자들에게 벌을 내려달라고 기도하지 않았다. 자칫 잘못하다가는 사자에게 사지가 찢겨 처참하게 죽을 수도 있는 그런 순간에 하나님께 '감사기도'를 드렸다.

> "다니엘이 이 조서에 왕의 도장이 찍힌 것을 알고도 자기 집에 돌아가서는 윗방에 올라가 예루살렘으로 향한 창문을 열고 전에 하던 대로 하루 세 번씩 무릎을 꿇고 기도하며 그의 하나님께 감사하였더라" 단 6:10.

마음속에 분노와 원망과 불평과 두려움이 가득 차서 기도의 언어가 꽉 막힐 그런 때에 다니엘은 하나님께 감사기도를 드리고 있다. 목숨이 경각에 놓인 위태로운 상황에서 다니엘이 택한 언어는 절망이 아니라 감사였던 것이다.

왜 감사해야 하는가

그는 대체 무엇을 감사하며 하나님께 기도하고 있을까? 성경을 살펴보면, 진정한 감사기도란 우리의 상식을 뛰어넘어 드리는 것임을 알 수 있다. 무언가를 얻었을 때 그에 대한 기쁨을 표현하는 것도 감사이지만, 다니엘처럼 배신감과 분노와 아픔이 우리를 삼킬 것 같은 환경일 때 드리는 기도가 진짜 '감사기도'인 것이다.

예수님이 드렸던 감사기도만 찾아봐도 이를 확인할 수 있다.

> "그때에 예수께서 대답하여 이르시되 천지의 주재이신 아버지여 이것을 지혜롭고 슬기 있는 자들에게는 숨기시고 어린 아이들에게는 나타내심을 감사하나이다" 마 11:25.

예수님은 이 말씀을 하시기 직전, 공생애 기간에 가장 많은 기적을 행하셨음에도 불구하고 예수님을 메시아로 받아들이지 않는 고라신, 벳새다, 가버나움 사람들에 대한 이야기를 하고 계셨다. 회개하고 돌아오지 않는 그들은 결국 심판의 날을 견딜 수 없을 것이라고 선언하셨다.

그때, 예수님의 마음이 어떠셨을까? 가장 많은 관심을 가지고 가장 많은 은혜를 베푸셨음에도 예수님을 받아들이기는커녕 오히려 배척할 때 그리고 그런 그들에게 심판을 선언할 수밖에 없을 때, 예수님의 마음은 얼마나 찢어지셨을까?

감히 비교할 수는 없지만 우리에게도 비슷한 상황이 벌어질 때가 있다. 가장 기대를 걸었던 사람, 가장 믿었던 사람, 가장 관심을 가졌던 사람, 가장 사랑했던 사람으로부터 인정받지 못하거나 배신을 당하는 경우가 그렇다. 그럴 때의 상실감과 허탈감은 이루 말할 수가 없다. 그래서 우리는 그때 받은 상처와 좌절감으로 깊은 병을 얻기도 한다.

그러나 예수님은 우리와는 비할 수 없는 큰 슬픔의 상황에서 감사기도를 드리고 계신다. 거절당하고 외면당한 상황에서 감사기도를 드리시다니, 무엇 때문에 그러신 걸까?

성경의 앞뒤 문맥을 살펴보면, 예수님이 감사기도를 드리신 이유에 해당하는 "이것"은 예수님 자신과 관련된 '영적 진리'임을 알 수 있다. 즉, '천국 복음', '구원의 축복'을 의미한다.

예수님은 목이 곧은 고라신, 벳새다, 가버나움 사람들에게는 '구원의 축복'이 임하지 않지만, 어린아이처럼 철저하게 자신의 힘으로는 구원받을 수 없음을 깨닫고 예수님을 구주로 받아들인 다른 마을 사람들에게는 천국 복음이 임한다는 사실 때문에 감사드리셨다. 미련한 어린아이와 같은 우리에게 내려주신 '구원의 은혜'는 가장 큰 절망 속에서 드리는 예수님의 감사제목이었던 것이다.

이로써 우리에게 주어진 구원의 은혜는 언제나 하나님 앞에 올려드려야 할 가장 큰 감사제목이라는 사실을 알 수 있다. 우리가 예수님을 믿기 때문에 구원을 받았다면, 어떤 상황 속에서도 그 구원을 인해 감사할 수 있어야 한다는 뜻이다.

그래서 하박국 선지자는 구원에 대한 기쁨과 감사를 이렇게 표현했다.

> "비록 무화과나무가 무성하지 못하며 포도나무에 열매가 없으며 감람나무에 소출이 없으며 밭에 먹을 것이 없으며 우리에 양이 없으며 외양간에 소가 없을지라도 나는 여호와로 말미암아 즐거워하며 나의 구원의 하나님으로 말미암아 기뻐하리로다" 합 3:17, 18.

모든 것을 잃었다 해도 구원의 하나님으로 말미암아 기뻐할 수 있는 이유는 무엇인가? 우리의 구원은 세상 모든 것을 준다 해도 이루어질 수 있는 게 아니기 때문이다. 그렇게 값진 구원을 예수 그리스도로 인해 받았으니 모든 것을 잃어도 모든 것을 얻은 자가 되기 때문이다.

그런 맥락에서 보면 다니엘이 죽음을 앞둔 상황에서 어떤 감사기도를 드렸을지 짐작할 수 있다. 평소 하던 대로 하루 세 번 창문을 열고 기도할 때 죽음을 각오했을 수도 있다. 아니면 풀무 불에서 건져주신 하나님의 기적을 바라보며 담대히 기도했을지도 모른다. 어쨌든 모든 상황에서 자신을 구원해주신 하나님께 감사기도를 드리고 있다. 설사 이 일로 죽더라도 자신의 영혼을 구원하실 하나님께 감사하고 있다. 죽음의 그림자가 엄습해오는 극한 고난의 시기에 다니엘은 구원의 하나님께 감사를 쏟아놓음으로써 소망의 기도를 드리게 되었다.

그 결과, 다니엘은 어떻게 되었는가? 사자 굴에 던져졌지만 털끝 하나 상하지 않았고, 구원의 하나님을 만천하에 증거 하게 되었으며, 다니엘을 모함했던 신하들이 사자 굴에 던져지고 말았다. 하나님께서는 어떤 상황에서도 구원의 하나님으로 인해 감사기도를 드리는 다니엘에게 완벽한 구원을 허락하신 것이다.

기가 막힌 상황일수록 감사를 시도하라

미국인 선교사 헨리 프로스트Henry Frost는 선교 사역을 하다가 매우 고통스러운 시절을 맞았다.

"나는 오랫동안 중국에서 선교 사역을 감당하던 중 어느 날 고향에서 날아온 슬픈 소식을 접했습니다. 그런데 그 소식은 내 영혼을 어둠의 나락으로 떨어뜨렸습니다. 그때부터 아무리 기도해도 내 영혼에 드리워진 어둠의 그림자를 거둘 수 없었습니다. 차츰 내 영혼은 피폐해졌고 기도 언어도 막히기 시작했습니다."

살다 보면 우리에게도 이런 시기가 찾아온다. 너무 기가 막힌 소식이나 상황 앞에서 기도는 나오지 않고 마음과 영혼은 점점 어두워지는 악순환이 반복되는 것이다.

헨리 프로스트 선교사가 딱 그런 상황이었다. 하루는 선교본부에 들렀는데, 본부 벽에 쓰인 문구가 눈에 들어왔다.

"Try Thanksgiving" 감사를 시도해보라.

헨리 선교사는 그때의 일을 이렇게 회상했다.

"순간, 나는 그 문장에 사로잡혔습니다. '그래, 저거다. 오늘부터 감사를 시도해보자.' 나는 한 가지씩 하나님께 감사거리를 찾아 고백하기 시작했습니다. 그러자 언젠가부터 어둠이 물러가고 내 영혼에 빛이 들어오는 걸 분명히 느낄 수 있었습니다."

감사는 이처럼 우리 인생의 흑암을 물리치고 밝은 빛을 비춰주는 놀라운 능력을 지녔다. 하나님을 우리 삶 가운데 모셔 들이는 통로요 패배한 인생을 승리의 인생으로 바꾸어주는 원동력이다.

그러므로 기막힌 상황일수록 의도적으로라도 감사의 고백을 드릴 필요가 있다. 무엇보다 구원에 대한 근원적인 감사 고백을 드리면 여러 감사 고백이 줄줄이 이어진다. 절망 중에 위로를 주시는 하나님이 내 곁에 계셔서 감사하고, 헤쳐 나온 고난으로 인해 감사하며, 지난 시절 믿음의 아름다운 추억을 주셨음에 감사하게 된다. 그리고 길가에 핀 장미꽃으로도 감사하지만, 장미꽃의 가시를 통해서도 감사드릴 수 있게 된다. 내가 당하는 고난으로 인해서도 하나님께 감사기도를 드리게 된다는 말이다.

"고난당한 것이 내게 유익이라 이로 말미암아 내가 주의 율례들을 배우게 되었나이다" 시 119:71.

생각의 패턴을 조금만 바꾸라

우리가 잘 아는 대로, 감사Thank는 생각Think으로부터 나온 말이다. 즉, 어떤 상황을 만나도 생각을 잘하면 감사를 드릴 수 있다.

예를 들어 옷이 조금 작다면 '그동안 잘 먹고 잘살았구나'라고 생각하며 감사하게 된다. 부엌의 찌든 때를 닦아야 하고, 화장실의 냄새를 해결해야 하고, 먼지투성이 집을 정리해야 한다면 지붕 없는 집에서 절대빈곤에 시달리는 사람이 지구상에 75퍼센트나 되는데, 비록 반지하 전셋집에 살아도 상위 25퍼센트에 드는 특별한 삶을 살고 있다고 생각하며 감사하게 된다. 세탁하고 다림질해야 할 옷이 산더미처럼 쌓여 있다면 우리 가족에게 입을 옷이 그만큼 많다는 사실을 생각하며 감사드리는 것이다. 온몸이 뻐근하고 피곤하다면 오늘도 열심히 일할 수 있는 신체가 허락되었다는 사실을 생각하며 감사할 수 있다. 이렇듯 생각의 작은 차이 하나가 내 삶을 감사와 기쁨으로 바꾸어놓고 또 다른 감사거리가 생겨나도록 이끈다.

범죄 심리학자인 소퍼Soper 박사는 감옥에 있는 죄수와 수도원에 사는 수도사를 비교하며 이런 말을 했다.

"죄수와 수도사의 공통점은 갇혀 있다는 것과 먹는 음식이 비슷하다는 것이다. 그런데 이 둘 사이에 극명하게 대비되는 차이점이 있다. 형무소에 있는 사람은 하루 종일 불평과 욕만 하는 반면 수도원에 있는 사람은 하루 종일 감사하며 기도만 한다."

이는 감사란 환경에서 나오는 것이 아님을 보여주는 사례이다. 또한 감사와 불평 중 무엇을 선택하느냐에 따라 환경을 지배하느냐, 환경에 지배당하느냐가 결정된다는 것을 알려준다. 즉, 많이 가져서 행복하다기보다 감사하면 행복해지는 것이다.

그래서 나는 인생의 극한 시련에 놓인 사람들, 어둠의 영에 사로잡힌 사람들로부터 상담을 받을 때면 감사기도를 처방하곤 한다. 오늘은 두 가지 감사거리를 찾아 기도하고, 내일은 네 가지, 모레는 여섯 가지를 감사드리라고 한다.

어떤 이들은 우리 삶이 영적 전쟁인데, 어둠의 영에 사로잡힌 자들이 승리하려면 귀신을 쫓아내며 금식기도를 해야 승리할 수 있지, 고작 감사기도를 드려 되겠느냐고 묻기도 한다. 물론 그 말도 맞다. 그러나 많은 경우, 치열한 영적 전쟁의 시기일수록 마귀에게 대응하기보다는 무시하는 태도를 보이는 것이 승리의 비결이다. 마귀는 인격이 있는 존재이기 때문에 우리가 그 존재를 무시할 때 가장 많이 힘을 잃어버린다. 즉, 마귀는 불평과 원망거리, 분노를 우리 안에 샘솟게 함으로써 우리를 무너뜨리려고 하는데, 거기에 일일이 대응하며 진력을 빼기보다는 아예 그 일을 놓고 하나님께 감사기도를 드리는 게 더 나은 것이다.

"하나님, 내 남편이 외도한 것을 알게 하시니 감사합니다. 이 일을 통해 제가 온전한 거룩을 좇아 살아야 한다는 사실도 깨닫게 해주셨고, 하나님만 바라보지 못하고 우상에게 절하며 외도했던 제 죄가 얼마나 하나님 마음을 아프게 해드렸는지 알게 해주셔서 감사합니다."

감사기도를 드리며 평정심을 잃지 않을 때, 마귀는 기분 나빠서라도 우리 안에 머물기를 원치 않는다. 예전에 고구마 전도왕으로 유명했던 집사님이 간증한 대로 주머니에 감사헌금 봉투를 넣고 다니다가 회사에 불이 나도, 누가 자기 차를 박아도 그 자리에서 봉투를 꺼내 감사헌금을 작정하며 기도를 드리면 어둠의 영이 결코 내 삶에 똬리를 틀고 지배할 수 없게 된다. 마귀가 볼 때 기분 상해 할 만큼 감사하며 사는 일이야말로 치열한 영적 전쟁에서 이길 수 있는 비결 중의 비결인 것이다.

나는 이 사실을 깨닫기 전에는 어둠의 영에 사로잡힌 사람이 있으면 밤을 새우며 귀신을 쫓아내곤 했다. 이때 "너 나와!"라고 선언하여 귀신이 거품을 뿜으며 나오는 경우도 있었지만 몇 년이 지나면 또다시 그 사람 속에 들어가 사는 것을 볼 수 있었다. 나는 귀신을 쫓아내는 것보다 더 중요한 것은, 마귀가 내 안에서 살지 못하도록 토양 자체를 바꾸는 일임을 깨닫게 되었다. 똥파리를 없앨 게 아니라 똥을 치워야 하는 것이다. 내 안의 불평, 분노, 원망,

절망, 두려움, 음란을 치우면 그때부터는 똥파리가 접근할 수 없는 토양이 된다.

  어려운 일이 생길 때, 극한 고난의 시기를 지날 때 하나님께 감사하는 것은 내 안의 똥을 치워 버리고 마음의 토양 자체를 바꾸는 일이라 할 수 있다. 이렇듯 우리는 마음의 토양을 바꿔야 산다. 생각의 토양을 옥토로 바꿔야 좋은 열매를 맺을 수 있다. 그렇게 토양을 바꿀 수 있는 단 하나의 비밀, 그것은 감사기도다. 감사기도는 사탄의 진을 파하는 가장 강력한 무기이며 하나님 나라를 내 삶에 이루는 비밀스러운 능력이다.

골방으로
가는 길

01
현재 내가 겪고 있는 기막힌 상황은 무엇인가? 그 상황에 처했을 때 내가 보인 첫 반응은 무엇이고, 그 반응이 어떤 결과를 가져왔는지 생각해 보자.

02
생각을 바꾸면 감사할 내용을 찾을 수 있다. 내가 어려움을 겪고 있다면, 그 속에서 감사해야 할 이유를 오늘부터 한 가지씩 고백해보자. 오늘의 기도를 감사로 열어 보자.

13 DAY

찬양의 제사로 하나님께 나아가라

홍삼을 자랑하듯이

"신앙생활의 가장 큰 어려움이 무엇입니까?" 하고 물으면 뜻밖에도 많은 사람이 이렇게 답을 한다.

"목사님, 저는 기도가 제일 힘들어요. 어떻게 기도하는지도 잘 모르겠고요. 1분만 기도하면 더 이상 할 말이 없어요."

기도의 유익에 대해서는 잘 알지만 막상 기도하려고 하면 말문이 막힌다는 사람들이 의외로 많다.

"기도가 안 나오면 찬양하라고 하셨잖아요? 그런데 그것도 어려워요. 찬송가를 틀어놓으면 괜찮지만 직접 하나님을 찬양하는 기도를 하는 건 더 어려워요. 제가 말주변이 너무 없어서요."

기도의 말문이 트이지 않을 때는 찬송을 부르다가 하나님을 찬양하는 기도를 드리며 하나님께 나아가면 된다는 말에 대한 반응이다.

그런데 성도들의 말을 듣다보면 어떤 대상을 향한 찬양이 끊이지 않고 있음을 발견하게 된다. 특히 건강이 안 좋았다가 좋아진 경우, "어떻게 좋아지셨습니까?"라고 물으면 "제가요, 홍삼을 먹기 시작했는데요"부터 시작해서 홍삼의 효능, 유익, 진품을 가리는 법 등을 신이 나서 말한다. 심지어 "목사님, 저는요. 이제 홍삼 없인 못 살 것 같아요"라고 말하는 사람도 있다. 그야말로 인생의 동반자가 되어준 홍삼을 찬양하는 데 도사가 된 듯이 보인다.

그럴 때 나는 '찬양의 기도'가 바로 그 같은 것임을 알려주고 싶어 안달이 난다. 생일에 목걸이를 사준 남편을 자랑하듯 그리고 홍삼의 유익을 입에 침이 마르도록 자랑하듯 하나님을 자랑하면 그것이 기도요 찬양인 것이다.

기도의 사람 한나를 보자. 그녀의 기도는 하나님을 향한 찬양으로 가득 차 있다. 찬양 따로, 기도 따로가 아니라 찬양이 기도임을 보여준다. 그렇다면 한나는 찬양의 기도를 어떻게 드렸을까?

구원의 하나님을 찬양하다

사무엘상의 첫 부분에 등장하는 한나는 아들이 없어서 심한 괴로움을 당한 사람이었다. 한나가 살던 당시 여자가 자식을 낳지 못한다는 것은, 입이 열 개라도 할 말이 없다는 뜻이 된다. 그러나 한나는 그 같은 괴로움을 하나님 앞에 나아가 그대로 토설했고, 기도에 대한 응답으로 하나님께서는 한나에게 아들을 주시리라 약속하셨다. 그러자 한나는 그 아들을 하나님께 바치겠다고 서원했다.

한나가 하나님께 찬송을 드리는 사무엘상 2장 1~10절은 젖 뗄 무렵이 된 아들 사무엘을 하나님께 바치며 드리는 기도였다.

> "내 마음이 여호와로 말미암아 즐거워하며 내 뿔이 여호와로 말미암아 높아졌으며 내 입이 내 원수들을 향하여 크게 열렸으니 이는 내가 주의 구원으로 말미암아 기뻐함이니이다" 삼상 2:1.

한나는 애통하고 격노한 나머지 술 취한 사람처럼 하나님 전殿에 나아가 기도해야 했던 여인이었다. 그런데 하나님의 은혜가 임하자 그녀는 아들을 낳아 키울 수 있었다. 한나는 지금 이 사실을 맨 처음 고백하고 있다. 여호와로 인해 인생의 즐거움을 알게 되었다는 것이다.

만약 한나가 기쁨의 근거를 아들 사무엘에게 두었다면, 그녀는 기뻐할 수 있는 상황이 아니다. 세 살밖에 안 된 아들, 눈에 넣어도 아프지 않을 것 같은 젖 뗄 무렵의 아들을 엘리 제사장에게 맡겨놓고 돌아오는 길이기 때문이다. 뒤늦게 본 어린 아들을 제사장에게 맡기고 돌아온다는 것이 기뻐할 일이겠는가. 그것도 가정교육을 잘 시키는 집안의 제사장도 아니고 망나니 같은 두 아들을 둔 집안의 제사장에게 금쪽같은 아들을 맡기고 돌아온 터였다. 아들이 잘 자랄 수 있을지, 행여 왕따를 당하거나 찬밥 신세를 면치 못하는 건 아닌지 인간적으로 보면 여러 걱정이 앞설 수밖에 없었다. 아마도 아들을 군대 보내고 면회 다녀온 경험이 있다면 그 마음을 헤아릴 수 있을 것이다.

그러나 한나는 염려나 슬픔의 탄식을 하고 있지 않다. 그녀의 기쁨의 원천은 사무엘이 아니라 하나님께 있기 때문이다. 아이를 낳지 못해 수렁 속에 살던 자신을 구원해주신 하나님을 기억하면 기쁨이 넘친다고 고백한다. 그것이 한나의 첫 번째 기도였다.

사실 우리는 화장실 들어갈 때 다르고 나올 때 다르다. 기도제목이 간절할 때는 작정기도를 하며 하나님께 매달리지만, 응답되고 난 뒤에도 작정기도를 하며 하나님께 가까이 가는 사람은 거의 없다.

그러나 한나는 응답된 기도로 인해 하나님께 찬양의 제사를 드린다. 조목조목 하나님께서 자기 인생에 행하신 일들을 고백한다.

하나님께서 자기를 구원해주셨고, 명예와 권위를 높여주셨으며, 입술에 할 말이 있도록 하셨다는 것이다. 입이 있어도 벙어리처럼 살아야 했던 자신의 입이 하나님의 은혜로 열렸으니, 그 하나님으로 인해 기뻐한다고 고백하고 있다.

한나가 찬양할 하나님의 성품, 하나님의 모습은 그뿐만이 아니다. 뒤이어 한나는 거룩하신 하나님, 유일하신 하나님을 찬양한다.

> "여호와와 같이 거룩하신 이가 없으시니 이는 주밖에 다른 이가 없고"삼상 2:2.

"거룩"이란, 구별됨을 뜻한다. 한나는 생명처럼 사랑하는 아들 사무엘이 거룩하신 하나님 앞에 구별된 자가 되기를 원했다. 그래서 하나님의 성전에 아들을 바치면서도 기뻐할 수 있었다. 주님만이 역사를 주관하시는 유일하신 분이기에 아들을 맡기고 평안히 돌아올 수 있었다. 한나는 그 하나님을 소리 높여 찬양한다.

> "우리 하나님 같은 반석도 없으심이니이다"삼상 2:2.

한나는 또한 하나님을 "반석"이라고 표현하면서 하나님을 높여드린다. 이 세상 모든 것이 변해도 결코 흔들리거나 변하지 않는 하나님의 본성을 "반석"에 빗대어 노래하고 있다. 언제든 그곳으로 피할 수 있고, 붙잡을 수 있는 반석과 같으신 하나님, 그 하나님을 한나는 사랑하지 않을 수 없다.

> "심히 교만한 말을 다시 하지 말 것이며 오만한 말을 너희의 입에서 내지 말지어다 여호와는 지식의 하나님이시라 행동을 달아보시느니라"삼상 2:3.

여기서 말하는 오만하고 교만한 자가 누구인가? 한나를 멸시하며 고통스럽게 했던 남편의 또 다른 아내 브닌나이다. 브닌나는 결혼하자마자 쉽게 자식을 낳았기 때문에 마치 자신에게 자식을 낳을 능력이 주어진 것처럼 생각하고 행동했다. 자식을 주신 분이 하나님임을 알지 못하는 브닌나의 그런 행동이야말로 오만이고 교만이라는 것을 한나는 하나님 앞에서 고백한다.

그와 동시에 지식의 하나님을 찬양한다. '행동을 달아본다'는 표현에서 나온 대로 하나님은 우리 행동의 동기까지 다 꿰뚫어 보시는 분 아닌가. 한나는 지식에 뛰어나신 하나님을 찬양하는 가운데 겸허하게 살 것을 다짐했을 것이다. 하나님 앞에 자기 자신이 얼마나 작은 존재인지 새삼 깨달았을 것이다.

그런데 하나님은 작은 존재인 한나에게 역전의 은혜를 허락해주셨다. 역전의 하나님, 그분의 은혜를 찬양하지 않을 수 없다.

"용사의 활은 꺾이고 넘어진 자는 힘으로 띠를 띠도다"
삼상 2:4.

활은 용사의 능력을 과시하는 도구이며 믿음의 대상이다. 그런데 믿었던 활도 결국은 산산이 부서지고 꺾인다. 다시는 소생할 수 없을 만큼 철저하게 파멸당한다. 하지만 일어서지 못할 것처럼 넘어졌던 자에게 하나님의 은혜가 임하면 힘으로 띠를 띠게 된다. 활을 가진 용사들에게 무참히 짓밟히던 자가 다시 일어서서 힘을 회복하고 출정 준비를 한다. 아무리 강한 용사라도 자기 힘을 의지하는 자는 망하고, 약한 자라도 하나님의 힘을 의지하는 자는 회복된다는 뜻이다.

"풍족하던 자들은 양식을 위하여 품을 팔고 주리던 자들은 다시 주리지 아니하도다"삼상 2:5.

하나님께서 얼마나 역전의 명수이신지, 전쟁에서뿐 아니라 일반 경제생활에서도 역전의 은혜는 나타난다. 호구지책으로 품을 팔며 살아가던 고달픈 자들이 풍족함을 누리고, 한때 풍족하던 자들이 오히려 품을 팔게 되는 일이 나타나는 것이다.

"전에 임신하지 못하던 자는 일곱을 낳았고 많은 자녀를 둔 자는 쇠약하도다"삼상 2:5.

역전의 은혜를 고백하던 한나는 자신과 브닌나와의 관계를 직접적으로 언급한다. 물론 여기서 일곱을 낳았다는 표현은 한나가 자식 일곱을 낳았다는 말이 아니라 그만큼 많은 자식을 낳게 된다는 것을 의미한다. 결국 한나는 이 고백대로 세 아들과 두 딸, 사무엘까지 여섯을 낳은 사람이 되었다. 아이를 하나도 낳지 못하던 한나가 6남매를 낳은 것이다. 한나가 하나님을 찬양한 대로, 하나님께서는 한나에게 역전의 은혜를 허락하셨다.

성경을 보면 이와 같은 역전의 은혜가 자주 소개된다. 성경은 온통 역전의 드라마라고 해도 과언이 아니다. 하만과 모르드개의 인생만 해도 얼마나 드라마틱한 역전의 이야기인가?

하만은 당시 페르시아의 총리대신으로서 하늘을 나는 새도 떨어뜨릴 만한 권력자였다. 그러다 보니 교만과 오만이 하늘로 치솟아서 유대인이었던 모르드개를 너무나 미워했고, 결국 모르드개뿐만 아니라 온 유대인들을 죽이려고 남몰래 일을 진행하고 있었다. 그러던 어느 날 밤, 쉽사리 잠을 청할 수 없었던 아하수에로 왕은 아무 생각 없이 역대일기를 꺼내 읽었다. 그러다 왕의 암살계획 사건이 있을 때 모르드개가 자신을 구원해준 일이 있음을 발견하고, 그에게 아무런 호의도 베풀지 않았음을 깨달았다. 왕은 날이 밝자마자 모르드개를 온 나라 가운데 높이는 의식을 거행했다. 그것도 하만이 모든 준비를 하도록 일이 진행되었다. 그 후 하만은 모르드개를 매달아 죽이려 했던 나무에 매달려 죽음을 맞이하게 되었다.

어떻게 이런 역전의 사건이 일어날 수 있을까? 왜 하필 아하수에로 왕은 그날 밤 역대일기를 읽게 되었을까? 이 모든 것은 하나님께서 쓰시는 역전의 드라마라고밖에 표현할 방법이 없다.

그래서 우리는 항상 겸비한 마음으로 살고, 하나님만을 높이며 살아야 한다. 지금 잘나간다고 교만하거나 건강하다고 해서 약한 사람을 무시하면 전세가 역전된다. 하나님께서는 연약한 자를 택하사 강한 자를 부끄럽게 하시고 미련한 자를 택하사 지혜로운 자를 부끄럽게 하시기 때문이다.

기도의 사람 한나는 이 사실을 하나님께 고백하고 있다. 역전의 명수이신 하나님을 찬양하고 있다. 그래서 한나는 인생을 향하신 '하나님의 주권'을 인정할 수밖에 없었다. 우리 인생이 철저하게 하나님의 손 안에 들어가 있음을 고백한다.

> "여호와는 죽이기도 하시고 살리기도 하시며 스올에 내리게도 하시고 거기에서 올리기도 하시는도다 여호와는 가난하게도 하시고 부하게도 하시며 낮추기도 하시고 높이기도 하시는도다" 삼상 2:6, 7.

생명을 주실 뿐만 아니라 거두기도 하시는 분이 하나님이다. 한나는 우리 인생에 대한 하나님의 이 같은 절대주권을 알고 있었고 그것을 인정했다. 그래서 한나는 하나님께 사무엘을 바칠 수 있었다. 뒤늦게 얻은 아들에 대한 사사로운 욕심을 버릴 수 있었다. 뒤이어 고백하는 한나의 찬양은 하나님의 절대주권에 대한 영적 통찰력이 담긴 내용이다.

"가난한 자를 진토에서 일으키시며 빈궁한 자를 거름더미에서 올리사 귀족들과 함께 앉게 하시며 영광의 자리를 차지하게 하시는도다 땅의 기둥들은 여호와의 것이라 여호와께서 세계를 그것들 위에 세우셨도다 그가 그의 거룩한 자들의 발을 지키실 것이요 악인들을 흑암 중에서 잠잠하게 하시리니 힘으로는 이길 사람이 없음이로다 여호와를 대적하는 자는 산산이 깨어질 것이라 하늘에서 우레로 그들을 치시리로다 여호와께서 땅끝까지 심판을 내리시고 자기 왕에게 힘을 주시며 자기의 기름 부음을 받은 자의 뿔을 높이시리로다 하니라"삼상 2:8-10.

찬양은 우리를 지성소로 안내한다

한나는 하나님께서 하신 일들을 그대로 고백한다. 한나가 알고 경험한 하나님을 향한 표현은 하나님께 드린 찬양의 기도가 되었다. 그런데 이와 같은 고백이 하나님의 강력한 임재를 부른다는 사실을 우리는 잘 모르고 있다.

찬양과 경배가 무엇인가? 하나님의 인격과 성품을 노래하는 것이다. 즉, 주님이 흘리신 십자가의 피로 내가 구원받았음을 고백하는 것이고, 하나님의 자비와 능력과 인자하심과 긍휼하심을 노래하는 것이다. 따라서 우리가 하나님을 찬양하면 하나님께서 영광 받으시기도 하지만, 그 자체가 지축을 뒤흔드는 강력한 선포가 된다. "하나님이 나를 구원하셨다. 예수님의 보혈이 나를 살리셨다"라는 믿음의 선포야말로 공중권세 잡은 사탄을 두려워 떨게 하는 능력이 되는 것이다.

실례로 바울과 실라는 복음을 전하다가 너무도 억울하게 옥에 갇혔다. 예수 이름으로 귀신을 내쫓은 일로 인해 깜깜한 감옥에 갇히고 말았다. 그럼에도 바울과 실라는 인생의 어두운 밤에 하나님을 찬양했다. 예수 그리스도 보혈의 은혜와 그분의 권세를 감옥 안에서 찬양했다. 그 후 어떤 일이 벌어졌는가?

> "이에 갑자기 큰 지진이 나서 옥 터가 움직이고 문이 곧 다 열리며 모든 사람의 매인 것이 다 벗어진지라"행 16:26.

불도 없이 캄캄한 밤에 바울과 실라가 하나님을 찬송하고 있는데 갑자기 큰 지진이 나면서 옥문이 열렸다. 그리고 죄수들의 발을 묶고 있던 차꼬가 저절로 풀리는 일이 벌어졌다. 바울과 실라가 하나님을 찬송할 때 하나님의 능력이 강하게 임한 것이다.

이렇듯 찬양은 하나님의 임재를 부른다. 찬양은 우리를 하나님께로 더 가까이 인도한다. 우리가 누군가와 동행하다가 "지난번에 보니까 당신은 참 사랑이 많은 사람이더군요. 그런 당신과 함께 여행을 하게 되어 얼마나 감사한지 모릅니다"라고 말한다면, 그 말을 들은 동행자와 나 사이가 어떻게 되겠는가?

찬양은 하나님과 우리 사이를 가깝게 만드는 대화이자, 인생의 밤을 지날 때 하나님의 임재를 불러옴으로 그간 묶여 있던 사슬을 끊게 하는 열쇠다. 그래서 찬양은 우리가 형통할 때도 올려드리는 것이고, 사방으로 에워쌈을 당할 때도 올려드리는 것이다. 찬양은 곧 기도이며, 기도는 곧 동행이기 때문이다.

하나님과 동행하기 원하는가? 그렇다면 찬양의 제사를 드리며 하나님께 나아가기 바란다. 당신의 인생에 행하신 하나님의 일들을 하나하나 아뢰면 그 자체가 하나님께서 기뻐 받으시는 찬양이 될 것이다.

골방으로 가는 길

01

한나는 자신이 알고 경험한 하나님을 향해 찬양의 기도를 올려드렸다. 하나님께서 내 인생에 행하신 일들을 기록한 다음, 하나님께 찬양의 기도를 올려보자.

02

하나님을 찬양하면 하나님께서 영광 받으시기도 하지만 그 자체가 강력한 선포가 된다. 내 삶을 얽매는 사탄의 사슬이 있는가? 그것이 무엇이든 그리스도의 이름 앞에서는 힘없이 끊어진다는 사실을 선포하며 담대함으로 하나님을 찬양하자.

14 DAY

먼저 영혼이
잘되기를 기도하라

사랑하는 자를 위해 꼭 필요한 기도

 몇 년 전, 아버지가 집에 찾아오셔서 숙제 하나를 내주신 적이 있다. 여든이 넘은 고령이심에도 나를 위해 매일 세 시간씩 기도하시는 아버지였기 때문에 나는 하나님께서 주신 숙제로 받고 충실히 이행했다.
 "사랑하는 자여 네 영혼이 잘됨같이 네가 범사에 잘되고 강건하기를 내가 간구하노라"는 요한삼서 1장 2절 말씀을 매일 선포하며 기도하는 것이 숙제였다. 그것도 "네 영혼이"를 "내 영혼이"로, "네가 범사에 잘되고"를 "내가 범사에 잘되고"로 바꿔서 선포하라는 것이었다.

> "사랑하는 자여 내 영혼이 잘됨같이 내가 범사에 잘되고 강건하기를 내가 간구하노라."

우리가 너무나 잘 알고 좋아하는 말씀이다. 그러나 한편으로는 기복주의적인 해석에 대한 우려 때문에 많은 사람들이 이 구절을 붙들고 살지 못하기도 한다.

나는 아버지가 수많은 성경구절 중에 이 말씀을 숙제로 내주신 데는 이유가 있을 것이라고 확신하여 매일 선포하면서 기도했다. 그러다 보니 어느 날부터인가 왜 그런 숙제를 내주셨는지 알 것 같았다. 이 말씀에는 사랑하는 자를 향한 간절한 기대와 소망이 담겨 있기 때문이다. 부모로서 사랑하는 나의 자녀가 이렇게 되었으면 좋겠고, 이렇게 살았으면 좋겠다는 간절한 바람 말이다. 아마도 아버지는 나를 위해 매일 간구하실 때에도 이 말씀을 붙잡고 기도하셨는지 모른다. 그리고 이제는 나 자신이 이 말씀을 선포하며 기도해야 한다고 생각하셨던 것 같다.

우리는 오늘도 스스로를 위해 또 사랑하는 사람들을 위해 기도하며 산다. 기도 없이 인생의 걸음을 뗀다는 것은 너무도 불안한 일이기에 기도하지 않을 수 없다. 그럼에도 우리는 누군가를 위해 '어떤 기도제목'으로 기도해야 할지 잘 모르는 경향이 있다. 요한삼서의 이 말씀은 기도에 관한 그런 궁금증을 해소하는 데 매우 중요한 해법이 된다.

영혼이 잘되는 게 무슨 뜻인가요

요한삼서는 예수님의 열두 제자 중 한 사람인 사도 요한이 믿음으로 낳은 아들 가이오에게 보낸 편지다. 사도 바울에게 믿음의 아들 디모데가 있었다면 사도 요한에게는 가이오가 있었다. 요한은 인격과 믿음이 훌륭한 가이오를 얼마나 사랑했는지 열다섯 절밖에 안 되는 짧은 편지를 쓰면서 "사랑하는"이라는 수식어를 무려 다섯 번이나 사용했다. "사랑하는 가이오"라는 표현은 물론 "내가 참으로 사랑하는 자"라는 표현까지 쓴 것으로 보아 가이오를 향한 사도 요한의 사랑이 얼마나 지극했는지를 알 수 있다. 그렇게 사랑했기 때문에 요한은 가이오에 대한 간절한 기대와 소망을 담아 요한삼서를 기록했다.

믿음의 아들 가이오를 향한 사랑이 컸던 만큼 요한은 가이오를 위한 최고의 기도를 드리고 싶었을 것이다. 마치 아버지가 나를 위해 기도하실 때 '이 아이를 위해 무슨 기도를 드려야 할까?' 고심하신 것처럼 말이다. 그렇게 나온 첫 번째 기도가 바로 '영혼이 잘되기를' 간구하는 것이었다.

　인간에게는 동물과 달리 영혼이 있다. 창세기 2장 7절은 하나님께서 처음 사람을 만드실 때 흙으로 빚어서 육체를 만드셨고 그 코에 생기를 불어넣으심으로 생령이 되었다고 말하고 있다. 그 생령이 바로 속사람인 영혼이다.

　그렇다면 영혼이 잘된다는 것은 무슨 뜻일까? 결론적으로 말하면, 불신자들은 예수를 믿어 그 영혼이 구원을 받는다는 것이고, 이미 예수를 믿는 자들은 하나님과의 깊은 사귐 가운데 살게 되는 것이다. 하나님과 동행하며 살고, 그 하나님을 닮아가며 살고, 하나님의 능력 안에서 사는 것을 가리킨다.

　하나님께서 우리를 지으신 이유를 살펴보면 이를 확인할 수 있다. 하나님께서 심심하신 까닭에 기쁨조나 꼭두각시로 삼기 위해 사람을 지으신 것이 아니다. 창세전부터 누리시던 기쁨과 평안과 감격과 행복을, 사람과 교제하며 누리시고자 우리를 지으셨다.

　따라서 우리의 진정한 행복은 주님과의 깊은 사귐이 이루어질 때 주어진다. 내가 주님 안에 있고 주님이 내 안에 거하시는 친밀한 사귐이 이루어질 때, 인간이 느낄 수 있는 가장 큰 행복을 경험하는 것이다. 바로 그와 같은 상태를 성경은 '영혼이 잘되는 것'이라고 말한다.

　영국 목사들이 모인 수련회에서 간증했던 한 중국인 목사의 이야기는 이 같은 사실을 입증해준다. 그 중국인 목사는 아주 부유한 집안의 자녀로 태어나 공부도 많이 했다. 그런데 예수님을 만나자마자 구주 예수님을 증거 하는 목사가 되기로 결심했다. 중국 공산당 치하에서 목사가 된다는 것은 인생의 모든 행복을 포기해야 한다는 뜻이었다. 하지만 예수님을 만난 감격과 은혜가 너무 컸기에 기꺼이 그 길을 갔다. 목사 안수를 받고 지하 교회 지도자로 섬기다가 공안당국에 체포되어 강제노동수용소로 끌려갔다. 영국 목사들이 모인 수련회에서 간증했을 때는 강제노동수용소에서 18년간 복역하고 난 뒤였다.

그런데 지긋지긋하고 무서운 수용소 생활을 한 사람답지 않게 그 중국 목사의 얼굴빛은 참으로 평안했고, 외적인 건강 또한 좋아 보였다. 그는 어떻게 해서 그와 같은 강건을 유지할 수 있었을까?

처음 수용소에 들어갈 때만 해도 그는 공산주의자들의 혐오 대상 1순위였다. 공산주의 사회에서 예수쟁이라 하면 어떤 정치범보다도 눈에 거슬리는 존재였기 때문이다. 그래서 그에게는 누구보다 힘든 일이 주어졌다. 한번은 예수쟁이를 극도로 싫어하는 공산주의자가 그를 끌어다 인분 퍼내는 작업을 시켰다. 화장실에서 나오는 인분을 가로, 세로 각각 2미터가 되는 큰 웅덩이에 모아놓는 일은 날마다 하기에는 굉장히 힘든 최악의 작업이었다. 무엇보다 악취가 심해서 어느 누구도 웅덩이 주변에 가지 않았다. 오죽했으면 공산주의자들조차 그 일을 하라고 시키고는 아주 멀리서 이따

금씩 지켜볼 뿐이었겠는가.

그는 힘든 마음으로 그 일을 감당했다. 감당하지 않으면 총살을 당해야 하므로 할 수밖에 없었다. 그런데 곰곰이 생각해보니, 그곳이야말로 기가 막힌 장소였다. 그간 방 안에 있을 때나 밖에서 노동할 때나 찬송하고 싶어도 마음껏 할 수 없었다. 기도 역시 마음속으로만 되뇔 뿐, 입 밖으로는 한마디도 할 수 없었다. 하지만 인분 웅덩이 근처에는 누구 하나 얼씬하지 않으니 무엇이든지 원하는 대로 할 수 있었다.

이를 깨달은 그는 그때부터 소리 내어 찬송도 하고 기도도 했다. 지하 교회를 섬길 때도 소리 높여 부르지 못한 찬송을 마음껏 부르며 하나님을 경배했다. 평소 암송해둔 하나님의 말씀을 끊임없이 선포했고, 그 말씀을 붙잡고 기도하며 일했다. 그렇게 그는 여러 해 동안 그 작업을 계속했다. 그러다 나중에는 그 일을 자원하기까지 했다. 인분 웅덩이에서 하나님과 교제하며 하나님을 찬양하는 시간이야말로 그가 결코 놓칠 수 없는 세상의 큰 행복이요 기쁨이었기 때문이다.

중국인 목사는 간증하는 자리에서 그때 자주 불렀던 찬송을 소개했다. 마일즈$_{C.A.\,Miles}$가 지은 찬송가 442장이었다. "저 장미꽃 위에 이슬"로 시작하는 이 찬송은 하나님과 함께 사는 자의 행복과 기쁨을 노래한 곡이다. 그는 그 찬송을 부르며 하나님과 행복한 동행을 했기 때문에 고통스러운 강제노동수용소에서도 심신의 건강을 유지할 수 있었다고 고백했다.

"주님 나와 동행을 하면서
나를 친구 삼으셨네
우리 서로 받은 그 기쁨은
알 사람이 없도다."

그는 영혼이 잘된 자의 축복을 진정으로 누리며 살았다고 할 수 있다. 가장 고통스러운 곳에서 가장 행복하게 산 것이다.

영혼이 잘되면 범사가 잘된다

우리는 모두 영혼이 잘되어야 한다. 영혼은 나무로 말하면 뿌리와 같다. 뿌리가 병들고 상하면 좋은 열매를 맺을 수 없듯이, 영혼이 죽거나 병들어 있으면 어떤 복도 누릴 수 없다. 즉, 영혼이 잘되지 않은 상태에서 주어지는 물질이나 건강의 복은 도리어 불행의 근원이 될 수 있다.

그런데도 우리는 가장 중요한 영혼에 대해서는 별 관심을 두지 않는다. 육신의 건강과 물질의 부유함을 위해서는 기도하지만 내 영혼의 잘됨, 네 영혼의 잘됨을 위해 최우선적으로 기도하는 일은 별로 없다.

성경은 자기 영혼에 대해 관심이 없는 사람을 "어리석은 자"라 표현한다. 누가복음 12장에 나오는 어리석은 부자가 대표적인 사람이다.

우리는 영혼의 건강부터 챙겨야 한다. 내 영혼이 잘되기 위해 끊임없이 생명의 떡을 먹고, 생수를 마셔야 한다. 예수님의 말씀을 읽고 예수님께 기도하며 예수님과 동행하며 살아야 한다.

요한은 가이오에게 이 사실을 전하면서 영혼이 잘됨같이 범사가 잘되기를 간구한다고 말했다. 즉, 가이오의 일상적인 모든 것이 잘되기를 기도한다는 뜻이다. 순차적으로 살펴볼 때, 영혼이 잘되면 일반적으로 범사가 잘될 수밖에 없다. 뿌리와 같은 내 영혼이 시냇가의 생수와 같은 예수님께 닿아 있다면 당연히 그 잎사귀는 마르지 않고 시절을 좇아 과실을 맺게 되지 않겠는가.

여기서 "범사에 잘되기를"이란 표현의 '잘된다'라는 말은 헬라어로 "유오두스다이"로서, '좋은 길로 인도됨' 혹은 '좋은 여행을 한다'라는 뜻이다. 은유적으로는 '번영하다', '성공하다'라는 의미로 볼 수 있다. 내 영혼이 잘되면 내 인생이 좋은 여행길로 인도함 받을 뿐 아니라 주 안에서 진정으로 성공한 인생을 살게 된다는 말이다.

사도 요한은 사랑하는 믿음의 아들 가이오를 위해 영혼의 잘됨과 더불어 '범사의 잘됨'을 기도했다. 사랑하는 자를 위해 무엇을 기도해야 하는지 알려주는 대목이다. 하지만 이 둘은 순서가 바뀌어서는 안 된다. 영혼이 잘되어서 범사가 잘되도록 기도해야 한다. 영혼이 잘됨으로 인해 범사가 형통해야 내가 사랑하는 사람의 삶이 영원으로 이어질 수 있기 때문이다.

강건하기를 기도하라

요한은 사랑하는 믿음의 자녀 가이오를 생각하면서 그의 범사가 잘되기를 기도할 뿐 아니라 강건함 역시 간구했다. '강건'이란 육체의 건강을 의미한다. 가이오 또한 디모데처럼 몸이 몹시 약했던 것 같다. 그래서 요한은 아비의 마음으로 가이오를 위해 기도하고 있다.

우리를 자녀로 두신 하나님 아버지의 마음도 그와 같다. 하나님께서는 우리 영혼이 잘되기를 바라시지만 육체가 건강한 것 또한 원하신다.

예수님이 왜 십자가를 지셨는가? 예수님은 우리의 죄 사함뿐 아니라 모든 질병까지 안고 가기 위해 십자가에서 피 흘려 죽으셨다. 우리의 모든 연약함을 친히 담당하시며 병을 짊어지고 가셨다 마 8:17. 우리의 병 나음을 위해 채찍에 맞으셨다. 뿐만 아니라 공생애의 3분의 1을 병을 고치는 데 보내셨다. 제자들을 둘씩 파송하실 때도 '귀신을 쫓아내고 모든 병과 모든 약한 것을 고치는 권능'을 허락하셨다. 부활 승천하실 때도 병 고침에 관한 말씀을 마지막으로 하셨다.

> "믿는 자들에게는 이런 표적이 따르리니 곧 그들이 내 이름으로 귀신을 쫓아내며 새 방언을 말하며 뱀을 집어 올리며 무슨 독을 마실지라도 해를 받지 아니하며 병든 사람에게 손을 얹은즉 나으리라"막 16:17, 18.

이처럼 주님은 우리가 강건하기를 진심으로 원하신다. 따라서 나 자신을 위해 기도할 때나 내가 사랑하는 사람을 위해 기도할 때 '강건함'을 위해 기도해야 한다. 교회에서든 가정에서든 그 밖의 다른 곳에서든 병든 자를 위해 기도하는 일을 쉬지 말아야 한다. 강건함이야말로 우리를 향하신 하나님의 뜻이기 때문이다.

가이오를 향한 요한의 기도 내용은 매우 짧지만 이 세 마디에는 많은 축복의 언어가 담겨 있다. 어떤 면에서는 우리 인생에서 받아야 할 모든 것이 담겨 있다고 해도 과언이 아니다. 어떤 사람들은 "영혼이 잘됨같이 범사가 잘되고 강건하기를 기도한다"라고 하면, 지나치게 세속적이고 유치한 기도가 아니냐고 반박한다. 그분에게 나는 묻고 싶다. 먹고살기 위해 열 시간 열두 시간씩 땀 흘려 일하는 것이 유치한 일인지, 큰 병에 걸려 열 시간 동안 수술 받아야 하는 일이 세속적인 일인지를 말이다.

우리는 모두 먹고사는 일의 형통과 건강의 축복을 위해 반드시 기도해야 한다. 거룩하신 하나님께서도 그것을 원하셨기에 요한을 통해 성경에 기록하신 것이다.

다만 그렇게 기도하되 한 가지 전제가 있다. 먼저 영혼의 잘됨을 위해 기도해야 한다. 우선적으로 하나님 나라를 구하면 모든 것을 얻는 것처럼 영혼이 잘되어야 가장 좋은 인생길로 인도받을 수 있기 때문이다.

골방으로 가는 길

01

사랑하는 사람들을 위한 최선의 섬김은 그들을 위한 기도다. 기도가 필요한 형제, 자매들이 누구인지 기도 수첩에 적고, 그들을 위해 기도하되 그들의 영혼이 잘되기를 기도하자.

02

내 영혼이 하나님의 사랑 안에 깊이 뿌리 내리지 못하고 있다면 그 원인은 무엇이라고 생각하는가? 뿌리의 성장을 가로막는 요인을 찾아 고백하고, 하나님과의 깊은 사귐 가운데 살 수 있도록 간절히 구하자.

하나님께서는 고난의 시간을 허락하심으로 그분의 뜻을 구하게 하시고 나의 것들을 내려놓게 하신다. 그리고 '하나님의 뜻'을 선택하는 것이 최고의 선택이었음을 깨닫게 하신다. 하나님께서는 그러한 과정을 통해 우리를 위대한 하나님의 사람으로 업그레이드시켜 놓으신다.

03 Week

무엇을 기도할 것인가?

아버지 원대로 하옵소서

15 DAY

기도에
내 고백을 담아라

기도하는 사람에게서 기도를 배운다

　사람은 무엇을 보고 자라느냐에 따라 목마름의 내용이 달라진다. 어려서부터 자주 본 것일수록 그에 대해 목말라할 가능성이 아주 크다. 자동차 수집광의 자녀는 자동차에 대해, 패션 디자이너의 자녀는 옷, 신발, 액세서리에 대해 항상 목마름을 갖고 있다. 그것을 갖고 싶어 하고 갖기 위해 애쓴다. 마치 그것이 없으면 잘못될 것 같은 착각에 빠지기도 한다.

이처럼 무엇을 보며 자라느냐의 문제는 마치 우리 영혼에 어떤 먹이를 주느냐의 문제와 같아서, 자주 받아먹은 먹이일수록 그리워하고 목말라하는 성향을 띠게 된다.

나는 가끔 '내가 섬기는 오륜교회 성도들은 무엇에 대한 목마름으로 살아갈까?'라는 생각을 해본다. 교회가 성도에게 계속해서 하나님 나라를 보여주었는지, 아니면 세상의 화려한 볼거리를 보여주었는지 되짚다 보면, 목회가 결코 개인의 문제로만 끝나는 게 아니라 수많은 사람들의 삶과 인생에 중대한 영향을 끼친다는 생각에 옷깃을 여미게 된다.

한편, 우리 교회의 금요기도회 예배를 드린 외부 지인들이 들려줬던 이야기들을 떠올리며 감사한 마음을 갖기도 한다. 지인들은 교인들의 기도 열기와 야성에 찬 기도 열정이 부럽다는 말을 자주 한다. 정말 우리 교인들은 그들의 눈에 비친 대로 기도에 관한 목마름을 안고 살아가는 것일까? 세상의 방법과 전략이 아닌 하나님의 방법, 하나님의 은혜에 대한 깊은 목마름이 우리의 영적 체질이 되어가는 것일까?

일일이 확인해볼 길은 없지만, 나는 교회가 세워졌던 지난 세월 속에서 '무릎으로 승부하길' 원하신 주님의 메시지에 온 교인들이 동참한 사실을 부인할 수 없다. 교회 부흥도 기도할 때 이루어졌고, 교회의 성숙과 성장 모두 기도 대열에 참석한 교인들의 믿음으로 이루어졌다. 어떤 일만 생기면 '기도해야 한다'는 절박감으로 기도의 무릎부터 꿇은 사람들을 통해 교회의 정체성을 지킬 수 있었다.

사실 주님의 제자로 부름받은 사람들이라면 '기도'에 관한 목마름부터 가져야 한다. 일을 시작하고 진행할 때마다 기도부터 챙기려 하고, 더 많이, 더 깊이 기도하지 못함에 대해 안타까움을 갖고 있어야 한다. 기도가 무엇인지, 어떻게 기도해야 하는지, 어떻게 기도할 때 주님이 기뻐하시는지에 관한 목마름이야말로 영혼의 상태를 알게 해주는 척도라 할 수 있다.

예수님의 제자들에게도 그런 목마름이 있었다. 누가복음 11장을 보자. 예수님의 제자 중 한 사람이 예수님께 나아와 기도를 가르쳐달라고 요청하는 부분이 나온다. 그런데 이 제자는 예수님께 '기도에 대해서'가 아니라 '기도를' 가르쳐달라고 말한다. 그가 배우기 원한 것은 기도의 테크닉이 아니라 기도의 내용이었다. 방법이 아니라 본질을 알고 싶어 했다. 아마도 그는 '기도가 대체 무엇이기에?'라는 생각을 했음이 분명하다. 기도를 배워야만 하늘나라의 비밀을 알 수 있다고 생각했던 것 같다.

어떻게 이런 추측이 가능한가? 그가 예수님께 나아와 기도를 가르쳐달라고 한 시점을 보면 알 수 있다. 누가복음 11장 1절에 보면 "예수께서 한곳에서 기도하시고 마치시매" 예수님의 제자가 "우리에게도 (기도를) 가르쳐주옵소서"라고 요청했다고 나온다. 예수님은 평소 습관대로 어느 곳에선가 기도하고 계셨다. 그리고 제자들은 기도에 집중하시는 주님의 모습을 바라보고 있었다.

우리는 여기서 중요한 교훈을 얻는다. 기도에 관한 목마름이 어디서부터 나오는가에 대한 것이다. 제자들은 예수님이 기도하시는 모습을 통해 기도의 필요성을 절실히 깨달았다고 할 수 있다.

제자들은 예수님과 함께 생활하는 동안 기도하시는 예수님의 모습을 늘 보아왔다. 공생애 사역을 기도로 시작하셨던 예수님은 변화산 상에서 신비한 영체로 변화하실 때도 기도하셨다. 제자를 선택하실 때도 기도하셨고, 십자가를 지시기 전에도 겟세마네 동산에서 기도하셨다. 십자가에 못 박혀 피 흘려 돌아가시면서도 기도하셨다. 예수님은 평상시에도 홀로 습관을 따라 기도하셨다.

제자들은 날마다 기도와 더불어 사시는 주님의 모습을 목격하던 중에 기도에 대한 목마름을 갖게 되었다. 물론 처음부터 기도에 대한 도전을 받지는 않았을 것이다. 그러나 하루, 일주일, 한 달, 1년을 지내면서 예수님의 능력이 어디에서 비롯되는지 알게 되었다. 기도로 하나님과 동행하는 삶의 아름다움을 예수님을 통해 차츰 느낄 수 있었다. 사명 감당도 기도로, 충전도 기도로, 미래 설계도 기도로 이루시는 예수님의 모습을 보며 '기도가 무엇일까?'라는 생각을 갖게 되었다.

무엇보다 제자들은 기도를 통해 하나님과의 관계를 누리는 예수님의 모습에 감탄했을 것이다. 그렇게 고단한 중에도 기도를 누리고, 군중이 예수님을 찾을 때도 기도를 누리며, 고난이 눈앞에 닥

쳤을 때도 기도로 회복하시는 예수님의 모습은 기도가 얼마나 큰 특권인지를 알게 해주고도 남음이 있었다. 그래서 제자는 예수님께 기도를 가르쳐달라고 요청한 것이다.

이처럼 기도를 누리며 사는 모습을 보면 기도에 대한 깊은 목마름을 갖게 된다. 엄마의 기도하는 모습, 아빠의 기도하는 모습이야말로 우리 자녀들에게 기도에 대한 가장 강력한 도전이 된다. 목사가 기도하면 성도들이 기도하게 되고, 순장이 기도하면 순원들이 기도하게 되며, 교사가 기도하면 학생들이 기도하는 이유가 이 때문이다. 따로 "기도하라"고 가르치는 것보다, 기도의 삶을 누리는 모습을 보여줄 때 가장 효과적으로 기도를 가르치게 된다.

나는 청년 시절, 서울 풍납동의 한 교회에서 전도사 생활을 한 적이 있다. 막상 사역을 시작하고 나자 나의 부족한 영성과 설교 능력, 연약한 지도력이 만천하에 드러남을 시인하지 않을 수 없었다. 그런 내가 주일학교 아이들을 하나님께 인도할 수 있을지에 대한 여러 가지 두려움과 좌절이 엄습해왔다.

그러나 부모님의 삶을 보면서 내가 깨달은 것은 기도 속에 답이 있다는 사실이었다. 위기의 순간을 맞자 나는 부모님처럼 기도에 대한 목마름을 가졌다. 새벽기도를 사모하는 마음으로 드렸고, 주일학교 설교 준비를 위해 일주일의 절반은 금식하며 기도했다. 그러다 더 절박한 문제, 해결되지 않는 문제가 있을 때는 21일간 금식기도 하는 것을 두려워하지 않았다.

이에 대해 오해가 없기를 바란다. 나의 부족한 기도생활을 내세우려는 게 아니다. 부모님의 남다른 기도생활이 그만큼 기도에 대한 간절함과 목마름을 절절이 안겨주었다는 것을 말하기 위함이다. 만약 내가 사역을 시작하면서 목회의 능력을 기도 외의 다른 것에서 찾으려 했다면 지금쯤 어떻게 되었을까? 공허한 말들로 영혼을 마르게 할 뿐 아니라 그저 열심히 달려가다가 스스로 탈진하여 일어나지 못했을 수도 있다. 하나님과 동행하는 기쁨을 누리고, 그 안에서 회복되며, 그 안에서 답을 찾는 것이 기도 아닌가. 기도란 응답을 받는 일이기도 하지만 하나님과의 관계 속에 들어가 사는 일임을 기도생활을 하면서 알 수 있었다. 기도가 회복이고 기도가 능력이며 기도가 사랑임을 느낄 수 있었다. 그래서 기도하는 사람들은 한결같이 말한다. 기도하다 보면 기도하는 게 좋아질 수밖에 없고, 하나님께서 주시는 새로운 힘과 능력을 받을 수밖에 없다.

  우리는 이같이 좋은 기도의 비밀을 자녀들과 공동체 지체들에게 알려줘야 한다. 기도하는 삶, 기도를 누리는 삶을 살아감으로써 그들에게 기도에 대한 목마름을 안겨줘야 한다. 그래서 우리 자녀들의 입에서 "우리 엄마 아빠는 기도하는 분이야", "우리 엄마 아빠는 기도할 때 가장 행복해하셔"라는 말이 나올 정도가 되면, 그 가정은 틀림없이 믿음의 명문으로 견고하게 세워질 것이다. 또한 자녀들은 반드시 기도의 사람이 될 것이다.

물고기가 물을 떠나면 살 수 없고 하늘을 날지 못하는 독수리는 독수리가 아니듯이, 기도하지 못하는 자녀는 하나님의 자녀가 아니다. 하나님의 자녀로서 풍성한 삶을 충분히 누릴 수 없다. 기도에 대한 목마름을 가져야 산다. 기도하고 싶고, 기도를 배우고 싶고, 기도를 누리고 싶어 하는 마음이 넘칠수록 우리는 기도의 사람이 될 수 있다. 그렇게 변화되는 우리를 통해 또 다른 기도의 사람이 세워질 수 있다.

나를 담아내야 기도의 사람이 된다

우리는 어떻게 하면 기도를 누릴 수 있을까? 기도를 행복해하고, 기도를 오래 하며, 기도가 삶이 되도록 하는 길은 어디에 있을까?

기도의 사람이 되기 위해 그동안 많은 기도를 배웠다. 야베스의 기도, 모세의 기도, 엘리야의 기도, 다윗의 기도, 다니엘의 기도 등등…. 이 같은 기도를 소개한 것은 그들의 기도 자체가 효력이 있어서가 아니라 참된 기도가 무엇인지 배워 자신만의 기도를 찾도록 하기 위함이었다.

그러나 어떤 이들은 누군가 했던 기도 문장 자체를 하나의 주문으로 받아들인다. 어려서 들었던 부모님의 기도문, 설교에서 들었던 다윗의 기도문을 그대로 읊조리면 기도의 효과를 체험하고 기도의 사람으로 변할 수 있다고 믿는다. 그러나 그것은 중언부언의 기도일 뿐, 나와 하나님과의 관계 속에서 올려드리는 진정한 기도가 아니다. 나의 신앙고백을 담지 않은 채 의미 없이 반복하는 기도는 헛된 기도다.

예수님은 이를 잘 아시고 우리가 어떤 내용의 기도를 올려드려야 하는지 '주기도문'을 통해 가르쳐주셨다. 즉, 기도의 내용과 의미가 중요하다는 사실을 이를 통해 말씀하셨다.

예수님 당시의 종교 지도자들은 기도에 대해 많은 오해를 하고 있었는데, 그중 하나가 '중언부언의 기도'였다. 당시 그들은 많은 시간을 들여서 기도해야만 주님이 받으신다는 잘못된 생각에 사로잡혀 있었다. 그러다 보니 의미 없는 말들을 반복해서 주문을 외듯 중언부언의 기도를 드리곤 했다.

물론 기도는 할 수만 있다면 오래 하는 게 좋다. 제자들을 향해 "너희가 한 시간도 깨어 기도할 수 없더냐"라고 책망하셨던 예수님 아닌가. 적어도 시험에 들지 않으려면 하루에 한 시간은 기도해야 한다는 의미를 담은 말씀이다. 기도하는 데는 시간도 중요하다는 뜻이다. 그러나 시간을 늘리기 위해 의미도 없는 말을 반복해서는 안 된다. 그렇게 기도하면 밤새도록 기도했어도 아무것도 생각나지 않는 중언부언의 기도가 되고 만다. 그렇다고 반복해서 드리는 기도가 모두 중언부언의 기도라는 말은 아니다.

예수님은 겟세마네 동산에서 무릎을 꿇고 "아버지여 만일 할 만

하시거든 이 잔을 내게서 지나가게 하옵소서 그러나 나의 원대로 마시옵고 아버지의 원대로 하옵소서"마 26:39라고 땀방울이 핏방울이 되도록 기도하셨다. 주님은 반복해서 기도하셨지만 분명한 의미를 담아 간절히 기도하셨기에 역사에 길이 남는 위대한 기도가 되었다. 상황을 아뢰는 기도였고, 마음과 영혼을 담은 기도였기에 예수님은 기도를 드리는 가운데 하나님의 뜻을 찾을 수 있었다.

여기서 중언부언의 기도와 진정한 기도의 차이점을 발견할 수 있다. 그것은 기도 속에 나를 담아내느냐 아니면 외적인 언어 형식만 빌려왔느냐이다. 기도 속에 나를 담지 않으면 기도는 결코 '관계'가 될 수 없다. 즉, 나의 상황, 나의 마음, 나의 생각, 나의 영혼을 담아 아뢰는 게 아닌 그저 좋은 어떤 문장을 반복하는 것으로는 하나님께 올려드리는 나의 기도가 될 수 없다.

천주교에서는 고해성사 시간에 신부님들이 간혹 이런 처방을 내려주곤 한다.

"자매님, 그 잘못을 회개하면서 성모송 열 번을 올려드리십시오."

그러면 고해성사를 한 자매님은 이렇게 성모송을 반복한다.

"은총이 가득하신 마리아님, 기뻐하소서! 주님께서 함께 계시니 여인 중에 복되시며 태중의 아들 예수님 또한 복되시나이다. 천주의 성모 마리아님, 이제와 저희 죽을 때에 저희 죄인을 위하여 빌어주소서. 아멘."

자신의 죄를 아뢰며 그 죄에서 돌이킬 것을 고백하는 것이 회개기도다. 그런데 자신의 죄와는 아무 상관 없이 반복해서 아뢰는 성모송을 과연 기도라 할 수 있을까? 만약 우리가 주기도문도 이런 식으로 드리고 있다면 밤새워 기도했어도 중언부언의 기도를 했다고밖에 말할 수 없다.

주님은 주기도문을 가르쳐주실 때 "너희는 이렇게 기도하라"고 하시며 한 구절 한 구절 어떤 기도를 드려야 하는지 우리에게 알려주셨다. 예수님이 가르쳐주신 이 기도는 영어로는 66단어, 우리말로는 55단어밖에 안 되지만 기도가 무엇인지 가장 정확히 말씀해주고 있다.

"하늘에 계신 우리 아버지여"로 시작되는 이 기도문은 기도를 듣는 대상이 하나님이라는 사실과, 기도를 아뢰는 내가 하나님의 자녀라는 전제에서 시작한다. 기도가 곧 관계임을 처음부터 알려주고 있다. 그러고는 하나님의 이름, 하나님의 나라, 하나님의 뜻, 일용할 양식, 용서, 하나님의 보호 등 우리가 평생 구해야 할 기도의 중심 내용이 무엇인지 핵심적으로 보여준다.

그런데 이렇게 중요한 기도가 2천 년을 지나오면서 점점 형식화되었다는 데 문제가 있다. 나의 신앙고백을 담아 아뢰기보다는 예배 마감 형식의 주문으로 사용되는 것이다. 그래서 종교개혁자 마틴 루터는 "주기도문은 오늘 이 시대의 최대 순교자가 되어 버렸다"고 말했다.

기도에서 가장 중요한 것은 주문처럼 외우는 멋진 표현이 아니다. 얼마만큼 내 마음과 영혼을 진실하게 담느냐의 문제다. 기도란 결국 나를 하나님께 드리는 것이기 때문이다. 따라서 성경에 나온 누군가의 기도를 무조건 따라 하면서, 거기에 나를 담지도 않은 채 그저 언어적인 반복을 계속한다면 주님의 임재를 체험할 수 없다. 말씀 자체에 능력이 있는 건 사실이지만 그 말씀을 나의 믿음으로 담아 선포할 때 하나님의 능력이 나타난다. 회개기도든 찬양기도든 감사기도든 결국은 내 마음과 생각을 담아 주님 앞에 나아갈 때 주님이 임하시어 나를 만나주신다.

"주께서 내게 복에 복을 더하사 나의 지경을 넓히시고 주의 손으로 나를 도우사 나로 환난을 벗어나 근심이 없게 하옵소서"대상 4:10, 개역한글라는 야베스의 기도를 드릴 때도 마찬가지다. 야베스는 분명 이런 기도를 드림으로 응답을 받았고, 우리는 그 기도를 배울 필요가 있다. 그래서 나는 매일 아침마다 이 기도를 올려드리라고 권하기도 한다. 그 이유는 기도 자리에서 가졌던 하나님을 향한 야베스의 마음과 자세를 배우라는 뜻에서이다.

주기도문도 마찬가지다. 주기도문 한 구절 한 구절을 묵상하고 아뢰되, 반드시 자신의 신앙고백을 담을 때 하나님께서 받으시는 기도를 드릴 수 있게 된다. 그래서 어떤 사람은 주기도문을 드리며 "하늘에 계신 우리 아버지…"라고 첫 구절을 고백했을 뿐인데도, 주님의 강한 임재 앞에 서기도 한다. 그동안 하나님을 한 번도 아버지로 만나지 못하다가 처음으로 하나님이 아버지 되심을 믿게 되었고, 그 믿음으로 "하늘에 계신 우리 아버지"라고 부르다가 하나님을 진짜 아버지로 만나는 엄청난 감격과 은혜를 누리게 된 것이다.

3주째에 접어든 16장부터는 '주기도문'을 중심으로 우리가 '무엇을' 기도해야 하는지 나누려고 한다. 기도하는 사람이 되기 위해서는 '기도의 내용'이 무엇보다 중요하기 때문이다. 그래서 기도드리는 가운데 자신을 진실하게 담고 있는지 살펴보기를 권한다. 16장부터 소개하는 기도 문장들을 하나의 주문이나 기도 틀로만 받아들이는 게 아니라 그 기도 문장 속에 담긴 예수님의 마음과 태도를 배우면서 하늘나라의 알맹이가 담긴 기도를 올려드리는 사람으로 변할 수 있기를 바란다.

우리가 그렇게 변화될 때, 하나님께서 받으시는 기도를 올리고 기도 시간을 누리며 기도 속에서 하나님의 임재를 체험하는 역사가 있게 될 것이다.

골방으로 가는 길

01

내가 본받고 싶은 기도의 모델은 누구인가? 또한 내가 도전을 주고 싶은 믿음의 제자는 누구인가? 믿음의 계보를 이어가는 데 가장 중요한 것은 기도하는 삶이다. 오늘 그 기도의 불을 뜨겁게 지피며 기도하는 한 사람으로 견고하게 서게 되길 바란다.

02

기도하는 사람에게 기도를 배웠다면 그 기도에 자기 자신을 담아야 주문이 아닌 기도를 드리게 된다. 엘리야, 모세, 다윗, 다니엘, 한나가 드린 기도를 살펴보며 자신의 신앙고백을 담아 하나님께 고백하는 시간을 가져보자.

16 DAY

주의 이름을 위해 살라

하나님을 먼저 구해야 하는 이유

주님이 가르쳐주신 '주기도문'은 여섯 개의 간구로 되어 있다. 하나님의 이름, 하나님의 나라, 하나님의 뜻, 일용할 양식, 용서, 하나님의 보호가 그것이다. 그리고 이 여섯 개의 간구는 대신계명, 대인계명으로 나뉜 십계명처럼 크게 둘로 나뉜다. 처음 세 가지는 하나님의 영광을 구하는 기도, 나중 세 가지는 인간의 필요를 구하는 기도다. 이 기도는 우리에게 기도의 순서가 매우 중요하다는 사실을 알려준다. 내 형편과 처지, 나의 필요를 아뢰는 것도 중요하지만 진정한 기도의 시작은 존귀하신 하나님을 먼저 구하는 데서부터 이루어져야 하는 것이다.

그러나 우리는 본능적으로 하나님보다 나 자신에게 더 많은 관심을 갖는다. "주 예수보다 더 귀한 분은 없네"라고 찬양하면서도 실제로는 돈이나 자녀, 친구들과의 관계를 더 중요하게 생각한다. 교회에 나올 때도 하나님을 위해서라기보다는 자기 자신을 위해서일 때가 많다. 기도하는 이유 역시 자신의 뜻을 이루기 위해서다. 하나님의 뜻에 순종하기 위해 기도하기보다는 은연중에 하나님을 내 뜻대로 조종하기 위해 기도하기도 한다.

그러나 하나님은 결코 우리의 필요에 의해 만들어진 분이 아니시다. 하나님은 그분 자신의 영광을 위해 스스로 존재하신다. 하나님은 우리가 부리는 신神이 아니라 우리가 섬겨야 할 신이시다. 스스로 존재하셨고 세상을 창조하셨으며, 우리가 섬길 단 한 분의 주인이시다. 그러므로 우리의 기도는 주인이신 주님께 나아가 먼저 그분과 그분의 영광을 높이는 일로 시작되어야 한다.

그런데도 우리가 그분의 영광을 먼저 높이지 못하는 이유는 무엇인가? 그것은 내 문제가 너무나 크게 자리 잡고 있기 때문이다. 전능하신 하나님의 힘을 빌리지 않으면 안 되는 고통과 어려움이 우리를 삼킬 것 같은 때가 많기 때문이다. 그래서 따발총처럼 우리의 필요를 얼마나 빨리, 많이 쏟아내는지 모른다. 최대한 짧은 시간에 최대한 많은 것을 구하는 것이 이익이라고까지 생각하며 기도한다.

하지만 설사 그렇다 해도 하나님을 구하는 것으로 기도를 시작해야만 기도의 세계 속에 깊이 들어갈 수 있다. 왜냐하면 기도드리는 대상이 중요하기 때문이다. 기도드리는 대상을 정확히 해야만, 과녁의 화살처럼 우리의 기도가 하나님께 상달될 수 있다. 기도하는 대상이 누군지, 그분에 대한 경배와 찬양도 잊은 채 필요에만 도취되어 정신없이 기도를 드린다면 과녁을 겨누지 않은 채 화살을 쏘는 것과 같다. 인격이신 하나님, 사랑과 진리와 은혜가 충만하신 하나님을 먼저 의식하지 않고 그저 내 필요만을 아뢰기에 급급하다면 해나 돌탑에 대고 기도하는 것과 다를 바 없는 것이다.

기도가 관계라면 우리는 기도를 들으시는 하나님께 집중해야 한다. 내 기도를 받으시는 여호와 하나님을 찬양하고 경배함으로 그분 안에서 충만해져야만 하나님은 나를 통해 영광 받으시고, 나는 그분 안에 들어가 필요를 아뢸 수 있다. 하나님의 능력, 하나님의 은혜에 닿는 기도를 드리게 되는 것이다.

하나님의 이름은 하나님 자신을 계시한다

주님이 우리에게 가르쳐주신 기도는 "하늘에 계신 우리 아버지여"로 시작한다. 그러고는 "이름이 거룩히 여김을 받으시오며"라는 첫 구절을 하나님께 올려드린다. 이는 우리가 기도할 때도 그와 같은 내용을 먼저 드리라는 의미이기도 하다. "이름이 거룩히 여김을 받으시오며"는 과연 무슨 뜻을 담고 있을까?

성경을 보면 하나님의 이름이 매우 많이 나온다. 현재 우리가 사용하는 성경에는 '여호와'라는 말만 무려 7,040번, 하나님이라는 단어는 4,000번 나온다. 그 외에도 엘로힘, 여호와 라파, 여호와 이레, 여호와 닛시, 여호와 살롬, 여호와 삼마, 에벤에셀, 엘샤다이 등 하나님의 또 다른 이름들이 계속 나온다.

왜 이렇게 성경에는 하나님의 이름이 많이 나오는 것일까? 그것은 하나님의 하나님 되심을 계시하기 위해서다. 하나님께서는 그 이름에 맞게 다양한 능력과 성품을 갖고 계신다. 즉, 하나님의 많은 이름을 통해 그처럼 다양한 하나님의 성품과 사역을 우리에게 계시해주시는 것이다. 치료의 하나님, 준비하시는 하나님, 승리의 하나님, 평화의 하나님, 여기까지 인도하신 하나님 등 하나님의 여러 속성이 이름을 통해 계시되고 있다.

따라서 '하나님의 이름'이란 '하나님의 존재 자체'이며, "이름이 거룩히 여김을 받으시오며"라는 기도는 '하나님께서 거룩히 여김을 받으시길 바랍니다'라는 기도라고 할 수 있다. 종교 개혁자 칼빈은 이 기도를 '하나님께서 마땅히 받으셔야 할 영광'으로 해석했다. 즉, 나를 포함한 모든 사람들이 하나님을 경외하고 예배하는 자들이 되어 하나님의 이름이 높임을 받으시기를 원한다는 뜻이다.

하나님께 영광 돌리는 삶이 되려면

그렇다면 어떻게 해야 우리가 하나님의 영광을 높일 수 있을까? 어떻게 해야 하나님의 이름을 거룩하게 할 수 있을까?

그것은 우리의 '거룩한 삶'을 통해서만 가능하다. 하나님께서는 우리의 거룩한 삶을 통해 하나님의 이름이 높임 받기를 원하신다. 하나님께서 나를 구원하신 목적이 무엇인가? 바로 거룩한 삶을 살도록 하기 위함이다. 구원의 목적은 거룩이다. 거룩은 구원의 방편이 아니라 구원의 목적이다.

> "나는 너희의 하나님이 되려고 너희를 애굽 땅에서 인도하여 낸 여호와라 내가 거룩하니 너희도 거룩할지어다"
> 레 11:45.

하나님은 거룩하신 분이다. 죄 없는 천사들조차 두 날개로 얼굴을 가리고 두 날개로는 발을 가리고 두 날개로는 날면서 "거룩하다 거룩하다 거룩하다"라는 삼중 거룩 송을 드릴 정도로 거룩하신 분이다 사 6장. 그런데 거룩하신 하나님께서 우리에게 "내가 거룩하니 너희도 거룩하라"고 말씀하신다. 세상이 아무리 더럽고 냄새나고 썩었다 해도 너는 거룩한 삶을 살아야 한다고 하나님께서 명령하고 계신다.

성경에서 말씀하는 "거룩"이란 구별됨을 뜻한다. 하지만 이 구별은 세상을 떠나 살라는 의미가 아니다. 세상 속에서 믿지 않는 사람들, 죄 많은 인간들과 더불어 살되, 생각이 구별되고 입에서 나오는 말이 구별되고 행실이 구별된 삶을 살라는 뜻이다.

그런데 교회에 나오면서도 영적으로 구별되지 못한 삶을 사는 사람들이 얼마나 많은지 모른다. 어떤 사람은 석가탄신일이 되면 절에 가서 등을 달며 소원을 빌고는 한강으로 가 방생을 한다. 그러다 입시철이 되면 미아리 철학관에 가서 점을 보고, 성탄절이 되면 교회에 나와 찬양을 한다. 전도사로 섬기던 시절, 옷 속에 부적을 넣고 다니는 교인을 본 적도 있다. 현관에 교패와 부적을 함께 붙여놓은 집들도 심심치 않게 봤다.

이러한 영적인 구별됨뿐 아니라 행동과 말과 섬김의 구별에서는 더욱 부끄러운 모습이 있음을 보게 된다. 욕하고 비방하는 자리에 그리스도인이 한 명도 없는 경우는 과연 얼마나 될까? 어떤 문제나 사건이 터질 때마다 자신의 생각을 성경의 가르침을 따라 정하는 사람은 또 얼마나 될까? 부부관계, 부자관계, 친구관계 등 인간관계 속에서 '주님이라면 어떻게 하셨을까?'를 기준으로 행동하는 사람은 정말 얼마나 될까?

"주님의 이름이 나를 통해 거룩히 여김을 받으소서"라는 기도가 응답되려면, '거룩하게' 구별된 삶이 무엇인지 분별하고 사모하며 결단하는 태도가 전제되어야 한다. 날마다 내게 고난이 폭풍처럼 휘몰아치거나, 유혹이 쉴 새 없이 찾아들 때도 '주님의 거룩하심처럼 나도 거룩하게 살리라' 하는 결단이 있어야 한다.

하지만 우리는 매 순간 결단하고 노력해도 또다시 무너지고 넘어진다는 사실을 알고 있다. 그렇기 때문에 "주님, 제가 주님의 이름에 합당한 영광을 돌리며 살기 원합니다. 그렇게 살 수 있도록 주의 성령께서 저를 도와주십시오. 거룩한 삶을 통해 주께서 영광받으시도록 저를 붙들어주십시오. 저를 지배해주십시오"라고 기도할 수밖에 없다.

아버지의 이름으로

사실 하나님 아버지가 어떤 분이신지 생각해보면 '우리의 거룩함'과 '하나님의 거룩함'이 별 상관관계가 없는 것처럼 보이기도 한다. 하나님은 스스로 존재하는 분이시고 본질적으로 거룩하신 분 아닌가. 아무리 거룩하게 산다고 해도 우리 인생을 통해 하나님의 거룩하심을 더 거룩하게 할 수는 없다. 내가 죄를 짓지 않고 산다고 해서 하나님께서 더 거룩해지시고, 내가 예배도 안 드리고 막 산다고 해서 하나님의 거룩하심이 사라져버리는 것도 아니다. 하나님의 거룩하심은 우리의 삶으로 달라질 수 있는 성질의 것이 아니기 때문이다.

그렇다면 주님이 드린 "이름이 거룩히 여김을 받으시오며"라는 내용은 무슨 의미인가?

예수님이 왜 이 땅에 오셨는지를 알면 기도의 의미를 보다 구체적으로 해석할 수 있다. 요한복음 5장 43절에 따르면 예수님은 이 땅에 "아버지의 이름"으로 오셨다. 또한 요한복음 17장에서는 예수님 자신이 아버지를 우리에게 알려주시기 위해 오셨을 뿐 아니라 앞으로도 알게 할 것이라고 말씀하신다. 즉, 예수님은 '하나님 아버지의 이름을 사람들에게 알리기 위해' 이 땅에 오신 것이다.

예수님은 이 말씀대로 아버지의 이름을 제자들과 많은 사람들에게 알리셨다. 가난한 자들과 병든 자들과 불쌍한 자들의 친구가 되어주심으로 하나님의 이름을 알리셨다. 병든 자를 고치시고 귀신을 내쫓으심으로 아버지의 이름을 우리에게 알리셨다. 그리고 우리에게 '이와 같은 일들을 계속하여 하나님의 이름을 알리라'고 당부하셨다. 즉, 하나님 나라의 복음을 전파하고 가르치며, 귀신을 내쫓고, 병든 자를 고쳐주며, 가난하고 불쌍한 사람들의 친구가 되어줌으로 하나님 아버지의 이름을 알리는 것이 우리가 이 땅에 태어난 목적임을 알려주셨다.

그러므로 "이름이 거룩히 여김을 받으시오며"라는 기도는 다음과 같은 기도로 해석할 수 있다.

"하나님 아버지! 나는 당신을 더욱 알기 원합니다. 당신의 인자하심과 신실하심을, 당신의 사랑과 오래 참으심을, 당신의 인자와

궁휼을 깊이 경험하여 알기 원합니다. 그리고 내가 경험하고 만난 하나님을 영화롭게 하기 원합니다. 내가 거룩한 삶을 살아 하나님의 거룩이 나의 삶을 통해 다른 사람들에게 나타날 수 있기를 원합니다. 존귀하신 주님의 이름에 합당한 존경을 표현하는 삶이 되기를 원합니다."

결국 "이름이 거룩히 여김을 받으시오며"라는 기도는, 내가 거룩하게 살면 하나님이 더 거룩해진다는 뜻이 아니라, 하나님의 거룩을 닮아가는 나의 인생을 통해 다른 사람들에게 하나님의 이름을 알리게 해달라는 뜻이다. 따라서 이 기도는 '하나님을 영화롭게 하며 영원토록 그를 즐거워한다'는 우리 인생의 목적을 나타낸 것이기도 하고, 좁은 의미로는 복음을 증거하여 하나님의 이름이 널리 알려지게 해달라는 우리 인생의 사명을 나타낸 것이라고도 할 수 있다.

이름이 거룩히 여김을 받으시면

명문 휘튼대학교를 수석 졸업한 짐 엘리엇Philip James Elliot과 네 명의 젊은이들의 이야기는 '하나님의 이름'을 위해 기도한다는 것이 어떤 뜻인지를 잘 보여준다.

1956년 미국 사회는 다섯 명의 젊은 선교사 이야기로 떠들썩했다. 전도유망한 미래를 뒤로한 채 복음을 전하기 위해 남미 에콰

도르의 아우카 족 마을에 들어갔던 그들 모두가 아우카 족이 휘두른 창에 찔려 죽었다는 소식 때문이었다. 미국 사회는 그들의 죽음을 애도하면서도 '이 무슨 낭비인가?'라는 기사를 내보낼 정도로, 그들의 선교 행각에 대해 무모하다는 평가를 내렸다. 그때까지만 해도 아우카 족과 접촉해서 살아남은 백인이 한 명도 없을 만큼 잔인한 부족이었기에 왜 아까운 다섯 명의 영혼을 바쳤느냐는 뜻이었다.

그러나 이야기는 여기서 끝나지 않았다. 살해된 남편의 뒤를 따라 아내들 또한 죽음을 무릅쓰고 아우카 족에게 들어간 것이다. 그들은 정글에서 생존하는 훈련을 받고 아우카 족과 친해지는 방법을 익힌 뒤 마을로 들어갔다. 그들의 등장에 추장을 비롯한 모든 아우카 족은 경계를 늦추지 않았다. 여자들과 아이들은 함부로 죽이지 않는 아우카 족이었지만, 자신들이 살해한 남자들의 아내가 마을로 들어왔으니 경계하지 않을 수 없었다. 그래도 선교사의 부인들은 정성을 다해 주님의 사랑으로 아우카 족을 섬겼다. 아우카 족은 부인들이 자신들을 섬기고 돕는 이유를 알 수 없었다. 아우카 족은 어떤 계산이 있을 것이라고 믿었다.

하지만 아우카 족은 부인들의 섬김을 받으며 다른 이들에게서 느낄 수 없던 무언가를 느끼기 시작했다. 선교사의 부인들은 아우카 족이 원할 때 필요한 약이나 물품 등을 공급해줬고, 아우카 족이 다른 부족에게 복수를 가하거나 살인을 행하려고 하면 '옳지 않다'며 만류했다. 부인들이 전하는 사랑의 복음을 듣고 제일 먼저 회심한 부족의 한 청년은 그때부터 더는 살인하지 않았다. 결정적으로 선교사의 부인들은 아우카 족이 전염병에 걸렸을 때 병든 곳에 손을 얹고 기도하며 돌봤다. 그리고 백방으로 약을 구해서 아우카 족을 살렸다.

결국 그들의 헌신적인 섬김과 구별된 삶은 아우카 족의 추장과 그곳 사람들의 마음을 열게 했다. 선교사 다섯 명을 창으로 죽였던 다섯 명이 복음을 받아들였고, 그들 중 네 명은 목회자가 되었으며 한 명은 전도자가 되었다.

아우카 족을 섬기던 선교사 부인들이 사명을 감당하고 본국으로 떠날 때 아우카 족의 추장은 다음과 같이 물었다.

"당신들은 무엇 때문에 우리를 위해 이런 고생을 했나요?"

그러자 엘리엇의 부인 엘리자베스Elizabeth가 말했다.

"우리 남편들은 하나님을 알려주기 위해 이곳에 왔습니다. 당신들이 그들을 죽여 뜻을 이루지 못했지요. 우리는 남편들이 당신들에게 해주고 싶었던 말을 들려주기 위해 왔습니다. 그 말이 무엇이냐고요? '예수님은 여러분을 사랑합니다'라는 말입니다."

그 후 엘리자베스는 고국으로 돌아가 '이 무슨 낭비인가?'라는 기사를 썼던 기자에게 남편이 대학 시절에 작성한 일기장을 보여주었다. 일기장에는 이런 문장이 있었다.

"영원한 것을 위해 영원하지 못한 것을 버리는 사람을 어리석다고 하지 마라."

"주님, 이 쓸모없는 나뭇개비에 불을 붙여주옵소서. 제 삶을 주님의 영광을 위해 태워주옵소서. 저는 오래 살기를 원치 않습니다. 오직 주님만을 위해 풍성한 삶을 살게 하여주옵소서."

내 인생을 통해 하나님의 거룩하신 이름이 사람들에게 널리 알려질 수도 있고 그 반대가 될 수도 있다. 엘리엇과 선교사들의 이야기는 이를 확인시켜주고도 남는다. 내가 구별된 삶을 살 때 하나님의 이름이 알려지고, 그곳에 '회심'의 역사가 뒤따른다는 것을 여실히 보여준다. 빛이 임하면 어둠이 떠나게 되어 있듯이 거룩한 삶, 헌신의 삶이 임하면 어둠의 영에 조종 받던 자들이 회개하며 주님 앞으로 돌아오게 되어 있다.

그래서 우리는 주님 앞에 엎드리면 '하나님의 이름'과 관련짓기만 해도 말씀드릴 게 많다. "주님, 오늘 하루 저를 통해 주님의 이름이 높여지기를 원합니다", "제 인생을 통해 주님의 이름이 거룩히 여김을 받으시길 원합니다"라는 기도 속에서 수많은 회개와 결단과 감사와 찬양과 간구가 쏟아지는 것이다. 믿지 않는 내 남편에게, 동료에게, 자녀에게, 부모님께 그리고 친구들에게 과연 주님의 이름을 거룩하게 증거하며 살았는지 돌아보기만 해도 우리가 간구할 기도는 넘치도록 많은 것이다.

골방으로 가는 길

01

"이름이 거룩히 여김을 받으시오며"라는 기도가 응답되려면, '거룩하게' 구별된 삶이 전제되어야 한다. 이 구별됨은 영적인 구별됨뿐만 아니라 행동과 말과 섬김의 구별됨까지 의미한다. 그렇다면 나에게 가장 연약한 구별됨은 무엇인가? 연약함을 하나님 앞에 고백하며 거듭난 말과 행동으로 살아가는 사람이 되기를 사모하자.

02

짐 엘리엇과 네 명의 젊은 선교사에 대한 글을 읽으며 가장 마음에 와 닿는 내용은 무엇인가? 하나님의 거룩하심이 내 인생을 통해 다른 사람에게 어떻게 나타나 보이길 원하는가? 그 마음 그대로 주님께 고백하며 오늘의 기도를 드리자.

17 DAY

하나님 나라가 임하길 기도하라

복음의 핵심

예수님이 우리에게 알려주신 두 번째 기도제목은 "나라가 임하시오며"이다. "이름이 거룩히 여김을 받으시오며"라고 기도했다면, 이제는 '하나님 나라'가 이 땅 위에 임하기를 간절히 기도하라고 하신다.

'하나님 나라'가 임하는 것이 왜 이토록 중요할까? 신구약 성경을 살펴보면 '하나님 나라' 사상은 복음의 핵심이요 예수님 사역의 중심임을 알게 된다. 예수님의 행적을 기록한 사복음서를 봤을 때도 '하나님 나라'라는 말이 얼마나 많이 언급되는지 모른다. 마태복음에는 '하나님 나라'를 뜻하는 "천국"이라는 단어가 49번, 누가복음에는 38번, 마가복음에는 16번 나온다. 예수님이 외치신 메시지의 중심에는 항상 '하나님 나라'가 들어 있었다.

예수님이 공생애를 시작하실 때도 가장 먼저 하신 말씀은 하나님 나라였다.

"회개하라 천국이 가까이 왔느니라" 마 3:2.

여기서 "천국"이란 하나님 나라를 말한다. 예수님은 하나님 나라가 가까웠으니 회개하라고 외치신다. 예수님의 길을 예비했던 세례 요한 역시 가장 먼저 외쳤던 메시지가 "회개하라 하나님의 나라가 가까이 왔다"였다.

그렇다면 '하나님의 나라'란 무엇을 뜻하는가? '나라'의 헬라어 '바실레이아'는 영토를 뜻하는 단어가 아니다. '다스림' 혹은 '주권'을 말한다. 따라서 하나님의 나라는 장소적인 개념이 아니라 통치적인 개념으로 '예수 그리스도의 통치가 있는 곳'을 뜻한다고 할 수 있다. 왕 되신 주님의 다스림이 있는 곳이 바로 하나님의 나라다.

한 나라를 구성하기 위해서는 세 가지 요소가 필요하다. 첫째는 국민, 둘째는 영토, 셋째는 주권이다. 국민이 있고 영토가 있어도 주권이 없으면 완전한 나라가 될 수 없다. 우리가 36년 동안 일제 치하에서 식민지 생활을 할 때, 국토도 있고 국민도 있었지만 주권이 없었기에 나라 잃은 백성으로 살아야 했다.

영적인 세계에서는 주권의 개념이 더욱 중요하다. 누가 통치하느냐에 따라 국토도, 사람도 누구의 것이냐가 결정되기 때문이다. 하나님의 통치권이 행사되는 곳이면 그곳이 바로 하나님 나라가 된다.

그러면 누군가는 물을 것이다. 이 세상 모든 만물을 하나님께서 창조하셨다면 이 세상 모든 곳이 하나님 나라가 아니냐고 말이다. 이 세상 모든 것을 하나님께서 창조하신 것이 맞지만 하나님의 다스림을 받지 않는다면 그 사람은 하나님 나라와 무관할 수밖에 없다. 죄로 인해 사탄 마귀의 다스림을 받으면 그 사람은 사탄의 나라에 속한 자가 되는 것이다.

예수 그리스도께서 이 땅에 오시기 전까지 이 세상은 공중권세 잡은 악한 영들의 다스림 가운데 있었다. 죄가 하나님과 우리 사이를 분리시켰을 뿐 아니라, 악한 영들의 다스림을 불러오고 만 것이다.

예수 그리스도께서 이 땅에 오신 것은 바로 그 때문이었다. 빼앗긴 하나님 나라를 되찾기 위해 하나님의 독생자 예수님이 인간의 몸을 입고 낮고 낮은 땅으로 오신 것이다. 따라서 예수님을 구주로 믿으면 더 이상 사탄의 다스림을 받지 않아도 된다. 예수님은 우리의 모든 죗값을 짊어지고 십자가에 달려 죽으셨으며 사흘 만에 죽음의 권세를 이기고 부활하심으로써 하나님 나라를 이 땅 가운데 완벽하게 회복시키셨다. 예수님의 십자가와 부활의 생명력이 우리를 묶고 있던 사탄의 사슬을 산산이 부숴버렸다.

이 사실을 믿는다면, 우리는 더 이상 죄의 종노릇할 필요가 없다. 죽음의 법이 아니라 생명의 법 아래로 옮겨진 우리가 아닌가. 이제 우리는 죄인의 나라인 사탄의 나라가 아니라 의인의 나라인 하나님 나라의 백성이 되었다. 우리를 향한 통치권은 사탄이 아니라 하나님께 속해 있다.

예수님은 우리에게 기도를 가르쳐주시며 이 사실을 상기시키신다. 즉, 기도하는 나 자신이 하나님 나라의 백성임을 선포하고, 이 땅에 그분의 다스리심이 더욱 온전하게 임하길 기도하라고 말씀하신다. 복음이 나를 포함한 이 땅 전체를 덮어서 하나님 나라가 완전하게 임하는 것이야말로 우리의 간절한 기도제목이어야 함을 주님은 알려주신다.

하나님 나라가 임한 증거들

하나님 나라가 임하면 어떤 일들이 일어날까? 우리 안에 하나님 나라가 임했다는 사실을 어떻게 확인할 수 있을까? 예수님이 제자들에게 하신 말씀을 보면 하나님 나라가 임할 때 나타나는 증거를 확실하게 알 수 있다.

> "그러나 내가 하나님의 성령을 힘입어 귀신을 쫓아내는 것이면 하나님의 나라가 이미 너희에게 임하였느니라"
> 마 12:28.

하나님 나라가 임하면 귀신이 쫓겨나고 병든 자가 고침을 받는다. 하나님의 나라, 즉 빛 되신 주님의 통치가 임하면 어둠의 세력이 떠나갈 수밖에 없다.

왕 되신 주님의 다스림이 임하면 죄로 인해 묶였던 저주가 끊어진다. 주님의 다스림이 우리 가운데 임하면 회복의 역사가 나타난다. 병든 자가 고침을 받고 귀신이 쫓겨나는 일이 곧 회복 아닌가. 그래서 사도 바울은 고린도교회에 편지하면서 "하나님의 나라는 말에 있지 아니하고 오직 능력에 있음이라"고전 4:20고 했다. 하나님의 나라는 어두운 영을 쫓아내는 능력으로 나타난다는 뜻이다.

'천사론'을 공부해보면, 개인을 지키는 천사도 있지만 지역을 지키는 천사도 있음을 알 수 있다. 타락한 천사인 마귀도 마찬가지다. 다니엘서는 그렇게 지역을 잡고 있는 마귀가 있음을 보여준다.

다니엘이 기도할 때 천사가 응답을 갖고 오려 했지만 바사 왕국의 군주, 즉 페르시아를 점령하고 있는 타락한 천사가 21일 동안 막음으로써 지체되었다는 기록이 나온다단 10:12-14. 즉, 하나님 나라의 확장을 막는 타락한 천사들이 곳곳에서 통치권을 행사하고 있다는 말이다.

그러나 영적인 싸움에서 우리가 하나님께 속한 자가 되어 예수 이름으로 그들을 대적하면 악한 영들은 반드시 주도권을 잃을 수밖에 없다. 그곳이 하나님 나라가 되었음을 예수 이름으로 선포하면 악한 어둠의 주관자들은 빛 되신 하나님 앞에서 도망갈 수밖에 없다.

미국 일리노이주 에반스톤에서 수년간 사역한 스티브 니콜스 목사의 사역에 대한 간증은 이를 확인시켜준다. 니콜스 목사는 에반스톤에서 6년간 사역했는데, 어찌 된 일인지 목회에 아무런 결실이 없었다. 병 낫기를 간구했지만 치유의 역사가 전혀 나타나지 않았고, 교회 사역의 열매도 보이지 않았다.

목회의 침체를 맞은 그는 어느 날부터 금식기도를 시작했다. 그런데 금식기도를 하던 중 갑자기 음산하고도 기분 나쁜 음성이 들려왔다.

"왜 나를 괴롭히는가?"

니콜스 목사는 치열한 영적 전쟁 끝에 그 음성이 어디서부터 온 것인지 알아냈다. 바로 에반스톤에서 '마술의 영'으로 부림을 받는 악한 존재였다.

진상을 파악한 그는 금식기도를 계속하며 그 지역과 주변을 기도로 품었고, 마침내 "이 지역과 주변은 하나님의 나라다"라고 선포하기에 이르렀다.

"이곳은 하나님만이 다스리시고 하나님의 통치가 임하는 땅임을 선포하노라!"

그 선포가 얼마나 위협적이었는지 악한 영은 온갖 발악을 하며 "그렇게 많은 것을 줄 수 없어!"라고 대응했다. 그러나 니콜스 목사에게는 예수 이름의 권세가 있었다. 그는 예수의 이름으로 악한 영을 대적하며 그 지역의 통치권이 하나님께 있음을 계속해서 선포했다.

그 후 니콜스 목사의 사역에 어떤 변화가 나타났을까? 악한 영이 발악하는 일이 완전히 사라졌다. 병자들이 치유되는 회복의 역사가 교회 안에 나타났으며, 교회는 두 배 이상 부흥되었다. 놀라운 것은 회심한 대부분의 사람들이 마법으로부터 돌아선 이들이었다는 점이다.

하나님의 나라가 임하면 이처럼 귀신이 떠난다. 병든 자가 치유되고 부흥과 회복의 소식이 들려온다. 하나님의 통치가 임했으니 하늘나라의 소식이 들려올 수밖에 없다. 그래서 우리는 내 가정과 내 직장, 내 나라, 내 민족을 향해 하나님의 나라를 선포하며 기도해야 한다. 빛 되신 하나님의 나라, 그 나라의 통치가 임하면 우리에게 진정한 회복이 찾아오기 때문이다.

하나님 나라의 열매

하나님 나라가 임하면 이와 같은 여러 증거가 나타난다. 그런데 하나님 나라가 임할 때 나타나는 보다 중요한 열매가 있다. 겉으로 드러나는 모습이 아니라 우리 속사람의 열매다.

> "하나님의 나라는 먹는 것과 마시는 것이 아니요 오직 성령 안에 있는 의와 평강과 희락이라"롬 14:17.

사도 바울은, 하나님의 통치를 받는 하나님의 나라는 먹고 마시는 문제가 아닌 성령 안에서 의와 평강과 희락을 누리는 것이라고 말한다. 당시 유대인들 가운데는 먹고 마시는 문제를 가지고 다른 사람을 판단하고 정죄하는 일이 많았다. 가령 음식 먹을 때 손을 씻느냐 안 씻느냐의 문제, 우상의 제물로 바쳤던 고기를 먹느냐 안 먹느냐의 문제를 가지고 경건의 척도로 삼곤 했다.

바울이 하나님 나라가 먹고 마시는 문제에 달린 것이 아님을 강조한 데는 이 같은 배경이 있었다. 사도 바울은 하나님 나라는 먹고 마시는 문제와는 별도로 오직 성령 안에서 이루어짐을 강조했다. 성령을 힘입어 귀신을 쫓을 뿐 아니라 속사람의 열매인 의와 평강과 기쁨의 열매를 맺느냐 그렇지 못하느냐가 중요하다는 말이다.

성령님은 어떤 분이신가? 그분은 절대적인 의로움을 갖고 계신다. 그래서 성령의 인도하심을 따라 살면 반드시 의로움의 열매를 맺게 된다. 성령께서는 결코 불의한 일을 행하는 법이 없으시기 때문이다.

오륜교회가 세워지는 데도 이와 같은 성령의 인도하심이 있었다. 만약 그렇지 않았다면 오늘과 같은 평안과 희락의 열매를 교회 안에서 찾아볼 수 없었을 것이라고 확신한다.

교회에 한창 성령의 바람이 불던 무렵이었다. 찬양 중에 귀신이 떠나고, 손을 얹고 기도하면 병이 낫는 역사가 나타났다. 그런데 새로 찾아온 교인 중에 이상한 행동을 보이는 이가 있었다. 자세히 말할 수는 없지만 요약하자면 악한 영의 시험이었다. 성경에 기록된 대로 악한 영은 광명한 천사의 얼굴로 나타난다는 사실을 그때 확인할 수 있었다. 물론 일이 드러나기 전까지 아무도 그 사실을 몰랐지만 갑자기 성령께서 내게 열흘 금식기도를 명하셔서 영문도 모른 채 금식기도를 드렸다. 기도가 끝나고 얼마 뒤, 교인들 앞에서 깔깔대고 웃으며 "나는 목사님 가정과 교회를 무너뜨리려고 이 교회를 찾아왔다!"라고 섬뜩한 목소리로 말하는 것이었다.

이 일을 겪으며 성령께서 왜 열흘간의 금식기도를 명하셨는지 알게 되었다. 교회에 하나님 나라가 임할 때 마귀는 불의한 짓을 저지름으로써 분열과 슬픔을 일으킨다. 사람에게 난 상처의 틈바구니를 비집고 들어와서는 어떻게든 목회자를 흠집 내거나 교인들에게 두려움을 심어주려 한다. 그러나 성령께 붙들려 살면 그 모든 시험을 이길 수 있다. 성령의 인도하심을 따라 살면 성령께서는 반드시 불의를 쫓아내시고 의와 평강과 희락의 열매를 맺게 하신다.

바울을 보자. 마게도냐의 환상을 본 후 그는 성령의 인도하심을 따라 자기 생각을 내려놓은 채 빌립보 지방으로 건너왔지만 억울하게 누명을 쓴 뒤 매를 맞고 감옥에 갇혔다. 그러한 상황에서도 바울과 실라의 마음속에서 사라지지 않은 것은 무엇이었는가? 바로 평안과 기쁨이었다. 그들은 심령 깊숙한 곳으로부터 흘러나오는, 누구에게도 빼앗길 수 없는 기쁨과 평안을 감옥에서도 누렸다. 하나님 나라가 그들 가운데 임했기 때문이다. 그래서 깊은 밤에도 옥중에서 하나님을 찬양할 수 있었다. 결국 찬양이 하나님의 임재를 불러왔다. 옥문이 열리고 쇠사슬이 풀리는 역사가 일어난 것이다. 하나님 나라는 이처럼 놀라운 비밀의 연속임을 성경은 우리에게 보여준다.

하나님 나라를 소망한다면

하나님 나라는 우리가 소망하는 궁극적인 나라다. 물론 예수님이 이 땅에 오셔서 죽으시고 부활하심으로 하나님 나라는 이미 시작되었다. 하지만 완성된 하나님의 나라는 아직 임하지 않았다. 그래서 우리는 두 가지 내용을 가지고 "나라가 임하시오며"라는 기도를 날마다 드려야 한다.

첫째, "주님, 나를 다스려주옵소서"라는 기도다. 내 감정과 욕망이 나를 지배하지 않게 하시고, 오직 왕 되신 주님만 나를 다스려달라고 기도해야 한다. 주님이 나를 다스리시면 내 심령은 천국이 된다. 나와 자녀, 배우자가 주님의 다스리심 안에 들어가면 주님의 돌보심을 받고 주님 뜻에 순종하는 가정이 된다. 말로만 듣던 천국 가정이 마침내 이루어진다.

하나님 나라가 임하면 반드시 증거가 나타난다는 사실을 떠올릴 때, 기도제목 한 가지가 더 생긴다. 귀신이 떠나가고 병든 자가 고침 받게 되는 일이다. 이런 일들이 나타나서 하나님 나라가 임했음을 내 주변 모든 사람이 볼 수 있게 되기를 소원하는 것이다. 특별히 교회를 위해 이런 기도가 필요하다. 교회 공동체를 오직 하나님께서 다스려주시고, 하나님 나라가 임했다는 사실을 주변에 알려지게 하셔서 믿지 않는 사람들이 주께로 오게 해달라고 기도할 필요가 있다.

무엇보다 하나님 나라를 소원하며 기도해야 하는데, 이는 의와 평안과 기쁨이라는 성령의 열매를 위해서다. 성령의 다스리심으로 말미암아 불의와 다툼과 슬픔이 사라지는 세상을 꿈꾸며 기도해야 한다. 성령의 열매인 의와 평안과 기쁨이야말로 우리가 꿈꾸는 기도제목 1순위가 되어야 한다.

하나님 나라를 꿈꾸며 기도해야 할 둘째 기도제목이 있다. "주 예수여, 어서 오시옵소서"라는 주님의 재림을 기다리는 기도다. 완성된 하나님의 나라는 주님의 재림 시에 이루어진다. 주님이 다시 오셔야 이 땅에 만연한 슬픔과 한숨과 고통과 갈등이 사라지고 온전한 하나님 나라가 임한다. 그래서 초대 교회 성도들은 늘 "마라나타 주 예수여, 어서 오시옵소서!" 하면서 주님을 소망하며 살았다.

우리가 구할 것은 땅의 것이 아니라 하늘의 것이다. 우리는 하나님 나라에 속한 백성이요 하나님의 자녀가 아닌가. 자녀인 우리 마음속에는 마땅히 주님의 다시 오심에 대한 기다림이 있어야 한다. 그것은 곧 이 땅 가운데 편만한 하나님 나라를 소원하는 일이다.

하나님을 사랑한다면 하나님 나라를 구해야 한다. 하나님께서 나를 다스리시고 공동체를 통치하시며 마침내 다시 오셔서 이 땅 전부를 다스리시길 기도해야 한다. 하나님 나라를 구하며 살 때 주님의 말씀이 우리 삶 가운데 응하게 될 것이다.

> "너희는 먼저 그의 나라와 그의 의를 구하라 그리하면 이 모든 것을 너희에게 더하시리라" 마 6:33.

골방으로 가는 길

01

하나님 나라는 장소적인 개념이 아니라 통치적인 개념이다. 따라서 하나님 나라가 임하기를 바라며 하나님의 온전한 다스림을 구해야 한다. 나의 기도는 하나님의 뜻이 이루어지는 하나님 나라를 구하는 기도인가, 아니면 나의 뜻이 이루어지는 내 나라를 구하는 기도인가? 하나님의 통치를 사모한다면 하나님을 주인으로 모시고 살겠다는 고백부터 있어야 한다. 내가 주인 삼은 것들을 내려놓고 하나님만을 온전히 모시겠다는 결단의 기도를 드려보자.

02

하나님 나라를 구하는 기도는 궁극적으로 주님의 재림을 소망하는 기도로 이어진다. 주님이 재림하심으로 하나님 나라가 온전히 완성되기 때문이다. 나는 주님의 재림을 소망하고 있는가? 그렇다면 주님의 재림을 소망하는 자의 삶은 어떠해야 한다고 생각하는가?

18 DAY

주의 뜻이 이루어지게 기도하라

가장 위대한 지식을 알라

주님이 우리에게 가르쳐주신 세 번째 기도 내용은 "뜻이 하늘에서 이루어진 것같이 땅에서도 이루어지이다"이다. 주님은 '하나님의 영광', '하나님의 나라'를 구하시며 '하나님의 뜻'도 함께 찾으신다.

이와 관련하여 설교자 조지 트루엣George W. Truett은 "인간이 가질 수 있는 가장 위대한 지식은 하나님의 뜻을 아는 것이며 인간이

행할 수 있는 가장 위대한 업적은 하나님의 뜻을 행하는 것이다"라고 말했다. 왜 이처럼 하나님의 뜻을 알고 행하는 일이 중요한 것일까?

성경을 보면 우리가 많은 것을 성취했다 해도 하나님께서 기뻐하시는 뜻을 외면하면 그 성취가 결국은 우리의 무덤이 된다는 사실을 알 수 있다. 대표적인 예가 소돔의 백성이다. 그들에게는 풍족함과 태평함이 있었지만, 가난하고 궁핍한 자를 도와주지 않고 가증한 일들을 하나님 앞에서 행함으로써 멸망을 초래했다. 하나님의 뜻을 따라 사는 인생이, 열심히 사는 인생이나 많은 것을 누리며 사는 인생보다 중요하다는 것을 다시금 상기시켜주는 부분이다.

성경으로 계시하시는 하나님의 뜻

그렇다면 우리를 향하신 '하나님의 뜻'은 무엇이고 이를 어떻게 분별하며 살 수 있을까? 하나님의 뜻이란 '하나님께서 갖고 계시는 어떤 목적과 계획'을 말한다. 우리를 향하신 하나님의 소원, 하나님의 계획, 하나님의 꿈이 하나님의 뜻이다.

이 같은 하나님의 뜻을 알려면 먼저 성경을 읽고 묵상해야 한다. 성경은 우리를 향하신 하나님의 뜻을 두 가지로 나누어 표현하고 있다. 첫째는 '불레'라는 단어로서, '하나님의 주권적인 뜻', '절대적인 뜻'이다. 이는 말 그대로 하나님께서 정해놓으시면 아무도 거스를 수 없는 불가항력적인 뜻이다. 그렇다면 주권적인 하나님의 뜻에는 어떤 것이 있을까? 다니엘 4장 32절에는 다음과 같은 말씀이 나온다.

> "네가 사람에게서 쫓겨나서 들짐승과 함께 살면서 소처럼 풀을 먹을 것이요 이와 같이 일곱 때를 지내서 지극히 높으신 이가 사람의 나라를 다스리시며 자기의 뜻대로 그것을 누구에게든지 주시는 줄을 알기까지 이르리라."

이는 바벨론의 왕이었던 느부갓네살이 매우 교만해지자 하나님께서 왕위를 폐하기로 작정하시며 하신 말씀이다. 이때 사용된 단어가 바로 '불레'다. 이를 통해 우리는 한 나라의 중요한 역사적 사건이나 흥망성쇠는 하나님의 절대적인 뜻에 달려 있음을 알 수 있다.

사도행전에서도 예수 그리스도의 십자가 사건을 뜻하는 '불레'라는 단어를 발견할 수 있다.

> "그가 하나님께서 정하신 뜻과 미리 아신 대로 내준 바 되었거늘"행 2:23.

구원과 관계된 인류의 역사와 사건은 하나님의 절대적인 뜻임을 확인할 수 있는 부분이다. 예수님의 탄생과 죽으심 그리고 부활하심과 승천하심, 성령 강림과 앞으로 있을 예수님의 재림까지 모든 구속救贖 사건들은 누구도 막을 수 없고 누구도 저항할 수 없는 하나님의 주권적인 뜻이다.

이와 달리 하나님의 뜻에는 '델레마'라는 단어로 표현되는 '허용적인 뜻'도 있다. 이 뜻은 우리가 받아들일 수도 있고 거부할 수도 있다. 우리의 자유의지에 따라 저항도 가능하다. 이는 하나님의 뜻이기는 하지만 인간의 응답이나 협조가 없으면 이루어지지 않는 일을 말한다. 가령 "하나님의 뜻은 이것이니 너희의 거룩함이라 곧 음란을 버리고"살전 4:3라는 말씀이 이에 해당한다.

거룩하게 사는 것은 하나님께서 기뻐하시는 뜻이다. 그러나 거룩함이 이루어지려면 그에 대한 우리의 동의와 반응이 있어야 한다. 즉, 우리의 자유의지에 따라 거룩하게 살 수도 있고 그렇지 않을 수도 있는 것이다. "항상 기뻐하라 쉬지 말고 기도하라 범사에 감사하라"는 말씀도 마찬가지다. 기도하며 사는 것은 하나님의 뜻이지만 우리가 기도를 거부할 수 없도록 하신 것은 아니다. 내가 하루에 5분을 기도하든 50분을 기도하든, 그것은 자기 자신이 정하기에 달렸다.

하나님의 자녀인 우리에게는 이처럼 절대적인 뜻과 허용적인 뜻이 주어졌다. 어떻게 보면 이 두 가지는 우리를 향한 하나님의 배려처럼 여겨진다. 하나님의 절대적인 뜻이 없이 인류 역사가 이어진다면 이 세상은 얼마나 혼란과 무질서로 엉망이 될 것인가. 나를 향하신 하나님의 구원 계획도 없이 이 세상에서 살아간다면 인생이 얼마나 바람에 나는 겨와 같이 허무하겠는가.

반면 하나님의 주권적인 뜻만 있고 허용적인 뜻이 없다면 우리는 이 세상을 로봇이나 기계처럼 살게 된다. '하나님의 뜻'이 무엇인지 고민할 필요도 없고, 순종에 대한 상급과 칭찬도 주어지지 않을 것이다. 그래서 신학자 로레인 뵈트너Loraine Boettner는 하나님의 주권적인 뜻과 허용적인 뜻을 이렇게 설명했다.

"이는 마치 어항에 있는 고기들이 그 안에서 마음대로 움직일 수 있는 것과 같다. 그러나 이 고기의 자유는 어항 속이라는 제한된 자유다."

역사에는 분명 하나님의 울타리가 있다. 우리는 그 울타리 안에서 자유를 누린다. 어항이라는 울타리가 하나님의 주권적인 뜻이라면, 어항 속의 물고기는 허용적인 하나님의 뜻이라고 할 수 있다. 어항 속의 물고기는 어항 안에 있는 동안 마음대로 움직인다. 춤도 출 수 있고 잠도 잘 수 있다. 기뻐할 수도 있고 슬퍼할 수도 있다. 그러나 어항 밖으로 나오면 결과는 불을 보듯 뻔하다.

우리도 마찬가지다. 우리는 '하나님의 구원 계획'이라는 절대적인 뜻 안에서 살고 있다. 이 땅의 삶을 마치는 날, 우리는 반드시 하나님 나라에 가게 되어 있다. 그 나라에서 영원히 사는 것이 나를 향하신 하나님의 절대적인 뜻이다.

또한 우리는 이 땅을 살아가면서 날마다 우리를 향하신 하나님의 허용적인 뜻과 마주한다. 하나님은 우리가 기도하기를 원하시지만 기도하지 않는다고 당장 책임을 물으시지 않는다. 기뻐하지 않는다고 어항 속의 물고기가 죽는 것도 아니다. 음란하게 산다고, 도둑질한다고 갑자기 물고기가 어항 밖으로 던져짐을 당하지도 않는다.

하지만 중요한 것은 '허용적인 하나님의 뜻'도 그 수용 여부에 대해서는 우리에게 맡기셨지만, 하나님께서는 우리가 그 뜻에 순종하기를 원하신다는 것이다. 즉, 음란하지 말라는 것이 하나님의 수용적인 뜻이라고 해서 음란해도 되는 것이 하나님의 뜻은 아니다.

그래서 많은 경우에 우리는 이미 하나님의 뜻을 잘 알고 있다. 말씀을 알면 알수록, 기도를 하면 할수록 하나님께서는 성경과 내적 감동을 통해 하나님의 뜻을 알려주신다. 물론 그것은 하나님의 허용적인 뜻인 경우가 많다. '그 사람을 용서하는 것'이 하나님의 뜻이지만 그 용서는 내가 할 수도 있고 안 할 수도 있다. 그러나 우리가 하나님 뜻에 순종하여 그 사람을 용서하면 하나님께서는 용서한 것에 대한 은혜를 내려주신다. 내가 끝까지 고집을 부리면서 용서하지 않으면 용서하지 않은 것에 대한 대가 또한 받아야 한다.

예수님이 '하나님의 뜻이 이루어지도록' 기도하기를 가르치신 이유가 여기에 있다. 우리는 때로 하나님의 뜻이 무엇인지 분명히 알면서도 그 뜻을 따라 행하지 못할 때가 많다. 그러므로 "하나님의 뜻이 이루어지게 하소서"라는 기도는 "하나님의 뜻을 분별하게 하시고 그 뜻대로 행동하게 하소서"라는 두 가지 의미를 담고 있다고 할 수 있다.

그러나 하나님의 뜻을 알 수 없을 때

나를 향하신 하나님의 뜻을 찾기 어려울 때도 있다. 성경을 아무리 보고 기도를 해봐도 하나님의 뜻을 찾는 것이 애매할 때가 있다. 두 갈래 갈림길에서 어떤 직장을 선택할 것인가, 누구와 결혼할 것인가, 취업을 할 것인가 선교지로 나갈 것인가 등의 문제가 그 같은 고민에 빠지게 한다. 이때는 '선악'이 기준이 되지 않기 때문에 더욱 어렵다.

그래서 나는 이런 문제로 고민하는 사람들에게 "기도하면서 기쁨과 평안함이 있는 곳을 따라 결정하십시오"라고 권면한다. 성경은 기도 응답이 평안과 기쁨으로 온다는 사실을 알려준다. 예수님은 "지금까지는 너희가 내 이름으로 아무것도 구하지 아니하였으나 구하라 그리하면 받으리니 너희 기쁨이 충만하리라" 요 16:24 고 말씀하셨다. 빌립보서 4장 6, 7절에서도 "모든 일에 기도와 간구로, 너희 구할 것을 감사함으로 하나님께 아뢰라 그리하면 모든 지각에 뛰어난 하나님의 평강이 그리스도 예수 안에서 너희 마음과 생각을 지키시리라"고 말씀하고 있다. 앞서 나눈 대로 평안과 기쁨은 하나님 나라의 열매로 주어지는 것이므로, 그 열매를 따라 결정하는 것이 바람직하다.

그래도 하나님의 뜻을 분별하기 어렵고 확신이 서지 않을 때는 로마서 8장 28절의 말씀을 적용해보기 바란다.

> "우리가 알거니와 하나님을 사랑하는 자 곧 그의 뜻대로 부르심을 입은 자들에게는 모든 것이 합력하여 선을 이루느니라."

선택의 기로에 선 사람들에게 이 말씀을 권면하는 이유는 "하나님을 사랑하는 자 곧 그의 뜻대로 부르심을 입은 자"에 주목하기 때문이다. 즉, 하나님의 뜻을 찾는 동기가 '주님을 사랑하기 때문'인지 정직하게 점검해봐야 한다는 말이다.

하나님의 뜻을 구하는 우리 마음속 동기가 정말 순수한지, 혹시 실패에 대한 두려움이나 내 안에 있는 욕심 때문에 하나님의 뜻을 찾고 있는 것은 아닌지 정확하게 보라는 말이다. 책임전가를 한다거나 요행을 바라는 마음으로 하나님의 뜻을 구하게 되면, 하나님의 뜻도 찾지 못하고, 하나님을 원망할 가능성도 높아진다. 분명히 무의식적인 내 욕심 때문에 A를 선택했으면서도 안 좋은 결과를 만나면 "하나님, 이게 뭡니까? 그때, 분명 A를 선택하라고 사인을 주시지 않았습니까? 하나님이 알아서 하십시오"라고 말하는 일들이 벌어지는 것이다.

결혼의 아픔을 겪을 때 우리는 이런 태도를 보이게 된다. 물질에 대한 욕심 혹은 육신의 정욕, 안목의 정욕을 기준으로 결혼을 결정했음에도 "주님, 제가 그때 배우자를 보내달라고 기도할 때 이 사람 만나게 하셨지요? 그런데 결과가 이게 뭡니까?"라며 하나님께 원망하는 것이다.

따라서 'A냐, B냐'와 같은 선택의 문제에서 정말 '하나님의 뜻'을 찾고 싶거든 모든 것을 내려놓고 주님을 사랑하는 순수한 마음으로 결정해야 한다. "하나님, 저는 주님을 사랑하기 때문에 이 길을 선택하겠습니다. 이 길이 주님을 사랑할 수 있는 길임을 확신합니다"라는 기도로 행동의 첫발을 내디뎌야 한다.

만약 이와 같은 기준에서 결정을 내렸다면 실패에 대한 두려움을 가질 필요가 없다. '하나님을 사랑하는 자 곧 그의 뜻대로 부르심을 입은 자들에게는 모든 것이 합력하여 선을 이룬다'라고 주님이 분명히 약속하고 계시지 않은가. 하나님의 뜻을 구하고 그 뜻을 이루기 위해 달려가고 있다면 어려운 일을 당한다 해도 주눅 들거나 위축될 필요가 없다. 하나님은 그 뜻대로 행하는 자들에게 반드시 영원한 구원을 허락하신다.

하나님의 뜻이 이루어지려면

'하나님의 뜻'을 구하는 주님의 기도를 좀 더 자세히 살펴보면 "뜻이 하늘에서 이루어진 것같이 땅에서도 이루어지이다"라는 표현이 나온다. 왜 주님은 '하나님의 뜻'을 구하면서 "하늘에서 이루어진 것같이"라는 전제를 두셨을까?

이 표현은 하나님의 나라, 즉 하늘에서는 하나님의 뜻이 완전하게 이루어지고 있다는 뜻이다. 시편 103편 21절에 나온 대로 하늘에서는 '여호와께 수종 들며 그 뜻을 행하는 모든 천군'들로 인해 하나님의 뜻이 완전하게 이루어지고 있다는 뜻이다.

결국 이 기도는 하늘에서 천사들을 통해 하나님의 뜻이 완전히 이루어지듯이 이 땅에서도 '우리를 통해' 하나님의 뜻이 이루어지기를 바라는 내용이라 할 수 있다. 우리가 사는 세상이 아무리 더럽고 모순투성이라 할지라도 이 땅에서의 하나님 뜻은 바로 우리를 통해 이루어진다는 것을 보여준다.

그렇다면 어떻게 해야 이 죄악 된 세상에서 우리를 통해 하나님의 뜻이 이루어질 수 있을까?

그에 대한 첫 번째 답은 바로 '기도'다. 성경은 계속해서 이를 말씀하고 있다.

"나 여호와가 말하였으니 이루리라 주 여호와께서 이같이 말씀하셨느니라 그래도 이스라엘 족속이 이같이 자기들에게 이루어주기를 내게 구하여야 할지라" 겔 36:36, 37.

하나님의 뜻은 바벨론에서 포로 생활을 하는 이스라엘이 조국으로 돌아오는 일이었다. 누구도 거역할 수 없는 일이지만 하나님께서는 그 뜻을 이루기 위해 이스라엘이 기도해야 한다고 말씀하신다. 마찬가지로 우리가 모두 기도함으로 엎드릴 때 이 나라 민족을 향한 하나님의 뜻이 온전히 성취될 수 있다고 하신다.

그렇게 기도하는 사람들에게 요구되는 또 한 가지 사항이 있다. 하나님의 뜻에 순종하기 위한 '자기 부인'이다. '자기 부인'이 이루어지지 않으면 우리는 결코 하나님 뜻에 순종할 수 없다. 우리는 100퍼센트 죄성을 가진 인간 아닌가. 육신의 소욕이 성령의 뜻을 거슬러 이생의 자랑과 안목의 정욕대로 살려는 사람이 바로 우리다.

그래서 자기를 부인하지 않으면 결코 주님의 뜻을 따를 수 없다. 나를 십자가에 못 박고 내려놓지 않으면 주님의 뜻을 분별했다 해도 순종하지 못한다. 나아가 주님의 뜻조차 분별되지 않는다.

자기를 부인하기가 아무리 힘들어도 그렇게 해야 하나님의 뜻이 이루어진다는 것을 주님은 몸소 체험하셨다. 하나님의 아들 예수님이 십자가를 지시는 일이 어디 쉬운 일이었겠는가. 극한 고통과 배신과 조롱당함의 끝을 경험하는 것이 무엇인지 너무나 잘 알고 계셨으므로 예수님은 겟세마네 동산에서 땀방울이 핏방울이 되도록 기도하셨다.

"아버지여 만일 할 만하시거든 이 잔을 내게서 지나가게 하옵소서 그러나 나의 원대로 마시옵고 아버지의 원대로 하옵소서" 마 26:39.

그리고 결국 예수님은 자기를 부인하고 하나님의 절대적 뜻인 십자가를 지는 길로 걸어가셨다. 기도해야 자기를 부인할 수 있고, 자기를 부인해야 하나님의 뜻을 이룰 수 있음을 예수님은 몸소 보여주셨다.

자기를 부인하는 길에는 이처럼 뼈를 깎는 고통이 따른다. 그래서 나 자신에게 적용하기는 너무나 어렵다. 오죽했으면 사도 바울이 "나는 날마다 죽노라" 하고 고백했겠는가. 죽지 않으면 갈 수 없는 길이 십자가의 길이요 자기 부인의 길이다.

기도함으로 나를 부인하고, 나를 부인함으로 하나님의 뜻에 순종하면 그곳에는 하나님의 나라가 임한다. 결국은 나에게 평안과 기쁨의 열매가 주어진다. 가장 값진 하나님 나라의 은혜가 말로 표현할 수 없을 정도로 쏟아진다.

세계적인 명설교가 무디와 관련된 축도 이야기를 아는가? 양조장을 크게 짓고 개업 예배를 드리게 된 교인이 있었다. 그날 참석한 이들은 양조장 사업이 잘되게 해달라고 기도하고 설교했으며, 축사까지 했다. 마지막 순서인 축도 시간만 남아 있었다. 그 자리에 초대받은 무디는 자신이 맡은 순서가 되자 앞으로 나가 두 손을 높이 들고 이렇게 축복기도를 했다.

"오, 하나님! 이 양조장이 오늘 예배드리고 내일 문을 열게 됩니다. 양조장 문이 열리지 않게 하여주옵소서! 이 문이 열리면 엄청난 술이 생산될 것입니다. 수많은 청소년들이 술을 마시고 타락할 것입니다. 수많은 사람들이 술을 먹고 취하여 제정신이 아닐 것입니다. 오, 하나님이시여! 제발 오늘 밤, 이 양조장 주인의 마음을 감동시키셔서 양조장 문이 열리지 않게 하여주옵소서."

기도를 들은 사람들은 당황했다. 축하 파티를 열어 맘껏 즐기려고 했으나 무디 목사가 그렇게 기도하자 서둘러 그 자리를 떠나고 말았다. 그때 양조장 주인의 심정이 어땠을까? 그는 사람들이 돌아간 후부터 밤새 고민하지 않을 수 없었다. 그러다 새벽에 조용히 기도했고, 하나님의 분명한 뜻이 임했다.

결국 그는 양조장 문을 열지 않기로 하나님 앞에서 작정했다. 그 건물은 훗날 '무디 신학교'가 되었다. 자기 부인을 통한 양조장 주인의 순종은 수많은 술꾼들 대신 수많은 신학자와 목회자들을 배출하도록 이끌었다.

그렇다면 우리가 드리는 기도를 점검해봐야 한다. 나는 양조장 주인처럼 하나님의 뜻이 이루어지길 기도하고 있는가? 하나님의 뜻에 대한 간절한 소망과 목마름을 갖고 있는가?

하나님의 사람이 품어야 할 최대 소망은 하나님의 뜻대로 사는 일이다. 그러므로 우리 기도는 이렇게 바뀌어야 한다.

"하늘에서 천군과 천사들을 통해서 하나님의 뜻이 이루어지듯, 저를 도구로 사용하셔서 주님의 뜻을 이루어주옵소서."

이는 곧 자기 부인의 기도다. 날마다 죽어야 응답이 가능한 기도다. 하나님의 뜻을 한마디로 말하면 우리가 날마다 죽는 것이다. 날마다 내려놓고 날마다 썩는 것이다. 물론 이 일이 쉽지는 않다. 그러나 하나님의 뜻을 구하며 그 뜻에 순종하기를 기도할 때, 죽을 수 있는 힘, 내려놓을 수 있는 믿음도 주어질 것이다. 그리고 우리가 그렇게 죽을 때, 하나님의 완전하신 뜻이 가정과 교회와 이 땅 가운데 이루어질 것이다.

> "내가 진실로 진실로 너희에게 이르노니 한 알의 밀이 땅에 떨어져 죽지 아니하면 한 알 그대로 있고 죽으면 많은 열매를 맺느니라" 요 12:24.

골방으로
가는 길

01

하나님의 뜻은 주권적인 뜻과 허용적인 뜻으로 나뉜다. 나의 삶 가운데 나타난 하나님의 주권적인 뜻과 허용적인 뜻은 무엇인가?

02

하나님의 뜻이 내 삶 가운데 이루어지려면 기도와 자기 부인이 있어야 한다. 하나님의 뜻을 이루기 위해 내가 갖춰야 할 모습은 무엇인가?

19 DAY

내 뜻을 내려놓기를 기도하라

언제 내려놓아야 하는가

하나님의 뜻이 나를 통해 이루어지기 위해서는 자기 부인의 기도가 필수적이다. 그러나 내 삶이 평탄하고 형통할 때 자기를 부인하는 사람은 거의 없다. 아무런 일도 없는데, 살아온 패턴과 자기 주장과 사고방식을 누가 하나님 앞에서 돌아보겠는가? 어느 누가 "하나님의 뜻은 대체 무엇입니까? 어떻게 해야 그 뜻이 이루어집니까?"라고 기도하겠는가? 만사형통의 축복

앞에서는 모두들 그것을 누리기에 집중할 뿐이다.

그래서 하나님께서는 때때로 우리에게 고난을 허락하신다. 고난이나 고통, 문제를 맞닥뜨려야 우리는 하나님의 음성에 귀 기울일 줄 안다. 내 생각과 내 뜻에서 벗어나 하나님의 생각과 하나님의 뜻을 찾는 것이다. 그런 면에서 고난은 우리에게 방향을 바꾸라는 하나님의 신호와도 같다. 어떤 사람이 난로에 손을 대다가 뜨거운 고통을 느꼈다면 그것은 난로에서 손을 떼라는 의미다. 제때 손을 떼지 않으면 치명적인 상처를 입는다.

우리가 인생에서 맞게 되는 고난도 내가 살아온 방식, 내가 취했던 가치관, 내가 행했던 삶의 태도를 하나님 앞에서 수정하는 시간이라 할 수 있다. 그와 같은 진로 수정은 '내려놓음'을 의미할 때가 많다.

하나님께서는 고난의 시간을 허락하심으로 그분의 뜻을 구하게 하시고 나의 것들을 내려놓게 하신다. 그리고 '하나님의 뜻'을 따르는 것이 최고의 선택이었음을 깨닫게 하신다. 하나님께서는 그러한 과정을 통해 우리를 위대한 하나님의 사람으로 업그레이드시키신다.

내려놓음을 경험했던 성경의 사람들

성경에는 고난을 받음으로써 하나님의 사람으로 변화된 많은 사람이 소개되어 있다. 그들은 특별히 '사흘' 동안 고통 중에 있었고, 그 시간 속에서 내려놓음을 경험했다.

대표적인 사람은 사도 바울이다. 사울이었을 때 그는 히브리인 중의 히브리인이요 율법으로는 바리새인이요 열심으로는 교회를 박해하고 율법의 의로는 흠이 없는 자였다빌 3:5, 6. 예수 믿는 사람들을 잡아 죽이는 것이 하나님의 뜻이라고 믿으며 이에 대해 한 치 의심도 없던 사람이었다.

그런 그가 그리스도인들을 잡으러 가다가 다메섹 가까이에 이르렀을 때 정오의 빛보다 더 강렬한 빛을 받고 땅에 엎드러졌다. 예수의 음성을 들은 후 눈은 떴지만 아무것도 보지 못하게 되었다. 그는 사람들의 손에 이끌려 다메섹으로 들어갈 수밖에 없었다. 그곳에서 사흘 동안이나 식음을 전폐한 채 지냈다.

갑자기 눈이 멀게 되어 전혀 먹지도 마시지도 못하며 보내야 했던 사울의 사흘은 얼마나 깊은 흑암이었을까? 그 캄캄한 시간 동안 사울은 어떤 기도를 하나님께 드렸을까? 가장 먼저 그는 회개기도부터 드렸을 것이다. 하나님의 거룩하심 앞에 선 자, 빛 되신 주님을 만난 사람이라면 가장 먼저 회심의 기도, 회개의 기도부터 드리지 않을 수 없다.

"예수님, 저는 당신을 경멸했습니다. 저는 당신을 믿는 사람들을 미워했고 그들을 잡아 죽이는 일에 앞장섰습니다. 그런데 제가 하나님의 생각과 뜻을 얼마나 거스르고 있었는지 이제야 알았습니다. 예수님, 당신은 진정 하나님의 아들이셨군요. 당신은 정말 구약의 선지자들이 예언한 메시아셨군요. 예수님, 저를 용서해주십시오. 십자가의 원수처럼 행동한 죄를 용서해주십시오."

하염없이 눈물을 쏟으며 회개기도를 드린 사울은 자신의 힘으로는 아무것도 할 수 없음을 실감했다. 그토록 위협과 살기가 등등하지 않았던가. 그런데 예수님을 만나고 보니, 그동안 자신이 잡아 죽였던 그리스도인들의 얼굴이 떠올라 견딜 수 없었다. 이와 같은 극한 상황 속에서 사울은 자신의 뜻을 완전히 내버리는 '내려놓음의 기도'를 진심으로 하나님께 드리게 되었다.

"예수님, 제 힘으로는 아무것도 할 수 없습니다. 제 인생의 주인은 이제 예수님이십니다. 제가 가진 모든 것을 내려놓겠습니다. 미래도 내려놓고, 그동안 배운 가말리엘의 모든 학문도 내려놓겠습니다. 제 생각, 제 뜻도 전부 내려놓겠습니다. 하나님께서 가라 하시면 가고, 머물라 하시면 머물겠습니다."

결국 사울은 사흘이 지난 이후, 사도 바울로서의 새로운 삶을 살게 되었다. 하나님의 뜻을 이루기 위해서라면 날마다 죽을 수 있는 사람으로 완전히 변화된 것이다.

믿음의 조상 아브라함에게도 그와 같은 인생의 사흘이 있었다. 아브라함 역시 하나님의 음성을 들은 뒤에 인생의 사흘을 맞이했다. 어느 날 그는 백 세에 낳은 아들 이삭을 데리고 모리아 산으로 가서 번제로 드리라는 하나님의 음성을 들었다. 그야말로 청천벽

력 같은 말이 아닐 수 없었다. 하지만 아브라함은 하나님의 분명한 음성을 들었고, 그분의 뜻이라면 순종해야 한다는 사실을 숱한 세월 속에서 깨닫고 있었다. 그는 날이 밝자마자 사라와도 상의하지 않은 채 이삭을 데리고 모리아 산을 향해 나아갔다. 아들과 함께 번제에 쓸 나무를 가지고 모리아 산을 오르는 사흘 길. 아브라함이 겪은 마음의 고통이 어느 정도였을지 짐작할 수 있겠는가? 주님이 십자가를 지고 골고다 언덕을 오르시는 것과 같은 고통의 사흘 길을 아브라함은 걸었다. 자신 안에 일어나는 갈등을 못 박고 또 박으며 아픔조차 내색하지 못했다. 그 길의 끝에서 아브라함은 자신의 목숨보다 더 사랑하는 아들 이삭을 하나님 앞에 내려놓았다. 사흘 길을 걷는 동안 계속되는 자기 부인을 통해 백 세에 낳은 아들 이삭을 하나님께 바칠 수 있었다.

그 결과, 어떤 일이 일어났는가? 아브라함은 하나님으로부터 "이제 네가 나를 경외하는 줄 알겠다"라는 인정을 받았을 뿐 아니라 하나님께서 예비하신 숫양으로 번제를 드리고 아들 이삭을 품에 안을 수 있었다. 여호와 이레의 축복을 경험한 것이다.

하나님의 사람 요나도 마찬가지였다. 니느웨로 가라는 하나님의 명령을 어기고 다시스로 가는 배를 탄 요나는 풍랑을 만나 물고기 배 속에 들어가고 말았다. 그 캄캄한 물고기 배 속에서 요나는 사흘을 지내야 했다.

"여호와께서 이미 큰 물고기를 예비하사 요나를 삼키게 하셨으므로 요나가 밤낮 삼 일을 물고기 배 속에 있으니라" 욘 1:17.

빛 하나 들어오지 않는 캄캄한 곳, 위액이 분비되어 악취가 나는 곳에서 요나는 사흘을 견뎠다. 먹지도 마시지도 못하고 숨조차 제대로 쉴 수 없는 고통이 얼마나 심했으면 물고기 배 속을 스올이라 표현했겠는가.

그러나 극한 고통에 빠진 요나는 하나님의 뜻 앞에서 자신의 뜻을 내세운다는 게 얼마나 어리석고 무지한 일인지를 절실히 깨달았다. 니느웨로 가지 않으려고 다시스행 배를 탔던 자신의 죄를 회개하지 않을 수 없었다. 그는 자신의 뜻과 생각을 내려놓는 기도를 올렸다.

결국 요나도 흑암 같은 사흘의 시간을 보낸 후에 물고기 배 속에서 나올 수 있었고, 니느웨에 가서 하나님의 뜻을 알리는 선지자가 될 수 있었다.

당신의 사흘은 언제인가

이와 같은 신앙의 인물들을 보면서 우리는 하나님께서 왜 인생의 캄캄한 사흘을 허락하시는지 알게 된다. 하나님께서는 우리에게 특별한 사명을 맡기기 위해 우리의 귀가 하나님의 뜻에 열려 있도록 먼저 자기 자신을 내려놓기를 원하신다. 그러나 우리는 무언가를 내려놓으면 손해를 볼 것이라고 생각한다. 내 뜻을 내려놓으면 실패자가 될 것 같기 때문이다. 하지만 결과는 정반대다. 인생의 사흘을 통과하면서 죽고 깨어지고 내려놓게 되면 하나님께서는 반드시 다시 일으켜 세워주신다. 죽은 지 사흘 만에 예수님이 사망 권세를 이기고 부활하신 것처럼, 고난의 시간 속에 우리 뜻을 내려놓으면, 인생의 사흘이 지나고 난 뒤 우리에게 더 좋은 것을 허락해주시는 것이다.

> "여호와께서 이틀 후에 우리를 살리시며 셋째 날에 우리를 일으키시리니 우리가 그의 앞에서 살리라"호 6:2.

하나님께서는 내게도 이와 같은 내려놓음의 시간들을 허락하셨다. 완악한 나를 불쌍히 여기셔서 내 생각과 뜻을 내려놓도록 인도하셨다.

그것은 교회 건물 계약과 관련된 일이었다. 교회 개척을 준비하던 나는 얼마 되지 않는 돈으로 계약할 수 있는 건물을 마침내 찾은 상태였다. 명일동의 강동아파트 부근에 위치한 상가 건물이었는데, 그 상가에는 교회가 전혀 들어와 있지 않았다. 게다가 땅 주인과 건물 주인이 달라 법적 분쟁이 계속되던 터라 다른 곳에 비해 임대료가 훨씬 저렴했다. 사람들은 불안해서라도 계약을 맺지 않지만, 수중에 돈이 없던 나는 하나님께서 예비해주신 장소로 받아들일 수밖에 없었다.

나는 부동산중개소에서 2층 40평 홀에 대한 임차계약을 체결했다. 공중화장실을 사용해야 하고, 40평 홀 중 일부를 막아 사택으로 써야 했지만 그만한 가격에 그 같은 건물을 계약했다는 것 자체가 감사할 따름이었다. 그런데 며칠 뒤 부동산중개소로부터 전화가 왔다. 전도사 한 분이 상가의 지하 공간을 교회 건물로 계약한다며 나를 만나고 싶어 한다는 것이었다.

한 건물에 두 교회가 들어선다고 생각하니, 여러 가지로 불편한 마음이 들 수밖에 없었다. 지하에 교회를 개척하려는 전도사를 만나자, 그 사람 역시 한 건물에 두 교회를 세우는 일은 피해야 한다고 말했다. 그래서 그 전도사는 매우 적극적으로 내게 계약을 포기할 것을 부탁했다.

"강도사님은 이제 곧 목사님이 되실 분이잖아요. 저는 전도사고요. 그런데 새로운 교인들이 교회로 찾아오면 목사가 섬기는 2층의 교회와 전도사가 섬기는 지하 교회 중 어디로 오겠습니까? 아무도 지하로 오지 않습니다. 그러니 강도사님께서 양보해주시면 안 되겠습니까?"

계약 포기를 부탁하던 전도사는 소위 말하는 기도파였다.

"강도사님, 기도 중에 환상으로 이 건물을 봤습니다. 제가 이곳에 들어오는 게 하나님의 뜻입니다."

환상 중에 이 건물을 봤다고 주장하는 전도사의 말을 듣고 있자니, 나로서는 뭐라 할 말이 없었다. 환상을 본 적도 없고 음성을 들은 적도 없이 내가 가진 금액에 맞춰 찾아온 건물 아닌가. 나는 먼저 이곳을 계약했고 더 이상 가진 돈이 없으니 양보하기 어렵겠다는 주장을 폈다.

결국 합일점을 찾지 못한 우리는 건물 외부의 십자가는 하나만 세우기로 합의하고는 찜찜한 마음으로 헤어졌다. 책상 앞에 앉았지만 마음이 너무나 불편했다. 성경책을 펴도 글자가 들어오지 않았다. 전도사의 처지를 무시하고 내 뜻대로 강행한다고 생각하니 마음에 평강이 없었다. 부교역자 생활을 그만둔 지 서너 달이 지나고 있어서 하루 빨리 교회를 시작해야 한다는 부담감도 밀려왔다. 수중에 가진 돈이 조금만 더 있어도 그렇게 고민스럽지는 않을 텐데, 여러 가지 부담으로 밤에 잠을 잘 수가 없었다.

"예수님, 예수님이라면 어떻게 하시겠습니까?"

하나님께서 나타나셔서 방법을 말씀해주시면 좋을 것 같았다. 그 전도사님처럼 환상을 본다면 좀 더 나았을지도 모르겠다. 그러나 "예수님이라면 어떻게 하시겠습니까?"라는 질문 속에는 이미 답이 들어 있었다.

하나님께서는 그 한마디를 붙들고 기도하던 내게 긍휼과 사랑의 마음을 심어주시는 것으로 응답하셨다. 사랑하는 백성을 위해 목숨까지 내어주신 예수님의 삶을 떠올리게 하셨다. 그러자 내 마음이 눈 녹듯 부드러워졌다. 전도사와 교회를 위해 내가 가진 권리를 내려놓는 게 어렵지 않게 느껴졌다.

다음 날 나는 전도사를 부동산중개소에서 만났고, 2층의 교회 장소를 전도사에게 양보했다. 기뻐하고 고마워하는 전도사의 모습을 보니 내 마음에 평안과 기쁨이 더욱 크게 찾아왔다.

이후 하나님께서는 나를 길동으로 인도해주셨고 오륜교회가 세워지도록 이끌어주셨다. 그러는 과정에서 고통과 어려움도 있었지만 그때 일을 돌아보노라면, 하나님께서 기뻐하시는 뜻이었음을 알게 된다. 내 생각과 현실적인 조건들을 다 내려놓을 때, 내가 알지 못했던 신묘막측한 방법으로 인도하시는 하나님의 역사를 이후로도 수없이 보여주셨기 때문이다.

이처럼 자신이 가진 것을 내려놓는 것이 하나님의 뜻인 경우가 많다. 그렇게 내려놓아야만 더 좋은 것을 주고 싶어 하시는 하나님의 선물을 받을 수 있기 때문이다. 그래서 고난의 터널을 통과할 때면 내가 무엇을 내려놓아야 하는지 잘 살펴야 한다. 때로 하나님께서는 인생의 방향을 바꾸시고자 우리를 고난의 사흘 길로 인도하시기 때문이다.

혹시 사울과 같은 인생의 사흘, 아브라함과 같은 사흘 길을 지나고 있지는 않은가? "여기가 스올의 배 속입니다"라고 고백할 만큼 고통의 시간을 보내고 있지는 않은가? 그렇다면 하나님의 능력과 은혜를 구하기 이전에 '하나님의 뜻'을 구하기 바란다. 그리고 그분의 뜻 안에서 나 자신을 내려놓을 수 있기를 바란다. 지금까지 붙들고 있던 것들을 찾아 내려놓을 수 있다면 놀라운 하나님의 은혜가 기다리고 있을 것이다. 인생의 사흘 후에 나를 일으키시는 하나님을 뵙게 될 것이다.

골방으로
가는 길

01

하나님의 뜻이 나를 통해 이루어지기 위해서는 내가 붙들고 있는 것을 내려놓아야 한다. 하나님께서는 내려놓고 비워놓은 자리에 하나님의 것들을 채우며 일하시기 때문이다. 내려놓았을 때 받았던 은혜와, 반대로 내려놓지 못했을 때 겪었던 어려움을 고백해보자.

02

인생의 어려운 사흘 길을 지날 때 성경의 인물들은 내려놓음을 경험했다. 혹시 나 또한 인생의 사흘 길을 지나고 있지는 않은가? 그렇다면 내가 내려놓아야 할 것은 무엇인가?

20 DAY

일용할 양식을 위해 기도하라

하나님에 대한 잘못된 인식

일본의 어느 마을에 1천 그루의 유실수를 가꾸는 그리스도인이 있었다. 그런데 열매가 맺을 무렵, 이상한 벌레들이 생기기 시작했다. 벌레들이 어찌나 기승을 부리는지 온갖 방법을 다 써봐도 좀처럼 사라질 기미가 보이지 않았다. 어느 날 밤, 믿음이 좋은 이 농부는 가족을 불러 앉힌 후 벌레 퇴치를 위한 철야 기도를 드렸다. 며칠 후 새벽, 마침내 놀라운 응답이 있었다.

수백 마리의 이상한 새 떼들이 몰려와 한 그루의 나무에 한 마리씩 앉더니, 한 시간 만에 그 많은 벌레를 모조리 쪼아 먹어버린 것이다.

김준곤 목사님의 '기도의 능력'이란 칼럼에 소개된 이 이야기는 '놀랍다'라는 반응을 일으키기도 하지만 '벌레 잡는 것도 기도거리가 되나?' 하는 의구심을 안겨주기도 한다. 우리는 은연중에 하나님의 영광, 하나님의 나라, 하나님의 뜻을 먼저 구하는 게 진정한 기도라고 생각하기 때문이다. 우주만물을 다스리시는 거룩하신 하나님께 벌레나 잡아달라고 간청하는 것은 말도 안 된다고 생각하는 사람이 있을지도 모르겠다.

이에 대한 답을 찾기 위해 예수님이 가르쳐주신 주기도문을 계속해서 묵상해보자. 하나님의 나라와 뜻을 구하신 예수님은 뒤이어 무엇을 구하셨는가?

> "오늘 우리에게 일용할 양식을 주시옵고 우리가 우리에게 죄 지은 자를 사하여준 것같이 우리 죄를 사하여주시옵고 우리를 시험에 들게 하지 마시옵고 다만 악에서 구하시옵소서" 마 6:11-13.

"너희는 이렇게 기도하라"고 가르쳐주신 예수님의 기도 내용 중 세 가지는 '내가 먹을 양식'과 '내 죄의 용서'와 '나를 보호해달라'이다. 지극히 개인적인 기도제목들이 기도 내용의 절반을 차지하고 있다. 예수님은 인간의 필요가 무엇인지 알고 계셨고, 우리의 필요를 간절히 하나님께 아뢰어야 한다고 가르치셨다.

이를 통해 내 꿈을 펼치기 위해 기도하고, 방황하는 자녀를 위해 기도하며, 남편을 위해 기도하고, 이사를 잘할 수 있도록 기도하는 것까지, 나의 삶과 관련된 모든 것은 하나님께서 귀 담아 들으시는 중요한 기도 내용이 됨을 확인할 수 있다. 오히려 기도하지 않아서 문제이지, 내 필요를 아뢰는 것은 문제되지 않는다.

그러나 우리가 기도하는 것을 가장 싫어하는 사탄은 하나님에 대해 오해를 심어줌으로써 기도를 막는다. '뭘, 그런 걸 놓고 기도하냐? 하나님이 시시하게 그런 사소한 기도에도 응답하실 것 같냐?'라는 생각을 심어준다. "목숨을 위하여 무엇을 먹을까 무엇을 마실까 몸을 위하여 무엇을 입을까 염려하지 말라"마 6:25는 말씀도 잘못 해석하게 한다. 이 말씀은 우리의 먹고 마시는 문제를 염려하지 말라는 의미이지, 기도하지 말라는 뜻이 아니다. 오히려 염려하지 말라는 표현 속에는 "너희 구할 것을 감사함으로 하나님께 아뢰라"빌 4:6는 뜻이 담겨 있다.

물론 우리가 드리는 기도는 하나님의 나라를 구하는 것으로 채워져야 하고, 기도의 최종 목표는 하나님의 뜻이 이루어지는 것으로 끝나야 한다. 하지만 이러한 가운데에도 우리의 모든 일상이 하나님의 통치 안에 있음을 알아야 한다. 사람이 태어나서 죽는 문제, 구원을 받고 안 받고의 문제만이 아니라 흥하고 망하며, 성취하고 잃어버리며, 먹고 마시는 모든 일까지 하나님의 다스리심 속에 들어가 있는 것이다.

우리가 먹고 싶다고 해서 먹을 수 있는 환경이 주어지는 것은 아니다. 열심히 농사짓는다고 해서 그해 농사가 잘되란 법이 없고, 일곱 번 넘어졌다고 해서 여덟 번째도 넘어진다는 법이 없다. 하나님께서 문을 열면 닫을 자가 없고 하나님께서 문을 닫으면 열 자가 없는 것이 이 땅의 원리다. 하나님의 주권은 구원의 문제에만 임하는 게 아니라 내 삶의 모든 영역에도 임하는 것이다.

그래서 전도서 기자는 "의인들이나 지혜자들이나 그들의 행위나 모두 다 하나님의 손 안에 있으니 사랑을 받을는지 미움을 받을는지 사람이 알지 못하는 것은 모두 그들의 미래의 일들임이니라"전 9:1고 했다. 모든 것은 하나님의 손에 달려 있기에 지혜자나 의인조차도 자기 삶을 결정하지 못한다는 것이다.

그래서 우리는 지극히 개인적이고 일상적인 필요까지도 하나님과의 관계 속에서 풀어가야 한다. 하나님과의 관계 속에서 풀지 않아도 되는 문제는 하나도 없다. 미래를 위해 기도하고, 문제를 해결하기 위해 기도하며, 사랑하는 사람들을 위해 기도하는 것은 너무도 당연하다.

하지만 이런 문제에 직면할 때마다 우리는 기도보다는 인간적인 방법을 택한다. 남편의 출세를 위해 어디에 줄을 대야 하는지, 자녀의 합격을 위해 어떤 학원을 다녀야 하는지 눈에 불을 켜고 찾아낸다. 그리고 많은 시간과 물질을 투자하고 그것이 전부인 양 살아간다.

만약 우리가 그런 에너지와 시간을 조금만 더 기도하는 데로 쏟는다면 어떤 변화가 찾아올까? 처음에는 열매가 더딘 것 같고 하나님의 움직이심이 없는 것처럼 느껴질 것이다. 그러나 머지않아 엄청난 기도의 신비를 일상 속에서 체험하게 된다. 나의 어설픈 지식과 능력이 아닌 하나님의 완전하신 지식과 엄청난 능력으로 움직이는 세상을 반드시 보게 될 것이다. 무엇보다 일상적이고 개인적인 모든 필요를 기도로 해결하려 한다면, 우리 삶은 차츰 하나님의 거룩하심으로 변화될 것이다.

느헤미야는 이스라엘의 성벽을 재건하기 위해 왕의 마음을 얻으려고 뇌물을 바치거나 교묘한 술수를 쓰지 않았다. 기도하며 하나님을 의지했고, 기도를 들으신 하나님께서 왕의 마음을 돌려놓으셨다.

다윗도 마찬가지다. 그는 전쟁에 앞서 항상 하나님께 묻고 행동했다. '이 전쟁이 하나님께 속한 것인지' 하나님의 뜻을 물었고 "지금 올라가야 되리이까?" 하고 하나님의 타이밍을 확인했다. 그런데 많은 사람은 하나님의 뜻과 하나님의 시간을 묻기보다는 "적군이 얼마나 됩니까?" 하고 묻는다. 적군의 수를 알기만 하면 싸움에서 이길 전략과 방법을 짜는 것은 문제도 아니라는 태도다.

죄성을 가진 우리는 결코 온전한 생각과 판단을 할 수 없다. 항상 부족하고 항상 불완전하다. 그리고 부족한 틈을 보일 때마다 아말렉 군사들이 게릴라처럼 치고 들어와 나를 공격한다. 하나님께 해결 방법을 물어야 하는 이유는 그분으로부터 나오는 전략과 방법만이 온전하기 때문이다.

그래서 기도하는 사람들, 하나님께 묻고 구하며 문제를 해결하는 사람들은 불의를 행치 않고 화평과 사랑의 사람으로 승리하며 살 수 있다. "근심하는 자 같으나 항상 기뻐하고 가난한 자 같으나 많은 사람을 부요하게 하고 아무것도 없는 자 같으나 모든 것을 가진 자"고후 6:10로 살아간다. 그렇게 삶의 모든 영역에서 하나님의 다스리심을 받으며 살고, 하나님의 거룩하신 이름을 나타내며 산다.

날마다 이만큼만 기도한다면

하나님의 나라와 의를 구할 뿐 아니라 일용할 양식과 용서, 시험으로부터의 보호를 위해 과연 얼마나 기도해야 할까? 시간을 정확히 말할 수는 없지만, 나는 하루에 한 시간 정도를 권하는 편이다. 예수님이 겟세마네 동산에서 기도하실 때 졸고 있는 베드로를 바라보시며 "너희가 나와 함께 한 시간도 이렇게 깨어 있을 수 없더냐"마 26:40라고 말씀하신 점으로 보아, 적어도 하루에 한 시간의 기도는 필요하다고 생각한다.

그러나 시간의 개념보다는 하루에 기도하는 시간을 정기적으로 갖고 있는지 여부를 더욱 중요하게 여겨야 할 것이다. 주님은 '그 날의 양식'을 위해 기도하셨을 뿐 1년 치의 양식을 위해 한꺼번에 기도하시지 않았다. 즉, 일용할 양식만 구한다는 것은 날마다 기도해야 한다는 사실을 보여준다.

우리가 만약 벼락치기 공부를 하듯이 기도도 그렇게 한꺼번에 한다면 어떤 일이 벌어질까.

"주님, 아시죠? 한 달 치 양식이 이만큼 필요하니까, 이만큼 주세요."

그런데 막상 한 달을 살아보니 양식은 이만큼이 아니라 저만큼 필요했다. 굶주리거나 남아 썩게 되는 현상이 벌어진다.

기도가 관계라는 사실만 떠올려봐도 벼락치기 기도는 우리 영혼에 유익이 되지 않는다는 것을 쉽게 알 수 있다. 한 달에 한 번 혹은 1년에 한 번 하나님께 나아가서 급여청구서를 제출하듯이 나의 필요를 아뢴다면, 설령 필요한 것들을 정확히 얻는다 해도 '나의 영혼이 잘됨같이 범사가 잘되고 강건해지는 복'을 얻지는 못한다. 매일 하나님과 만나는 동안 나의 내면이 하나님의 성품을 닮아가고, 나의 영혼이 복받을 만한 그릇으로 변화됨으로써 하나님의 응답을 받을 때 진정한 유익을 얻게 될 것이다. 날마다 기도하며 그분의 다스리심을 받을 때 우리는 그 어떤 응답보다 최고의 응답을 받을 수 있다.

나는 기도하는 유익을 알려주기 위해 집사님들에게 "요즘 기도생활 매일 하고 계시지요?"라고 묻는다. 그러면 얼렁뚱땅 이러한 대답이 돌아오기도 한다.

"목사님, 저는 무시로 생활 속에서 기도한답니다."

무시로 생활 속에서 기도하는 것은 정말 필요하고 좋다. 하지만 그렇게 기도하기 위해서는 정기적인 기도 훈련이 반드시 이루어져야 한다. 느헤미야가 아닥사스다 왕 앞에서 대답할 말을 찾기 전에 기도부터 할 수 있었던 것은 정기적인 기도가 뒷받침되었기 때문이다. 다니엘이 죽음의 순간에 감사기도를 드릴 수 있었던 것도 하루 세 번 창문을 열어 규칙적으로 기도했기 때문이다. 일상적인 모든 것을 매일 하나님과 나누며 정기적인 기도훈련을 거친 사람만이 무시로 기도할 수 있고 위기의 순간에도 하나님과의 관계 안에 들어갈 수 있다.

특별새벽기도회와 같은 작정기도회가 필요한 것은 그 때문이다. 만약 섬기는 교회에 그런 기도회가 있다면 하나님을 집중적으로 만날 수 있는 기회라 생각하고 열의를 다해 참석하기 바란다. 하루 일과 가운데 기도드리는 것이 하나의 습관이 되도록 목표를 정해 참석하는 것이다. 만약 참석할 시간이 없다고 생각되거든 하루 일과를 기록해 점검해볼 필요가 있다. 아침에 눈을 뜬 시각부터 밤에 잠자리에 들기까지 정말 기도할 시간도 없이 바쁘게 지내는지 정직하게 살펴보기 바란다.

나는 가끔 이 땅의 그리스도인들이 텔레비전을 보는 시간만큼 기도한다면 세상이 어떻게 변화될까 상상해보곤 한다. 이 땅의 청년들이 컴퓨터 앞에서 게임 하는 시간만큼 기도한다면 그들은 과연 어떻게 변화될까?

장담컨대 그들은 세상이 감당할 수 없는 사람이 될 것이다. 물이 바다 덮음같이 여호와의 영광이 온 땅 위에 가득하게 될 것이다. 텔레비전 소리, 게임 하는 소리 대신 기도하는 소리로 바뀌면, 청년들의 인생이 달라지고, 나라의 미래가 달라질 것이다. 기도의 용사들을 통해 하나님의 나라가 도래할 것이다.

어떻게 그럴 수 있는가? 기도로 미래를 개척하는 것과 세상의 방식대로 미래를 개척하는 것은 하늘과 땅 차이의 결실을 가져온다. 원하는 결과를 얻고 못 얻고의 문제가 아니다. 기도로 문제를 푸는 사람은 속사람이 달라지고 그를 통해 나타나는 하나님의 영광이 달라진다. 하지만 내 방법과 방식으로 문제를 해결하다 보면 세상의 통치를 받을 수밖에 없다. 세상과 타협하고 세상의 다스림 안으로 들어가게 된다.

결국 기도로 사느냐 그렇지 않느냐의 문제는 날마다 어떤 나라의 백성으로 성장하느냐의 문제로 연결된다. 나는 과연 어느 쪽인가? 하나님 나라 백성으로 날마다 거듭나고 있는가, 아니면 세상 나라 백성으로 발을 내딛고 있는가?

간절하게 기도하고 확신 있게 살라

날마다 기도로 살아가기로 결단했다면 가장 필요한 기도제목이 무엇인지 정확히 분별해야 한다. 내가 목마르게 원하는 것, 내가 시급히 해결 받아야 하는 기도제목을 찾는 것이다. 배고픈 자라면 양식을 얻는 일을 위해, 병든 자라면 병 고침 받는 일을 위해, 방황하는 자녀를 둔 부모라면 자녀의 올바른 성장을 위해 기도해야 한다.

기도는 이와 같은 간절한 제목으로 시작되어야 한다. 목마른 사람이 우물을 파듯이, 간절한 기도제목이 있어야 하나님을 간절히 찾고 하나님께 부르짖어 구할 수 있다. 그러한 간절함으로 하나님과 관계를 맺다 보면 우리는 하나님 나라를 품고 기도하는 사람으로 변화되어갈 것이다. 나의 필요에서 기도를 시작하더라도, 성령 안에서 드리는 기도는 하나님 나라와 하나님의 뜻으로 흘러가기 때문이다.

가령 자녀를 위한 기도를 하나님께 드리다 보면 하나님의 통치가 자녀에게 임해야 한다는 사실을 깨닫게 된다. 그 마음과 성품과 생각과 삶 속에 하나님의 도우심과 다스리심이 온전히 임해야 아이가 바르게 성장하고 아름답게 성숙할 수 있기 때문이다. 그래서 게임 중독, 음란물 중독에 빠진 아이를 위해 예수 그리스도의 이름으로 악한 영을 대적하고, 공허한 아이의 마음을 그리스도의 사랑으로 치유해달라고 기도하게 된다. 나의 지극히 개인적인 기도제목이 결국은 하나님의 뜻, 하나님의 나라, 하나님의 영광으로 연결된다는 사실을 기도하는 가운데 발견하게 된다.

그러므로 우리는 무엇이든 원하는 바를 간절하게 구할 필요가 있다. 우리의 필요가 응답되는 것 역시 하나님 나라의 확장과 관련되어 있음을 깨닫고 믿음으로 담대히 구할 때, 우리는 매일의 삶 속에서 승리를 체험할 수 있다.

귀신 들린 딸을 고쳐달라고 기도했던 수로보니게 여인에게는 바로 이 같은 믿음이 있었다. 그녀는 자신의 기도제목을 결코 부끄러워하지 않았다. 수로보니게 여인은 유대인들이 개처럼 여겼던 가나안 지방 사람이었다. 그런데 예수님이 마을을 지나가신다는 소문을 듣고 예수님께 가까이 다가와 소리를 질렀다.

> "주 다윗의 자손이여 나를 불쌍히 여기소서 내 딸이 흉악하게 귀신 들렸나이다" 마 15:22.

군중에 둘러싸인 예수님께 가까이 가지도 못하는 여인은 자신의 상황을 큰 소리로 예수님께 알리고 있다. 자신의 기도를 응답해주실 분이 예수님밖에 없음을 안 여인은 그 많은 사람들 앞에서 믿음을 고백한다. 바로 "다윗의 자손"이란 표현이 그것이다. 여인은 다윗의 자손으로 약속된 메시아가 예수님이심을 믿음으로 고백하고 있다.

이에 대해 예수님은 냉담한 반응을 보이셨다. 거듭된 여인의 요청에도 예수님은 들은 체도 하시지 않았다. 하도 시끄러워서 제자들이 "저 여인의 요청을 좀 들어줘야 하지 않겠습니까?" 하고 여쭐 때도, 예수님은 "나는 이스라엘 집의 잃어버린 양 외에는 다른 데로 보내심을 받지 않았다"고 말씀하시며, 이방 여인의 청을 들어줄 수 없다고 하셨다.

예수님은 왜 이런 반응을 보이셨을까? 예수님의 거절에는 우리의 믿음을 시험테스트하는 하나님의 깊은 뜻이 숨겨져 있다. 정욕으로 쓰려고 잘못된 기도를 드리지 않는 이상, 하나님께서는 우리의 믿음을 더욱 불사르기 위해 그처럼 거절하시는 것이다.

수로보니게 여인은 예수님의 시험에 마침내 합격한 사람이 되었다. 예수님의 차디찬 거절에도 불구하고 예수님께 나아와 "개들도 제 주인의 상에서 떨어지는 부스러기를 먹나이다"마 15:27라고 말하며 "도와달라"고 강청한다. 그때 예수님은 기뻐하시며 여인을 향해 "네 믿음이 크도다. 네 소원대로 되리라"마 15:28고 말씀하신다.

성경은 그때부터 여인의 딸이 나음을 입었다고 기록한다. 한 여인의 간절하고도 담대한 강청기도를 통해 이방 백성에게 하나님의 통치와 은혜가 임한 것이다. 즉, 이 사건은 이방 족속을 향한 하나님의 진정한 뜻이 무엇인지 그 여인의 강청기도를 통해 보여준 것이라고 할 수 있다. 수많은 사람들에게 예수님이 어떤 분이신지 보여준 것이다.

그러므로 나의 삶을 통해 하나님 나라가 이 땅 가운데 나타난다는 사실을 기억하며 무엇이든지 원하는 바를 구하되 담대히 구해야 한다. 간절히 구하되 믿음으로 구해야 한다. 그렇게 기도하면 우리는 평안과 회복의 인생을 살 수 있다. 간절하게 믿음으로 구하면, 아직 우리의 필요가 응답되지 않았을 때조차도 이미 응답을 받은 사람처럼 담대하게 세상을 헤쳐나갈 수 있다.

아이를 갖지 못한 슬픔을 한탄하며 하나님께 기도드렸던 한나의 모습을 보자. 한나는 간절히 기도했고, 기도를 들으시는 하나님을 믿었기에 집으로 돌아가서도 근심하는 빛이 없었다 삼상 1:18.

이것이 바로 기도의 사람이 지닌 비밀이다. 간절히 기도했고 믿음으로 구했으면 응답을 받은 사람처럼 평안을 누리며 살 수 있다. 한평생 기도하며 산 사람들의 얼굴에서 온화한 평안을 느낄 수 있는 이유는 바로 이 때문이다. 매일 기도하면 세상이 알지 못하는 비밀을 지닌 사람이 된다. 기도 응답을 받을 때 하나님의 영광을 나타낼 수 있고, 응답받기 전에도 평안을 누릴 수 있다. 인생의 캄캄한 밤을 지날 때 찬송할 수 있으며, 고통 중에도 소망의 노래를 부를 수 있다.

기도의 사람으로 산다는 것은 매일 내 삶에서 평안과 기쁨의 하나님 나라를 맛보는 것을 의미한다. 기도는 하나님께서 그분의 자녀에게 주신 무한한 특권이며 선물이기 때문이다.

골방으로 가는 길

01

기도는 하나님께서 자녀에게 주신 특권이다. 이 같은 특권을 누리기 위해서는 나의 모든 필요를 아뢰는 가운데 하나님께서 공급하시는 은혜를 맛봐야 한다. 혹시 아직도 하나님 앞에 고백하지 못한 삶의 영역은 없는가? 나의 비전에서 오늘의 양식에 이르기까지 내게 필요한 모든 것을 하나님께 아뢰기 시작하자.

02

나의 필요를 아뢰었음에도 아직 응답되지 않은 기도제목이 있을 것이다. 그러나 기도한 후에 응답되었음을 믿고 얼굴에 근심하는 빛이 없었던 한나와 같이 우리는 이미 응답받은 사람처럼 살아야 한다. 아직 응답받지 못했음에도 이미 응답받은 것처럼 살기 위해 내게 가장 필요한 모습은 무엇인가?

21 DAY

마지막이 아름답기를 기도하라

가장 중요한 기도제목

인생에서 가장 중요한 기도제목은 무엇일까? 사람마다 차이가 있겠지만 인생의 마지막 때를 위한 기도가 아닐까 싶다. 인생의 마지막 모습은 우리가 달려온 삶 전체를 대변해주기 때문이다.

20대에 왕성하게 활동한 사람들 가운데 마지막까지 자신의 삶을 열정적으로 불태우다 가는 사람은 열 명 중 한 명에 불과하다고 한다. 그렇다면 인생의 전반전과 후반전까지 하나님의 나라와

의를 위해 달려가며 그분 뜻에 순종하는 그리스도인은 얼마나 될까? 성경에는 마지막까지 인생을 불태웠던 사람들의 이야기도 소개되지만, 젊을 때 한순간 하나님의 손에 붙들려 살다가 후반전에 들어서면서 허무하게 마무리하는 반짝 스타들의 이야기도 종종 나온다.

대표적인 인물은 사울 왕이다. 겸손하고 하나님의 영으로 충만할 정도로 그의 처음 시작은 매우 좋았다. 그러나 사울은 자기 뜻을 이루기 위해 하나님의 능력을 이용하려는 자로 변모했다. 나중에는 신접한 여인을 찾아가는 행태를 부릴 정도였다. 그의 마무리가 불행할 수밖에 없었던 이유다.

우리 주변에도 사울과 같은 인생이 의외로 많다. 평생 부부의 도리를 지키며 가정에 충실하다가 마지막에 오점을 남기며 가정을 깨는 사람도 있고, 힘든 인생의 터널을 잘 통과하다가 마지막을 통과하지 못해 자살을 택하는 사람도 있다. 성실하고 부지런히 살던 사람이 어느 시점부터 쾌락과 방탕의 길로 접어드는 바람에 비참한 최후를 맞기도 한다.

반면, 시작은 미약했으나 인생의 마지막이 멋진 사람들도 있다. 기생 라합이 그중 한 사람이다. 그녀는 사람들에게 손가락질을 받는 비천한 사람이었다. 하지만 나중에는 하나님의 백성을 위해 공헌했고, 보아스와 같은 훌륭한 인물을 낳으며 예수님의 족보에까지 오르는 영광을 안았다.

하나님의 사람들은 이와 같은 인생이어야 한다. 비록 몰락한 집 안에서 자랐거나 가난 혹은 병마에 시달리며 무력한 인생 전반기를 보냈다 해도 놀라운 반전의 역사를 써 내려갈 수 있는 사람이 되어야 한다. 처음에 부족하고 중간에 실패했어도 결국 선한 성령의 열매를 맺어야 하는 것이 우리가 이 땅에 태어난 이유다. 이는 외형적인 어떤 성취를 이루고 죽어야 한다는 말이 아니다. 우리 인생의 마지막이 하나님의 거룩하신 이름을 드러내는 모습이어야 한다는 뜻이다. 외형적이고 세속적인 성취가 아닌 말씀의 성취를 이루는 인생이 되어야 한다.

마지막이 아름다운 세 가지 모습

말씀의 성취를 이루는 인생의 결말이란 구체적으로 어떤 모습을 두고 하는 말일까? 나는 기도의 사람이었던 모세의 마지막 모습을 통해 우리가 꿈꿔야 할 인생의 마지막 그림을 그려본다. 모세는 평균 수명이 70~80세이던 시절 120세까지 살았던 인물이다. 장수하기도 했지만 늙어서까지 눈도 흐리지 않았고 기력도 쇠하지 않을 만큼 건강하게 살다가 죽는 복을 누렸다. 게다가 광야 생활 40년간 이스라엘의 지도자로서 충성되게 살았다.

그러나 모세는 결코 처음부터 완전한 사람으로 태어난 것도 아니요 그렇게 산 사람도 아니었다. 우리가 아는 대로 모세에게는 남다른 상처도 있었고 결핍도 있었다. 부모에게 버림받을 수밖에 없었던 시대에 태어났으며, 상처받은 마음에서 비롯된 혈기로 사람을 때려죽이는 살인자가 되기도 했다.

그는 실패한 인생으로 마무리될 가능성이 높은 사람이었다. 그러나 모세는 하나님의 손에 붙들렸다. 하나님의 훈련과 연단 속에 들어갔고, 인생 후반전을 멋지게 달렸다.

특히 그의 마지막 시간을 살펴보면 아름다운 열매 세 가지를 발견할 수 있다. 하나님 나라에서 인정하는 열매가 그의 삶을 빛내준다.

첫 번째는 끝까지 하나님의 주권적 섭리를 인정하고 순종하는 모세의 모습이다. 그는 하나님의 손에 붙들린 이후, 이스라엘 백성을 출애굽 시킨 전무후무한 이스라엘의 지도자가 되었다. 숱한 기적을 체험했고 수십만의 이스라엘 백성을 40년 동안이나 광야에서 이끌었다. 하지만 정작 모세는 가나안 땅에 들어가지 못했다. 어떤 이들은 이를 가리켜 '실패한 인생'이라 말하기도 한다. 과연 그럴까? 물론 외적인 성취를 이루지 못한 면에서 실패한 인생이라 볼 수도 있다. 그러나 사명 완수의 측면에서는 결코 실패했다고 말할 수 없다. 모세에게 주어진 사명은 이스라엘 백성을 애굽에서 이끌어내는 일이었기 때문이다. 다시 말해 그의 사명은 거기까지였다.

요단 강을 건너 가나안 땅을 정복하는 것은 여호수아에게 주신 사명이었다. 만일 모세가 죽지 않고 가나안 땅에 들어가 몇 년을 더 살았다면 어떤 일이 벌어졌을까? 아마 여호수아와 모세, 두 사람의 리더십 때문에 이스라엘은 큰 혼란을 겪었을 것이다.

신명기 34장에는 모세가 느보 산의 맞은편 비스가 산 꼭대기에 올라갔을 때 하나님께서 말씀하시는 장면이 나온다. 하나님께서는 약속의 땅 가나안을 모세에게 보여주시며 "내가 아브라함과 이삭과 야곱에게 맹세하여 그의 후손에게 주리라 한 땅이라"신 34:4고 말씀하신다. 그 말씀을 듣고 가나안 땅을 바라보는 모세의 심정이 어떠했을까? 꿈에도 그리던 가나안 땅, 40년을 찾아 헤매던 땅이 바로 앞에 있으니, 모세의 가슴은 터질 듯 벅차올랐을 것이다. 그런데 하나님께서는 모세가 그 땅에 한 발짝도 디딜 수 없다고 말씀하신다.

그것은 마치 통일 조국을 위해 한평생을 헌신한 사람이 통일이 코앞에 이른 시점에서 "너는 통일된 모습을 보지 못하고 죽을 것이다"라는 선고를 받는 것과 같다. 한 영혼의 회심을 위해 한평생을 바친 선교사가 이제 막 한 영혼의 회심을 볼 것만 같은 상황에서 순교의 피를 그 땅에 뿌리게 되는 것과 같다.

인간적인 측면에서는 너무나 허무하고 쓸쓸한 일이다. 하나님께 조금만 더 시간을 달라고, 그 열매를 맛보고 죽게 해달라고 간청하고 싶은 마음이 들 수밖에 없다. 어쩌면 하나님께 원망과 불평의 목소리를 토해 낼 수도 있다. 그러나 모세는 의외의 태도를 보인다. 그는 결코 "하나님, 억울합니다. 반석을 한 번 내리쳤다고 이렇게 대하실 수 있습니까? 정말 너무하십니다"라고 항변하지 않는다. 아직 기력이 남아 있음에도 "하나님, 제가 안 들어가면 이스라엘 백성은 아무것도 할 수 없습니다. 여호수아는 아직 어리기 때문에 가나안 땅을 정복할 수 없습니다"라고 말하지 않는다. 자신의 리더십을 과신하거나 광야 생활의 고통스러웠던 일을 떠올리며 한스러워하지 않고 하나님의 말씀에 "알겠습니다. 제가 여기서 죽겠습니다"라고 순종하는 태도를 보인다. 어떻게 그럴 수 있을까?

나는 모세의 태도에서 하나님을 향한 전적인 신뢰와 순종을 배운다. "너는 가나안 땅을 바라보기만 하고 이곳에서 죽어라!" 하는 하나님의 말씀을 듣는 순간, 자신의 사명이 거기까지임을 아는 모세를 보며 그의 영성과 내려놓음을 배운다.

모세는 이후 아무도 모르는 은밀한 장소에서 조용히 눈을 감는다. 끝까지 하나님의 말씀에 순종하여 하나님 나라의 일을 도모하는 그의 마지막 모습이야말로 말씀의 성취를 이루는 인생이었다고 할 만하다.

> "주께서 내 마음을 넓히시면 내가 주의 계명들의 길로 달려가리이다 여호와여 주의 율례들의 도를 내게 가르치소서 내가 끝까지 지키리이다" 시 119:32, 33.

모세의 마무리가 더 빛나 보이는 두 번째 이유는 그의 남다른 리더십 이양 때문이다. 교회 안이든 밖이든, 과거에나 현재에나 수많은 리더들은 '내가 아니면 안 된다'라는 생각을 갖고 있다. 나이가 들수록 그런 생각은 더 굳어져서 리더십을 이양하기보다는 끝까지 행사하려는 모습을 보인다. 자리를 떠나면서 자신이 가진 모든 것을 완전히 넘겨주는 사람이 극히 드문 까닭은 아마도 이 때문일 것이다.

그런데 모세는 죽기 전에 자기 몸종인 여호수아에게 완전히 리더십을 이양한다. 모든 것을 넘기고 모든 권위를 세워준 뒤, 무덤조차 남기지 않고 이 세상을 떠난다. 이 얼마나 아름다운 뒷모습이며 바람직한 마무리인지 모른다. 말씀대로 살다 간 모세의 모습을 엿볼 수 있게 하는 부분이다.

> "그의 성벽을 자세히 보고 그의 궁전을 살펴서 후대에 전하라 이 하나님은 영원히 우리 하나님이시니 그가 우리를 죽을 때까지 인도하시리로다" 시 48:13, 14.

마지막으로 모세의 인생이 아름답게 기억되는 가장 두드러진 이유는 축복기도를 하는 그의 모습 때문이다.

> "하나님의 사람 모세가 죽기 전에 이스라엘 자손을 위하

여 축복함이 이러하니라"신 33:1.

모세는 이 세상을 떠나기 전에 이스라엘 자손의 이름을 부르며 마음을 다해 축복기도를 드린다. 신명기 33장은 이스라엘 자손을 향한 모세의 축복으로 가득 차 있다. 모세가 평생 이스라엘 백성을 얼마나 사랑했으며 얼마나 하나님을 닮아가려 했는지 잘 보여주는 대목이다. 모세가 인간적인 감정에만 휩싸여 있었다면 축복기도 대신 저주를 쏟아 부었을 수도 있다. 광야 생활 40년 동안 모세의 마음을 그토록 힘들게 했던 이스라엘 백성이 아닌가. 툭하면 우상 숭배, 툭하면 불평불만을 쏟아놓던 백성 때문에 자신 또한 가나안 땅을 밟아보지 못하고 죽게 되었노라 말했을 수도 있다. 그들이 지난 40년간 자신을 비난했던 일들을 되새기며 후손들에게 저주의 말을 쏟아 부을 수도 있었다.

그러나 모세의 기도는 시종 축복으로 가득 차 있다. 이스라엘 백성을 향한 모세의 사랑이 얼마만큼 하나님의 사랑에 닿아 있는지 증거해주는 부분이다. 선교지에서 피를 쏟고 죽어가는 선교사들 또한 결코 그 땅을 저주하지 않는다. 그 땅을 축복하되 끝까지 축복하면서 영원한 하나님의 나라로 들어간다. 예수님도 십자가에 달려 죽으실 때 우리 죄를 용서해달라고 끝까지 기도하셨다.

그런데 지금은 축복기도의 모습이 많이 사라졌다. 기도의 사람이라고 말하는 사람들 또한 함부로 저주를 퍼부어서 문제다. 심지어 어떤 이들은 자신의 말에 순종하지 않으면 사고를 당하게 될 것이라고 영적인 협박을 가하기도 한다. 그러한 일로 얼마나 많은 사람들이 저주에 눌리고 속박을 당하며 사는지 모른다. 기쁨과 자유함 가운데 신앙생활을 해야 하는데, 저주를 받을까 두려워 상자 안에 갇힌 채 신앙생활을 하는 이가 적지 않다.

물론 우리는 권위자에게 순종해야 한다. 이는 매우 귀한 일이다. 다윗은 이 사실을 알았기에 사울에게 쫓겨 다닐지언정 그를 죽이지 않았다. 그러자 모든 해결을 하나님께서 친히 해주셨다. 사람의 사정과 속을 아시는 전지하신 하나님께서 친히 일하심으로 선악간의 판별이 나는 것이다. 이는 전지하지 않은 우리가 심판권을 행사하면 하나님에 대한 월권을 행하는 것과 다를 바 없다는 뜻이다.

> "내 사랑하는 자들아 너희가 친히 원수를 갚지 말고 하나님의 진노하심에 맡기라 기록되었으되 원수 갚는 것이 내게 있으니 내가 갚으리라고 주께서 말씀하시니라" 롬 12:19.

하나님께서 우리에게 명하신 일은 한 가지로 분명해진다. 바로 모세가 한 것처럼 복을 비는 일이다.

> "어느 집에 들어가든지 먼저 말하되 이 집이 평안할지어다 하라 만일 평안을 받을 사람이 거기 있으면 너희의

> 평안이 그에게 머물 것이요 그렇지 않으면 너희에게로 돌아오리라" 눅 10:5, 6.

어느 집에 들어가든지 우리가 선포할 말은 '평안'이다. 우리는 복의 통로로 부름 받은 사람들이지, 저주의 통로로 부름 받은 사람들이 아니기 때문이다.

나는 이 말씀을 묵상하면서 저주를 퍼붓는 사람들의 말로가 왜 안 좋은지 이해할 수 있게 되었다. 아무리 저주를 쏟아 부어도 하나님께서 그것을 돌이켜 복이 되게 하시면느 13:2 그 저주의 말이 누구에게 돌아가겠는가?

우리는 저주하는 사람으로 부름 받지 않았다. 세상이 악하고 더럽다 해서 "이 더러운 놈의 직장, 망해버려라" 하고 말한다면 정작 우리 자신은 선한 열매를 맺기 어렵다. 내 직장, 내 지역, 내 나라를 축복하며 기도할 때, 하나님께서 그곳에 평안을 허락하실 뿐 아니라 때로는 내가 빈 평안을 누리게 하시며 나를 복의 통로로 빚으신다.

우리는 다른 사람들에게 부담과 무거움을 안겨주고 이 세상을 떠나는 어리석은 사람이 되어서는 안 된다. 기도한다는 이유를 들어 누군가에게 영적 위협과 저주를 퍼붓는다면, 우리는 결코 기도의 사람으로서 하나님의 영광을 끝까지 나타내는 삶을 살 수 없다. 내 삶을 통해 말씀의 성취를 이룰 수 없는 것이다.

모세는 마지막까지 아름답게 살았다. 이스라엘 백성을 위한 모세의 마지막 축복기도는 그가 참된 사랑의 사람, 평화의 사람이었음을 나타내준다.

하나님과의 친밀함을 유지하라

어떻게 해서 모세는 인생의 마무리를 아름답게 할 수 있었을까? 어떻게 그는 마지막까지 하나님의 영광을 나타내며 쓰임 받을 수 있었을까? 비단 모세뿐 아니라 인생의 마무리를 잘하는 사람들을 보면 하나의 공통점을 발견할 수 있다. 그들은 하나님과 친밀함을 유지하며 살았다는 것이다.

> "사람이 자기의 친구와 이야기함같이 여호와께서는 모세와 대면하여 말씀하시며" 출 33:11.

하나님과 모세가 얼마나 친밀한 사이였기에 성경은 이런 표현을 쓰고 있을까? 더군다나 모세는 구약 시대의 사람이고 율법 시대의 사람 아닌가. 그런데 친구처럼 서로 마주 보며 마음을 터놓고 허심탄회하게 이야기를 나누었다면 하나님과 모세 사이의 친밀함이 어느 정도였을지 짐작하기란 쉽지 않다.

하나님께서는 모세를 향해 "내가 이름으로도 너를 앎이니라" 출

33:17고 말씀하셨다. 이름은 그 사람의 전 인격을 대변한다. 그러므로 이렇게 해석할 수 있다.

"모세야, 나는 네가 왜 힘들어하는지, 네가 왜 두려워하는지 다 안단다. 네가 지금 나의 목전에서 왜 은총을 구하는지, 고집스럽고 변덕맞은 백성 때문에 네가 얼마나 마음고생이 심한지 나는 다 안다. 믿었던 형 아론 때문에 네 마음이 얼마나 아팠는지 나는 너의 모든 것을 안단다."

이처럼 하나님과 전인격적인 관계를 누리며 산다면, 우리는 결코 하나님 뜻을 저버릴 수 없다. 하나님이 나를 아시고, 내가 하나님의 뜻을 아는데, 어떻게 하나님의 뜻을 저버리며 마음대로 인생길을 갈 수 있단 말인가.

사울 왕은 하나님과 나누는 친밀함이 없었기에 인생 후반전을 실패로 몰았다. 사울은 하나님의 크신 능력을 이미 잘 알고 있었다. 그러나 그뿐이었다. 그는 모세나 다윗처럼 하나님과의 친밀함을 유지하지 못했기에 그분의 뜻에 민감하지 못했고, 그분의 영광을 구하는 삶을 살지 못했다. 아말렉과의 전투 후 모든 것을 진멸하라는 하나님의 명령을 어기고 가장 좋은 양과 소를 남겼을 때, 사무엘은 사울에게 이렇게 말한다.

"어찌하여 왕이 여호와의 목소리를 청종하지 아니하고 탈취하기에만 급하여 여호와께서 악하게 여기시는 일을 행하였나이까"삼상 15:19.

사울은 하나님의 목소리를 청종하여 듣지 않았다. 사울의 인생이 실패할 수밖에 없는 결정적인 이유는 바로 이것이다. 그는 하나님과 친밀한 사귐을 갖지 않았다. 하나님께 기도하는 사람이 아니었다. 그래서 그는 왕의 자리까지 갔음에도 가장 비참한 말로를 맞이했다. 시작은 화려했지만 나중은 너무도 볼품없는 인생이 되고 말았다.

하나님께 기도하며 산다는 것은 이처럼 매우 중요하다. 내가 기도의 사람이 되느냐 그렇지 않으냐의 문제는 어떻게 늙어갈 것이냐의 문제이며 어떻게 인생을 마무리 짓느냐의 문제로 이어진다.

나는 어느 쪽인가? 다윗처럼 하나님을 가까이하며 사는가, 아니면 사울처럼 하나님을 가까이하지도 않으면서 하나님의 능력만을 원하며 사는가?

내가 어느 쪽을 선택하느냐에 따라 인생의 후반전이 달라지고 마지막 모습이 결정될 것이다.

다시 기도의 자리로

기도에 관한 책을 쓰리라고는 생각지도 못했는데, 어느덧 마지막 장에 이르렀다.

이 책의 내용을 나누는 동안, 과연 얼마나 기도했고 얼마나 하나님께 가까이 갔을까? 모세가 드린 항복 기도부터 우리 인생의 마지막을 위한 기도까지 나누는 데 21일이 걸렸다. 그런가 하면 단 하루 만에 이 책을 읽고 내일부터 기도를 시작하겠다고 작정한 사람도 있을 것이다.

나는 이 책을 통해 기도란 하나님과의 관계임을 말하고 싶었다. 하나님의 자녀 된 내가 예수님의 이름으로 그분께 나아가 교제하는 것이 바로 기도다. 과연 우리는 기도의 특권, 기도의 능력, 기도의 즐거움을 얼마만큼 맛보았고 앞으로 얼마나 맛보게 될까?

하나님께서는 기도의 자리에 나아가기를 머뭇거리거나 기도의 맛을 조금밖에 느끼지 못한 우리를 향해 이렇게 말씀하신다.

> "나는 너를 애굽 땅에서 인도하여 낸 여호와 네 하나님이니 네 입을 크게 열라 내가 채우리라" 시 81:10.

하나님께서는 우리에게 기도를 명하시면서 그분 자신을 먼저 소개하신다. 하나님께서는 왜 이렇게 소개하실까? 우리가 무릎으로 승부하며 살아야 하는 이유, 입을 크게 열어 기도해야 하는 확실한 이유를 알려주고 싶으시기 때문이다. 하나님께서는 우리가 입을 크게 열어 기도할 때, 그 기도를 들으시는 분이 애굽에서 나를 구원하신 크신 하나님이기에 기도해야 한다고 말씀하신다.

하나님께서는 이스라엘 백성을 애굽에서 그냥 구원하시지 않았다. 우리의 상상을 넘어서는 열 가지 재앙으로 친히 바로를 제압하셨고, 홍해를 가르셨으며, 구름기둥과 불기둥으로 백성을 인도하셨다. 이스라엘 백성을 향한 하나님의 엄청난 사랑과 그분의 위대한 능력을 보이시며 구원하셨다.

나를 구원하신 하나님의 역사 또한 마찬가지다. 하나님께서는 그분의 독생자 예수 그리스도를 이 땅에 보내신 후, 나를 대신하여 채찍에 맞고 멸시를 당하고 십자가를 지게 하셨다. 나를 죄와 사망의 법에서 해방시키기 위해 예수님의 십자가를 허락하셨고 마침내 부활의 영광에 이르게 하셨다. 그래서 우리는 예수님을 믿고 구원에 이른 백성으로서 하나님께 기도하는 것을 두려워할 필요가 없다. 나의 기도를 들으시는 대상은 흑암에서 구원해주신 하나님 아닌가. 나는 예수 그리스도의 십자가와 부활을 믿음으로 말미암아 심판의 보좌가 아닌 은혜의 보좌 앞에 담대히 나가게 되었다.

하나님께서는 우리를 향해 한 가지 명령을 내리신다. 은혜의 보좌 앞에 나와 기도하는 일이다. 하늘과 땅을 지으신 분, 완전한 선으로 그 어떤 어둠의 권세도 제압하시는 분, 억눌린 영혼을 자유케 하시는 분, 마른 뼈도 살아나게 하시는 분, 우리를 영원한 나라로 인도하시는 분 앞에 나아와 입을 크게 열라고 말씀하신다. 즉, 간절하게 믿음으로 구하라는 말이다.

그러나 우리는 하나님의 능력과 내 삶의 범위를 얼마나 제한하며 사는지 모른다. 마치 누군가에게 "식사 한 끼 사주시는 정도야 괜찮지만 어떻게 자동차를 달라고 하겠습니까?"라고 말하는 것처럼 하나님 앞에서도 "그저 밥만 안 굶게 해주시면 그걸로 족합니다" 하는 태도를 보인다. 물론 작은 문제, 사소한 문제도 하나님께 아뢰어야 한다. 작은 응답에도 만족함을 누릴 줄 알고, 그 속에서 하나님 나라를 발견하는 영성이 있어야 한다. 하지만 그와 동시에 하나님께서는 우리의 영적 시야가 넓어지기를 원하신다. 우리가 구하는 것이 인간적이고 상식적인 수준에 머물기를 원하지 않으신다. 기도제목이 하나님의 뜻에 합당하다면, 나의 한계를 넘어서는 기도를 드릴수록 더욱 분명한 하나님의 영광이 나타나기 때문이다.

'현대 선교의 아버지'라 불리는 영국의 윌리엄 케리William Carrey는 '하나님의 이름을 위해' 큰 것을 구한 사람이었다. 그는 가난한 구두 수선공으로 살면서도 가게에 세계지도를 붙여놓고 세계 복음화를 위해 늘 기도했다. 그가 일했던 구두 가게는 두 평 남짓했지만 그가 품었던 땅은 전 세계였다. 그 결과, 그는 마침내 인도 선교사가 되었고, '현대 선교의 아버지'라는 이름으로 오늘날까지 이름을 남기게 되었다.

하나님께서는 이 같은 기도를 기뻐하신다. 우리가 입을 크게 열어 두려움 없이 간절한 믿음으로 구할 수 있다면, 그것은 결국 하나님을 아빠, 아버지로 만나고 있다는 뜻이며 하나님의 이름에 대한 큰 믿음을 가지고 있다는 뜻이다.

혹시 믿음의 한계를 수없이 그은 채 하나님을 만나고 있지는 않은가? '하나님께서는 이만큼만 응답해주실 수 있는 분이야. 하나님은 이 정도의 거리로 떨어져서 나를 만나주시는 분이야'라고 하나님을 제한하며 그분의 이름을 구하지는 않았는가? 나를 향하신 하나님의 뜻은 측량할 수 없고 그래서 우리의 기도 능력은 한계가 있을 수 없다. 오죽 했으면 하나님께서는 우리의 입을 크게 여는 만큼 채우겠다고 약속을 하셨겠는가.

하나님을 나의 아버지, 나의 구원자로 믿는다면 어떤 방해가 찾아와도, 상황이 아무리 어려워도 입을 크게 열어 하나님께 구할 수 있다. 그분은 불가능한 가운데에 이스라엘 백성을 출애굽 시킨 분이요 정말로 불가능해 보이는 나의 구원을 이루신 분이다.

하나님을 믿고 기도한다면, 약속의 말씀대로 내 삶에 모든 것을 채우시는 그분을 경험하게 될 것이다. 말씀으로 채우시고, 신령한 은혜로 채우시며, 평안과 기쁨으로 채우시고, 하나님 자신의 임재로 채우시는 그분을 만나게 될 것이다. 주리고 목마른 나를 채우시고, 가난하고 애통한 나를 채우시는 하나님, 주님의 십자가 앞에 모든 것을 내려놓은 나를 채우시고, 나의 빈 잔을 충만케 하시는 하나님을 증거하지 않을 수 없게 될 것이다.

하나님께서는 오늘도 그분을 구하는 자들을 찾고 계신다. 하나님 외에 소원을 둘 수 없는 가장 가난한 심령을 가진 사람들을 찾아 하나님 나라를 이루고 싶어 하신다. 그래서 우리는 지금까지 기도의 항해를 해왔고, 이제 다시 기도의 자리로 나가게 된다. 그곳에는 우리를 구원에 이르게 하신 예수님의 십자가가 있고, 우리를 영적 전투에서 싸워 이기게 하는 성령의 검劍이 있다.

나의 아버지 하나님께서는 기도의 자리에서 나를 만나기 위해 애타게 기다리고 계신다. 모세의 하나님, 엘리야의 하나님, 다윗의 하나님께서 나의 하나님이 되시기 위해 그곳에서 나를 부르고 계신다. 그래서 우리는 기도의 항해를 떠나야 한다. 아버지의 품 안인 그곳, 기도의 지성소로 날마다 들어가야 한다.

골방으로
가는 길

01

내 인생의 마지막 때를 위해 가장 필요한 기도는 무엇인가?
다음 세 가지를 생각하며 구체적인 기도제목을 적어보자.
① 모세처럼 하나님의 주권적 섭리를 인정하고 있는가?
② 모세처럼 내 자리와 위치에 연연하지 않고 다음 사람을
　 준비시키고 있는가?
③ 모세처럼 내 인생에서 만나는 모든 사람을 축복할 수 있는가?

02

다윗과 모세는 하나님과의 친밀함을 유지했기에 인생을 아름답게 마무리했다. 하나님과의 친밀한 교제는 내가 결코 놓쳐서는 안 되는 부분이다. 나는 앞으로 하나님과의 친밀함을 유지하기 위해 어떤 계획을 갖고 있는가? 친밀함을 위한 계획서를 작성하여 오늘부터 실천하자.